BERNARD TAPIE

ou la politique au culot

PHILIPPE REINHARD

BERNARD TAPIE
ou la politique au culot

Éditions France-Empire
9, avenue de Friedland – Paris 8ᵉ

*En mémoire d'Aymar Achille-Fould,
mon ami, mon frère, qui honorait le
beau métier de député.*

INTRODUCTION

« Je veux mettre mes doigts dans tous les pots de confiture. » Boulimique, insatiable, tel est Bernard Tapie. Cet homme a l'ambition et la réussite pour moteur. Et la transgression comme moyen de parvenir à ses fins. Il lui a fallu une singulière force de caractère pour franchir la distance qui sépare l'appartement de ses parents, au Bourget, de son hôtel particulier du faubourg Saint-Germain. Si Tapie a un secret, c'est bien sa volonté de sortir toujours vers le haut qui tranche avec les comportements habituels d'une société hiérarchisée, compartimentée, profondément conservatrice, même quand elle vote à gauche. Élevé dans une famille où l'on cultivait « le respect pour le médecin, l'instituteur, le policier qui incarnaient l'autorité, et devant laquelle il fallait toujours plier », le jeune Bernard avait d'autres aspirations que la reproduction du modèle social incarné par ses parents : « Il fallait que j'aille toujours plus fort, toujours plus haut, car quand on s'habitue à la victoire, on n'a plus envie de la quitter. Ça ne remplace peut-être pas une HLM, ce n'est peut-être pas le bonheur, mais ça y ressemble sacrément. » Formidable appétit de succès qui force *a priori* la sympathie.

Mais les Français n'ont pas, comme les Américains, le goût des *success stories*. Chez nous, ceux qui dérangent les lignes sont suspects. Considérés par leur propre milieu comme des traîtres à leur classe, ils sont généralement mal accueillis par l'establishment. Tapie fait d'autant moins exception à cette règle qu'il est le fruit de la crise. Il sait d'ailleurs qu'on lui reproche son ascension sociale et surtout sa fortune. Quand Christian Sauvage lui demande, pour le *Journal du dimanche*, en juin 1990, s'il ne se sent pas « traître à sa classe », Bernard Tapie répond : « Pas un peu, beaucoup ! Vous savez, je ne suis pas toujours en paix avec moi. On trouve toujours des explications, mais... » Aveu et repentir récents chez un homme qui a longtemps affiché son envie irrépressible d'étaler ses signes extérieurs de richesse. Comme ce jour de 1984 où, participant à un colloque au Palais des congrès, il affirmait préférer « rouler en Jaguar qu'en deux-chevaux ». Sous les applaudissements des milliers d'étudiants présents. A l'époque, il est le symbole de la légitimation de la dépense — même somptuaire. Depuis lors, le krach de 1987, les « affaires », ont entraîné un retour du balancier vers davantage de morale. Et il est devenu député... de gauche.

La réussite sociale est tolérée quand elle emprunte la filière du savoir et des diplômes. Mais rien de tel dans le cas de Bernard Tapie qui a amassé un argent personnel considérable — lui-même parle d'un milliard de francs — en moins de dix ans. Son opulence est le produit du malheur collectif. Repreneur d'affaires en difficulté, il est qualifié de « pilleur d'épaves ». Il sent le soufre. Et comme cet extraverti ne peut vivre hors de la lumière des projecteurs, il ne laisse personne indifférent. On l'admire, on l'envie ou on le hait. Généralement sans nuance. Jusqu'en 1987, il a fait l'objet de plus d'articles de presse qu'aucun grand patron de l'industrie française, et de quelques livres qui l'ont présenté tantôt comme le symbole de la décomposition de la société française, tantôt comme celui de la renaissance de l'esprit d'entreprise. La littérature le concernant est si volumineuse que tout semble avoir été écrit sur lui *.

S'il nous a semblé nécessaire de reprendre une enquête déjà si souvent menée par d'autres, c'est que le Tapie de 1991 a changé de registre. Entré en politique en mai 1988, il vise désormais, qu'il l'avoue ou non, le pot situé sur la plus haute étagère de l'armoire à confiture. Cet homme qui ne fixe pas de limite à son ambition pense désormais à conquérir l'Élysée. Interrogés par la SOFRES, en juin 1991, 22 % des Français considéraient qu'il pourrait « faire un bon président de la République ». A l'époque, il ne part pas favori, puisqu'il est devancé par Jacques Delors et Michel Rocard (41 %), Simone Veil et Raymond Barre (35 %), Jacques Chirac (33 %), Valéry Giscard d'Estaing (32 %). Mais il fait quasiment jeu égal avec Michel Noir (25 %), Laurent Fabius (24 %) et François Léotard (22 %), distance Edouard Balladur (17 %) et Charles Pasqua (14 %). Et quand la SOFRES pose, en septembre 1991, pour le magazine *L'Expansion*, la question : « S'il se présentait à la prochaine élection présidentielle, voteriez-vous pour Bernard Tapie ? », 47 % des personnes sondées répondent positivement (62 % de sympathisants de gauche, 33 % de droite). Bernard Tapie président ? L'hypothèse ne peut plus être rejetée. Et, c'est au regard de cette éventualité qu'il convenait de tenter de mieux comprendre la personnalité de cet homme. Tapie dit de lui-même : « Je ne suis pas un pro de la politique. Ce n'est pas mon trip. Je ne connais ni les ordres ni les conseils. Je n'agis qu'en fonction de mes impulsions ! Je ne connais que les missions concrètes. Je ne peux pas m'intégrer dans un appareil. Jugez-moi sur pièces. » C'est précisément de cette invitation qu'est né ce livre. Pour juger « sur pièces » un homme politique atypique mais chaque jour plus présent, et qui pourrait, un jour prochain, prétendre au gouvernement de la France.

---

* Lire notamment, Jeanne Villeneuve, *Le mythe Tapie*, Éditions de la Découverte, 1988.

Un animal étrange

Au premier abord, Bernard Tapie dégage une sensation de force physique, quasi animale. Carré, massif, cet homme, qui paraît n'avoir pas de cou, respire la santé. Sportif, il ne boit pas, ne fume plus, et l'hygiène est un mot clé de sa philosophie personnelle. Il s'en explique dans l'interview qu'il donne à Guy Lagorce, en octobre 1986, pour *L'Express Sports* — sans doute celle où il se livre le plus sincèrement : « Le professionnalisme, c'est indosable, c'est comme la propreté et l'hygiène. Je ne sais pas ce que voudrait dire quelqu'un qui dirait : "Je suis propre sur moi, mais ma voiture je m'en fous" ou "Je me rase tous les jours, mais pas le week-end". Tout ça, je ne le comprends pas. » Tapie soigne son apparence physique, de manière quasi obsessionnelle. On ne compte plus les photos de lui à ski, jonglant avec un ballon de football, ou pendant une séance de jogging. L'homme est robuste, et cette attention apportée à se maintenir en forme explique qu'il « dispose de plus de temps que les autres, que la moyenne des gens, car il ne dort que quatre heures par nuit ». Pourtant cette tonicité cache une réelle fragilité : « Je travaille tous les jours de 8 h à 23 h, confie-t-il en 1984 à Philippe Bouvard ; le dimanche, je dépouille des dossiers. J'ai 39 ans. Je sais que je vais tout droit à l'infarctus. » Et, en 1986, il dit à Guy Lagorce : « Depuis cinq ans, je ne sais pas ce qu'est un problème d'échéance ? Cinq ans, c'est énorme dans les affaires, un vrai succès dans la période actuelle. Et bien, le soir, je suis au *Valium* pour parvenir à m'assoupir. »

Sous l'apparence de solidité, Tapie serait-il tenaillé par une perpétuelle angoisse ? Éternel insatisfait, il avoue : « J'ai des moments très brefs et très forts de joie dingue, mais ils ne durent jamais. » Pour lutter contre le stress, il dispose cependant d'une puissante protection : la famille. Aucun homme public ne fait état avec tant d'insistance de son attachement à la cellule familiale. Il a autorisé ou sollicité la publication de dizaines de photos où on le voit entouré de sa femme Dominique — qu'il embrasse tendrement devant les photographes de *Paris Match* —, de ses enfants et de sa mère. Charles-Émile Loo, son mentor politique marseillais, s'émerveille de cet attachement aux valeurs. L'ancien compagnon de Gaston Defferre, qui a cinquante ans de vie politique derrière lui, dit de Tapie : « Depuis que j'ai appris à mieux connaître l'homme, je suis convaincu que ce qu'il montre est très proche de ce qu'il est. Surtout dans sa vie de famille... Un soir de match OM/Toulon, nous étions dans sa loge au stade vélodrome, eh bien, il y avait là sa mère, son père, son frère, sa femme, sa fille, ses fils, sa belle-fille ; sur douze places, il y avait huit membres de la famille Tapie ! Rien de commun avec les autres hommes politiques. » Et Loo de s'attendrir sur la question de la très discrète madame Tapie-mère qui lui demande : « Ça va avec Bernard ? » Bon fils, bon époux et bon père...

Dans ce registre, il n'est concurrencé que par la famille princière de Monaco. Tant d'insistance à donner de lui une image de normalité devient, à la longue, suspecte... Même si Bernard Tapie nuance habilement son image, avouant qu'il peut devenir, à l'occasion, insupportable pour son entourage immédiat : « Dans ma vie privée, je veux que tout soit fait comme si tout était capital tout le temps. Alors c'est emmerdant. D'ailleurs, en y réfléchissant, je me demande si je suis tellement différent dans mes activités professionnelles. » Mais comment les siens ne pardonne-raient-ils pas à celui qui ne rate jamais « ni un Noël, ni une fête des Mères » ? Surtout que sa famille a largement profité de sa réussite sociale. Comme il l'explique à Christian Sauvage, ses parents « s'y sont faits. Ils ont suivi mon train de vie. Un appart' de 400 mètres carrés à Marseille, une

Mercedes, une Honda... Ils se sentent moins éloignés ». Confidence surprenante qui laisse entendre que l'argent serait l'alpha et l'oméga de tout, capable même de gagner l'affection des proches.

Pourtant, ce milliardaire affecte de n'attacher aucune importance à l'avoir. Dans son autobiographie (*Gagner*, éditions Robert Laffont, 1986), il écrit : « La récompense, ce n'est pas l'argent, c'est le plaisir, le jeu, la liberté, la mobilité, la faculté de créer. » En septembre 1987, il affirme au *Figaro Magazine* que la possession n'est plus un problème pour lui depuis longtemps, qu'il a réglé depuis belle lurette ses problèmes avec l'argent : « A partir du moment où je n'ai plus dépendu de mes parents, l'argent n'a jamais été un problème pour moi. A 22 ans, je gagnais six cents francs de l'époque par jour, et mes premières affaires de consultant fauché, il y a vingt ans, m'ont rapporté cinq millions la première année. Il y a 20 ans que j'ai acheté à crédit une propriété de trois millions avec tennis et piscine. Rolls et Ferrari, j'ai déjà donné, merci ! » Curieusement, il prétendra, un autre jour, refuser de s'endetter parce que « il ne veut pas dépendre des banques ». Comment l'homme qui refuse le crédit contracte-t-il un emprunt pour payer une maison de « trois millions », alors qu'il affirme en avoir gagné cinq (environ vingt millions de 1991) à la même époque ? A quel moment, Bernard Tapie dit-il la vérité ? Peut-on croire un homme qui possède un jet privé, une goélette de 74 mètres, quand il assure : « L'argent n'est pas mon objectif. » Probablement, dans la mesure où il ajoute : « Complètement omnivore, il me faut tout, tout de suite, mais je suis vite rassasié. » De là à le croire quand il ajoute : « Je ne le souhaite pas pour les miens, mais si par malheur je perdais tout, et bien, au lieu de l'OM, je m'occuperais du basket à Villetaneuse avec le même enthousiasme »... Ce n'est pas dans le registre d'un Martin

Gray qu'il est le plus convaincant. Il fait preuve de davantage de lucidité quand il dit admirer « sœur Thérésa, Walesa, le professeur Hamburger et les grands désintéressés, parce que je ne le suis pas. Je peux être généreux, mais je ne peux être sans cesse désintéressé ».

Pour Bernard Tapie la vie est combat. Il divise le monde en deux camps, les vainqueurs et les vaincus. De sa collaboration avec Marcel Loichot, inspirateur des idées du général de Gaulle sur la participation, il a retiré une expérience amère : une faillite dans une affaire de dépôt-vente dont il a dû acquitter les dettes alors que son associé refusait de payer, arguant : « Ma notoriété est acquise, je suis chevalier de la Légion d'honneur, je ne donnerai pas un centime. » Rétrospectivement, Tapie reconnaît avoir « appris » énormément à cette occasion. « J'ai compris, entre beaucoup d'autres choses, pourquoi, dans le train de la vie, il y avait des locomotives et des wagons. » Manger ou être mangé, telle est la philosophie tapienne. Cet animal est un fauve.

Cette conception des relations humaines, qui ne peuvent être que rapports de force entre dominants et dominés, explique que Tapie soit si solitaire. Lui-même admet : « Quand on a une notoriété dépassant les 80 %, on sait que cela permet d'être aimé par un tout petit nombre. » Si petit nombre qu'on ne lui connaît pas d'ami. On peut comprendre la prudence d'un homme si connu et si riche qu'il se méfie des flatteurs, des profiteurs et des faux-amis. Mais comment expliquer que l'on ne dénombre aucun ami d'enfance parmi ses proches ? Apparemment, lui, qui se flatte d'avoir été « capitaine de la plupart des équipes » dans lesquelles il a joué, adolescent, et « délégué » de ses classes du temps qu'il fréquentait l'école, n'a conservé aucune relation avec ses anciens camarades. Comme s'il avait voulu couper les ponts. Le récit qu'il fait de son enfance et de son adolescence, dans son autobiographie, manque singulièrement de chair. Comme si la vraie vie de Bernard Tapie avait commencé au moment où il s'est lancé dans les affaires. Et, depuis qu'il occupe le devant de la scène, il s'est fait beaucoup de relations, mais aucun ami. Un de ceux qui se considérait comme tel, Roland Dana, s'est brouillé avec lui, à la suite d'un différend financier sur les conditions de la reprise de la société Paccard en 1987. Le milliardaire Tapie reçoit beaucoup de convives sur son yacht, invite énormément de gens — de préférence des personnalités politiques ou des relations d'affaires — dans la loge 51 du stade vélodrome, et transporte une kyrielle de passagers dans son jet. Mais l'amitié n'a pas sa part dans cette générosité ostentatoire.

Le trait de caractère le plus agaçant de Bernard Tapie est, sans conteste, son incapacité à douter de lui-même. A ce niveau, on peut parler de prétention ou de forfanterie. Et s'il est croyant, comme il en a fait confidence à Guy Lagorce, il doit placer, dans sa hiérarchie personnelle, sa propre personne pas très loin de Dieu. Une telle confiance en soi est pratiquement sans exemple. Elle est fondée sur quelques données objectives. Le jeune homme pauvre du Bourget a d'incontestables dons pour être parvenu à accumuler tant d'argent, d'habileté pour avoir su rebondir après des débuts difficiles dans les affaires, de force de conviction et de puissance de travail pour avoir réussi à prendre le contrôle d'une des plus prestigieuses marques mondiales d'articles de sport contre des concurrents plus puissants, et de talent politique pour s'être fait élire dans une circonscription législative *a priori* perdue d'avance, et s'être imposé comme leader régional à des socialistes pour le moins réticents au départ. D'autres ont attrapé « la grosse tête » pour moins que cela.

Chez Tapie, le sentiment de supériorité confine à

l'hypertrophie du moi. Cela le conduit à sous-estimer ou à écraser tous ceux qu'il trouve sur son chemin. Interviewé par Michel Drucker pour *Paris Match*, il juge ainsi l'ensemble de la classe politique : « A quelques exceptions près, c'est probablement un des milieux dont le niveau intellectuel est parmi les plus faibles. » A la question de Drucker : « Toutes tendances confondues ? », Tapie répond : « Absolument. C'est accablant. Si nous, dans le business, on commettait le dixième des erreurs qu'ils font, on serait en faillite. Or, c'est le monde le plus prétentieux qui soit, avec le sentiment de détenir la légitimité. » Qu'un député puisse ainsi mettre en cause la légitimité conférée par l'élection donne à penser qu'il s'est trompé d'orientation professionnelle. Mais surtout, ce comportement qui consiste à dénoncer comme « nulle », toute autre personnalité que lui, ne laisse pas d'être inquiétant. « Nul » : Jean-Claude Gaudin, accusé par Tapie de ne rien faire en matière économique pour la région Provence, alors que les collectivités régionales sont dépourvues de tout pouvoir en ce domaine (et le candidat Tapie serait bien inspiré de se renseigner sur les textes en vigueur concernant un poste qu'il brigue...). « Nul » : Vigouroux, dès lors que le maire de Marseille n'obtempère pas aux désirs du président de l'OM et ne met pas en chantier, avec l'argent de la ville, un stade de 70 000 places, dont le bénéfice politique reviendrait à Bernard Tapie. « Nul » : André Paccard, l'industriel-décorateur dont Bernard Tapie a racheté la boîte, pour en revendre les actifs immobiliers à son seul profit. « Nuls » : Jean Fournet-Fayard et Jean Sadoul, les responsables du football français, parce qu'ils ne laissent pas le patron de l'Olympique de Marseille agir à sa guise. Pour entrer dans la vaste catégorie des « nuls », selon Tapie, il suffit de se trouver en désaccord avec lui et de gêner ses intérêts, qu'il s'agisse de politique, de sport ou d'affaires.

Et quand l'insulte ne suffit pas, la menace vient renforcer l'argumentation. Rarement suivie d'effets, ressemblant en cela aux nombreuses promesses qu'il multiplie pour emporter une conviction, une affaire ou un soutien politique. Car les deux leviers de la méthode Tapie peuvent se résumer ainsi : en signant un accord avec lui, le co-contractant peut gagner énormément ; en s'opposant à ses visées, les réticents, les dubitatifs ou les adversaires prennent des risques. Promesses aux syndicats de sauvegarder les emplois, voire d'en créer de nouveaux, dans les sociétés qu'il rachète. Promesses aux élus locaux concernés d'implanter des écoles Tapie — qui vont de la formation aux techniques de vente, comme celle qui lui sert de vitrine à Béziers, à l'apprentissage des métiers du bois. Promesses aux jeunes qui participent à sa campagne électorale de leur distribuer des cartes d'accès au stade vélodrome, qui se soldent, la victoire acquise, par l'attribution de deux places de virage pour plus de cent bénévoles... Menaces de révélations, menaces de représailles contre le PS marseillais, après son échec en mai 1988, contre Robert Vigouroux, dès lors que le sénateur-maire annonce qu'il fera acte de présence aux régionales, menaces contre le directeur du *Méridional* de « s'occuper personnellement de sa carrière » s'il refuse de le soutenir dans la législative partielle de janvier 1989. Menaces physiques contre Jacques Roseau, responsable de l'association « le Recours », parce qu'il apporte son soutien à l'adversaire de Tapie. Le député-homme d'affaires-dirigeant sportif semble ne connaître que trois types d'arguments : la séduction, et, à défaut, l'injure méprisante et l'intimidation.

Un homme qui joue systématiquement sur ces registres révèle complexes et rancœurs. Une catégorie socio-professionnelle « bénéficie » d'un traitement de défaveur tout particulier : les titulaires de diplômes. Bernard Tapie semble souffrir de n'avoir fréquenté que les bancs de « l'école du Bourget et l'école d'électricité industrielle de Paris » (*Who's who*, édition 1990/1991). Ce n'est pas déshonorant, et sa réussite prouve, *a contrario*, que la peau d'âne universitaire n'est pas tout ; mais la minceur de son bagage intellectuel paraît lui avoir inculqué une haine viscérale pour ceux qui sont sortis des écoles, bardés de diplômes. Cibles favorites de Bernard Tapie, les anciens élèves de l'École nationale d'administration : « Plus ça va, plus l'ENA fournit des gens incapables de gérer la France, dit-il à Michel Drucker. Je ne suis pas jaloux des énarques mais, c'est évident, on a remplacé une technocratie de droite par une technocratie de gauche. Plus ça va, moins ils sont capables d'affronter des problèmes... » Cette haine des énarques le rapproche d'Édith Cresson qui considère que les anciens élèves de la rue des Saints-Pères constituent une « nouvelle noblesse de robe », confisquant l'État à son profit.

Étrange élu du peuple qui croit que le pouvoir échappe aux politiques, y compris à ses propres amis. Manifestation d'un complexe socio-éducatif d'analphabète autodidacte ? (Pourtant, d'autres chefs d'entreprise, d'une tout autre dimension que la sienne, comme Antoine Riboud, ne cultivent pas de semblable frustration alors qu'ils n'ont pas leur baccalauréat en poche...) A moins qu'il ne s'agisse d'un règlement de compte personnel contre les hauts fonction- naires, qui sont des « tigres de papier » : « Certains considèrent qu'ils peuvent vous envoyer le fisc, vous faire sortir un dossier merdeux, vous faire de fausses fiches de renseignements par les RG. Mais on s'en remet. » Tapie ne pardonne pas les enquêtes douanières dont il a été l'objet, ni les vérifications fiscales auxquelles il a été soumis, ni le fait que les Renseignements généraux remplissent leur mission, qui est d'informer les pouvoirs publics. Un ancien collaborateur de la présidence de la République se souvient d'avoir pris connaissance de l'existence de Bernard Tapie par un « blanc » des RG. Cette lecture ne l'avait pas encouragé à appuyer la candidature de l'homme d'affaires dans une importante opération de rachat d'entreprise en difficulté... Il ne vient pas à l'idée de Tapie que, pour ne pas risquer un redressement fiscal, ou pour éviter que sa fiche RG ne comporte des informations défavorables, il suffit d'être en règle avec les impôts et de n'avoir jamais franchi la ligne jaune de la légalité. D'ailleurs, il paraît plus pointilleux pour lui-même que pour les autres. L'ami de Michel Charasse, qui manie aisément la menace du contrôle fiscal personnel et qui se vante d'être « un flic », n'hésite pas à s'entretenir avec le ministre délégué au Budget des turpitudes supposées des clubs de football concurrents de l'Olympique de Marseille.

Tous les aspects de la personnalité de Bernard Tapie ne déclenchent pas une sympathie spontanée. Pourtant l'homme sait séduire ; il est un vendeur exceptionnel. On peut même penser que les contrevérités qu'il profère avec un culot proprement phénoménal, font simplement partie de sa technique pour emporter la conviction de l'interlocuteur qui se trouve en face de lui, à l'instant t. Chez lui, la fin importe davantage que les moyens. Le politique qu'il est devenu parle volontiers de morale. Pour les autres. Comme si les règles applicables au commun des mortels ne devaient pas l'être à lui-même.

Autre exemple de la personnalité schizophrénique de Bernard Tapie, il est capable de faire preuve d'une drôlerie extraordinaire, alors qu'il ne supporte absolument aucun trait d'humour à son sujet. Il est un formidable conteur d'histoires ; s'il l'avait voulu, il aurait probablement pu faire une carrière au cabaret. Philippe Bouvard, producteur-animateur des *Grosses têtes*, sur RTL, ne s'est pas trompé en lui demandant, en 1985, de participer à son émission.

INTRODUCTION

Entré en politique, il renouvelle le vocabulaire et le discours traditionnels, utilise l'ironie avec une méchanceté réjouissante et une cocasserie communicative. Ainsi le jour où, au micro de Jean-Pierre Elkabbach, sur Europe 1, il tourne en dérision le giscardien Hervé de Charette. Au lieu de répondre aux arguments du président des clubs Perspectives et réalités, il feint de confondre son organisation avec un tour-opérateur, parlant des clubs Vacances et Loisirs. Ce matin-là, Tapie est irrésistible de drôlerie. Mais, dès lors qu'il est question de lui, Tapie est totalement dénué d'humour. Capable de se vexer comme le ferait un enfant de cinq ans. Et c'est peut-être la clé de la personnalité de Bernard Tapie que cette immaturité. Ses réactions à l'emporte-pièce, la certitude que le moindre désaccord exprimé est une preuve d'hostilité, voire de désamour, ont quelque chose de profondément enfantin. Comme sa fantastique capacité à mentir effrontément. Un de ses anciens collaborateurs se souvient de l'avoir vu expliquer à un acheteur potentiel que la société, qu'il souhaitait lui vendre, réalisait des bénéfices, « alors que l'interlocuteur avait le bilan sous les yeux ». Même démarche quand, pour convaincre Michel Bassi, il se targue d'être « le meilleur ami du président de la République ». Pareille affirmation ne peut que décrédibiliser l'ensemble du discours. Mais on ne peut exclure que Tapie, comme les enfants qui enjolivent plutôt qu'ils ne mentent, s'inventant à l'occasion une vie onirique à laquelle ils finissent par croire eux-mêmes (et sont atrocement vexés d'être pris en flagrant délit de mensonge ; mais qui n'en est pas un à leurs yeux), soit le premier à se convaincre de la réalité de ses affabulations. La violence de ses réactions face à la contradiction, ou simplement à l'expression d'un doute, son inaptitude à l'autodérision, relèvent sans doute moins de la paranoïa et de la maladie de la persécution que d'une réelle immaturité psychologique.

BERNARD TAPIE

Dernier comportement significatif de Bernard Tapie, sa propension à la vulgarité. Si le style est le propre de l'homme, celui de Tapie révèle de sérieuses failles personnelles. Le député de Marseille parle comme un charretier. Par les temps qui courent, ce n'est pas forcément un handicap. La mode est au populisme. Le ministre du Budget, pourtant doué d'autant d'esprit de finesse que d'esprit de géométrie, use de l'argot à tout bout de champ. Fille d'un inspecteur général des Finances, élevée selon les préceptes de ce que l'on appelait naguère « la meilleure bourgeoisie », le Premier ministre n'a « rien à cirer de la Bourse » et traite ses ministres « d'enflure » ou de « cloporte ». Comme si la classe politique avait jeté le style sciences-po par-dessus les moulins, pour le remplacer par le parler « popu ». Coluche avait annoncé sa candidature à la présidentielle, par dérision, pour enrichir son numéro de music-hall. Les actuels responsables du pays ont choisi de l'imiter. Ils se trompent de registre. Et, en plus, ils n'ont pas son talent.

Tous les nouveaux populistes ne sont pas que de pâles caricatures de Coluche, croyant avoir trouvé, dans la grossièreté, le remède miracle capable de guérir la France du lepénisme. Chez Charasse ou chez Cresson, la vulgarité sent le truc. Elle sonne faux. Bernard Tapie, lui, parle naturellement le langage du peuple. Vulgaire, il est d'abord authentique. Quand il parle cru, il parle juste. Face à Jean-Marie Le Pen, tribun populiste qui manie l'imparfait du subjonctif mais frappe ses auditoires aux tripes plutôt qu'à la tête, Tapie parle le langage vrai de la rue. Son succès politique à Marseille n'est pas seulement dû aux victoires de l'OM. Au tournant des années 70, Marcel Leclerc, inventeur de la presse télévisée française et président de l'Olympique de Marseille, avait mené le club au sommet du football français. Le palmarès de l'OM de Leclerc, Skoblar et Magnusson, vaut celui de l'OM de Tapie, Papin et Waddle. Marcel Leclerc s'est présenté aux élections municipales à Marseille en 1971. Ce fut un échec retentissant. Le plus de Tapie tient donc à autre chose. Et son comportement facilement grossier, son langage volontiers ordurier est en phase avec toute une partie de l'électorat marseillais. Il n'y a, en effet, guère de distance entre ce chauffeur de taxi qui veut « niquer » les adversaires de l'OM et le président du club qui, à la fin d'un match Marseille-Saint-Étienne, fait un bras d'honneur en direction d'Antoine Guichard, patron des magasins Casino et sponsor de l'AS Saint-Étienne, présent au stade vélodrome dans la loge voisine. Mais ce qui marche sur la Canebière n'est pas nécessairement applicable partout. La vulgarité chez un responsable politique conduit à tirer le débat politique vers le bas. A terme, cela ne peut qu'aboutir à renforcer le dégoût des Français pour la chose publique.

Tout responsable politique est un modèle social. Et l'image donnée par Bernard Tapie ne relève pas le niveau moral de la classe politique. Son indélicatesse de « nouveau riche » est sans conséquence dès lors qu'il est seulement une personne privée. Libre à lui de se livrer à des plaisanteries de mauvais goût, comme « se faire tremper le cul » par le jet d'eau du lac Léman, avec l'hélicoptère qu'il a loué à Genève pour se rendre à Annemasse. Peu importe qu'il juge utile d'user d'un vocabulaire où les qualificatifs « emmerdeurs », « chieurs », « enculés », reviennent systématiquement. Mais ce n'est pas le ton et le style que les citoyens attendent nécessairement de leurs responsables. Au moment où l'indispensable classe politique — qui ne peut être remplacée par la « société civile », non soumise à élection — est la cible de toutes les critiques, on est en droit de se demander si la trivialité et la grossièreté sont les bonnes réponses à la crise de la démocratie représentative.. Si cette évolution devait se confirmer, un homme comme Bernard Tapie aurait un boulevard ouvert devant lui.

Première partie

L'appétit vient en mangeant

CHAPITRE I

LE DIRIGEANT SPORTIF :
LA QUÊTE DE LA NOTORIÉTÉ

« Bernard Tapie est le premier mécène qui ait fait fortune dans le mécénat. » La formule est du journaliste Dominique Jamet. Elle résume toute la philosophie de l'investissement de Tapie dans le monde sportif. C'est dans le milieu du sport que l'homme d'affaires a construit sa prodigieuse notoriété. S'il n'avait pas monté son équipe cycliste, en 1983 — réussissant dans cet univers très fermé une performance tout à fait étonnante — puis pris, en 1986, la direction de l'Olympique de Marseille, il ne serait sans doute qu'un repreneur d'affaires parmi d'autres, connu de quelques juges des tribunaux de commerce, de ses banquiers et de quelques journalistes économiques et financiers. Tapie super-star, c'est d'abord l'homme qui gagne, par personne interposée, sur les routes du Tour de France et les pelouses des stades. Les succès de ses équipes l'ont porté à un niveau de notoriété qui dépasse celui d'un Noah ou d'un Prost, ou même d'un Platini, qui supplante celle de tous ceux qui courent ou jouent sous ses couleurs.

Bernard Tapie est, avec John McCormack, l'homme d'affaires des plus grandes vedettes du sport américain, la seule personnalité à s'être fait un nom dans le sport, sans être lui-même un athlète de haut niveau. Mais Tapie, qui avoue à Guy Lagorce de *L'Express*, que son plus grand rêve aurait été de « devenir champion olympique du 1500 mètres plat », n'a pas connu la gloire des podiums. Adolescent, il a fréquenté le stade du Bourget : « Ma bande à moi, écrit-il dans *Gagner*, était au stade... Grâce à « mon stade », j'ai échappé à une vie morne, programmée, qui aurait constitué le deuil éclatant de mon bonheur... En dix ou douze ans, le stade était devenu ma résidence secondaire. Je me trompe : ma résidence principale. » Amateur de tous les sports d'équipe (« d'ailleurs, à l'époque, le golf n'était pas un sport très en vogue du côté de La Courneuve, d'Aubervilliers ou du Bourget »), il est un honorable pratiquant, pas une graine de champion. Plus tard, alors qu'il se trouvera à la tête des meilleures équipes de cyclisme ou de football, il en concevra une petite nostalgie. C'est la raison qui le poussera à tenter — et à réussir — sur son bateau, le Phocéa, l'ancien quatre-mâts d'Alain Colas, le record de la traversée de l'Atlantique. Ce jour-là, Bernard Tapie accomplit un rêve d'enfant : inscrire enfin son nom au *Livre des records*.

Tapie, Hinault : la tête et les jambes

Quand Tapie se fait connaître, à la fin des années 70, ce n'est pas comme sportif mais comme homme d'affaires. Son activité de repreneur d'entreprises en faillite le conduit à fréquenter plus souvent les tribunaux que la « une » des journaux. Parfois même comme inculpé — ainsi qu'il le rappelle dans *Gagner*. Ce n'est pas le type de notoriété auquel il aspire. Et sa décision d'investir dans le sport, à partir de 1983, est non seulement le fruit d'une analyse marketing intelligente, mais aussi d'un appétit de reconnaissance médiatique et sociale. En se lançant dans le cyclisme, il va chercher à populariser sa marque de produits diététiques, La Vie Claire, mais également à améliorer sa propre image.

La constitution de l'équipe cycliste La Vie Claire est exemplaire de la méthode Tapie. Quand il décide de se lancer dans ce milieu, il n'y est pas attendu. Il va pourtant s'attacher les services du plus populaire de tous les champions cyclistes français, Bernard Hinault, déjà quatre fois vainqueur du Tour de France (1978, 1979, 1981 et 1982), seul Français, avec Jacques Anquetil, à avoir réalisé, en 1981, le doublé Giro d'Italia et Tour de France, ancien champion du monde professionnel sur route. C'est cette immense vedette que Tapie va convaincre de travailler avec lui, au nez et à la barbe de quelques gros poissons du milieu du vélo comme Daniel Dousset, le plus important des managers du cyclisme, et Guy Merlin, le numéro un de l'immobilier de loisir, alors principal sponsor de la grande boucle.

En 1983, Bernard Hinault est au sommet de sa gloire, pas de sa forme. Le champion breton, qui écrase le cyclisme professionnel de toute sa classe depuis six ans, voit apparaître de sérieux concurrents. Au sein même de sa propre équipe Renault-Gitanes, dirigée par le « sorcier » Cyrille Guimard, le jeune Laurent Fignon peut prétendre à son tour aux premiers rôles. Au printemps 1983, les premières courses d'Hinault se soldent par une préoccupante série d'abandons. Le numéro un du cyclisme mondial souffre d'une douleur persistante au genou. A l'issue du tour d'Espagne, qu'il remporte à force de courage, les médecins diagnostiquent l'apparition d'un « nodule derrière le genou ». Il faut opérer et Hinault doit renoncer au Tour de France, emporté cette année-là par Fignon. Quand il renégocie son contrat avec Renault-Gitanes, il lance un ultimatum, demande la tête de son directeur sportif. Les dirigeants de Renault choisissent de garder

Guimard et Fignon. Hinault cherche alors une nouvelle équipe. Après des contacts avec Daniel Dousset, il envisage de monter l'affaire pour 7,5 millions de francs — ce qui n'est pas considérable — sous les couleurs de Guy Merlin. Les négociations qui se poursuivent jusqu'en septembre traînent en longueur. C'est le moment où Tapie entre en scène.

Le patron de La Vie Claire va emporter l'affaire en usant de deux atouts décisifs, et grâce à sa rapidité d'exécution. D'abord, Tapie fait monter les enchères, en mettant 10 millions sur la table au lieu des 7,5 de Merlin. Ensuite, en proposant à Bernard Hinault un contrat beaucoup plus intéressant que celui de ses concurrents : avec lui, Hinault ne se contentera pas d'être coureur cycliste, il intégrera également le staff des entreprises Tapie, comme promoteur des produits La Vie Claire, mais aussi comme associé au développement des produits Look. Tapie n'offre pas seulement à Hinault le moyen de poursuivre sa carrière de sportif, il lui ouvre aussi une possibilité de préparer sa reconversion professionnelle. Outre ces perspectives avantageuses pour le champion, la vitesse avec laquelle Tapie agit lui assure le gain de l'affaire. Alors que la négociation conduite par Daniel Dousset, pour le compte de Guy Merlin, s'éternise, Tapie signe sans attendre. Les deux hommes annoncent leur association le dimanche 25 septembre 1983. Le mardi 27, ils donnent une conférence de presse commune au Hilton-Suffren. Pour le milieu, c'est une énorme surprise, surtout à cause du nom du nouveau sponsor, présenté par la presse comme « un industriel spécialisé dans la récupération de sociétés en difficulté ». Le moins qu'on puisse dire, à ce moment-là, c'est que Tapie a du chemin à faire pour se faire connaître.

Une chose est certaine, sa démarche intrigue le milieu sportif. Chacun sait en effet que Hinault traverse une mauvaise période, et beaucoup doutent qu'il puisse jamais revenir à son niveau d'antan. En somme, Bernard Tapie joue *a priori* perdant. L'industriel explique sa démarche aux journalistes : « Ça n'a pas d'importance qu'Hinault coure ou non, qu'il gagne ou pas... » La logique de l'association est financière et non sportive. Hinault « est un élément moteur pour faire connaître nos produits et donc les faire vendre et, en plus, les améliorer. Hinault est crédible. Je compte sur lui pour nous gagner de l'argent. Ma vérité est de gagner le plus possible d'argent. C'est le seul critère de la réussite ».

Jamais Tapie ne livrera avec autant de brutalité le fond de sa pensée. L'argent, rien que l'argent. La France est socialiste. Mitterrand, à l'Élysée depuis le 10 mai 1981, a été porté au pouvoir pour « changer la vie », mais la gauche a été victime de ses utopies et de ses erreurs de gestion, et les valeurs dominantes sont désormais celles de l'avoir. L'échec socialiste a démonétisé les valeurs collectives comme celle de la solidarité ; les Français ne rêvent plus que de réussite individuelle. La gauche aura ainsi paradoxalement mis en vedette les *raiders*, les *wonder boys* de la finance, ceux qui accumulent des fortunes rapides. Peu importe les méthodes, la France est entrée dans l'ère de l'argent-roi. La période qui s'ouvre sera dominée par deux symboles, Pierre Bérégovoy, le ministre des Finances qui fera le plus pour enrichir les riches, et Bernard Tapie, l'homme qui va incarner le mythe de la réussite matérielle rapide.

Mais l'investissement réalisé sur le nom de Bernard Hinault a d'autant plus de chances de se révéler rentable que le champion revient au premier plan sportif. Au début de leur collaboration, Tapie fait entièrement confiance à sa vedette (il n'en sera pas de même par la suite avec les autres sportifs qu'il engagera, dont il exigera des résultats immédiats, comme le prouve le valse des entraîneurs et des joueurs à l'OM) au point de renoncer à engager, comme entraîneur, le champion espagnol Luis Ocaña, parce que le vainqueur du Tour 1973 « voulait être le patron ». Le succès ne va pas venir immédiatement, mais Hinault, surnommé « le blaireau » dans le peloton, va réussir la transformation de son image. Pour Tapie, les choses ne vont pas assez vite. Le retour sur investissement n'est pas immédiat. Mais il lui faut justifier le pari qu'il a fait. En mars 1984, alors que Hinault tarde encore à retrouver son niveau d'antan, l'industriel cherche à tuer les rumeurs selon lesquelles des dissensions seraient apparues entre le coureur et son sponsor : « Je pense que Hinault, tel qu'il est actuellement, remplit son contrat. Il est digne de nous, nous voulons être dignes de lui. Et puis, dans le milieu des affaires, on apprend à accepter les échecs. Les refuser, c'est aussi refuser les tentatives. » Tapie débute dans la haute compétition, il ronge encore son frein, mais on sent la déception d'un homme qui n'avait pas intégré dans son calcul le temps nécessaire pour un sportif à redevenir un grand champion. Il ne s'est pourtant pas trompé sur le compte d'Hinault, petit à petit l'ancien conquérant domina-teur se mue en un combattant acharné, aussi grand, sinon davantage, dans la défaite que dans les triomphes de jadis. Hinault se bat mais Tapie ne donne pas le sentiment d'y croire vraiment. Le 7 juillet 1984, alors que le Tour de France vient à peine de commencer, il admet par avance la défaite de son poulain, se présentant comme le bon samaritain d'un champion sur le déclin : « En septembre, Hinault m'a confié qu'il n'avait qu'une chance sur deux de remonter un jour sur un vélo, aujourd'hui il fait partie des trois vainqueurs possibles du Tour, même s'il n'a pas retrouvé la forme qu'il avait en 1979 ; mais il n'est pas question de minimiser l'exploit de Fignon » (Sous-entendu, nos adversaires vont gagner contre un quasi-infirme mais moi, Tapie, j'ai montré en acceptant de m'embarquer avec Hinault que j'avais un cœur gros comme ça...).

Fignon emporte le Tour 1984, mais la lutte acharnée livrée par Hinault lui permet de gagner l'affection du public. Pierre Chany, journaliste à *L'Équipe*, un de ceux sans lesquels l'épopée de la grande boucle ne serait qu'une course parmi d'autres, écrit dans *La fabuleuse histoire du cyclisme* (édition Nathan) : « Jusqu'aux derniers jours, Hinault, second au classement général, tenta de prendre Fignon en défaut, mais pour admirable qu'elle fut, son agitation quotidienne s'inscrivait plus dans une recherche désespérée de soi-même, dans une quête de popularité peut-être, que dans un assaut véritable porté contre l'invulnérable détenteur de la Toison d'or. » Pour Tapie, cette défaite vaut toutes les victoires : « Hinault, j'aurais été désolé qu'il termine deuxième derrière Fignon à deux minutes. Au contraire, il s'est battu et il est apparu beaucoup plus humain au public. Nous avons réussi à changer son image de marque, c'est bien. » Le patron de La Vie Claire transforme une défaite sans appel — Hinault termine le Tour à 10' 32" de Fignon — en succès. Et s'il a raison quant à la transformation de l'image du champion, il tire franchement la couverture à lui en s'en attribuant la responsabilité ; pourtant, sur les routes du Tour 1984, c'était bien Hinault et pas lui qui pédalait. Et, au cours de cette première année dans le sport de haut niveau, Bernard Tapie a plus appris de son coureur qu'il ne l'a conseillé. Mais il aura eu le mérite de flairer le bon investissement ; comme il le déclare au *Figaro*, le 3 septembre 1984 : « Il faut savoir qu'en notoriété spontanée, La Vie Claire, durant le mois de juillet, c'est-à-dire durant le Tour de France, a grimpé de 28 %. Durant cette période, le chiffre d'affaires est passé de 10 à 28 millions de francs. »

A partir de ce moment, les ambitions de Tapie vont croître et embellir. Comme il le fera plus tard dans le football, il a à peine mis un pied dans le cyclisme qu'il se pose en donneur de leçons. Le 9 septembre 1984, il répond au journaliste du *Figaro* qui lui demande s'il se sent bien dans ce monde, nouveau pour lui : « Non seulement je ne m'y sens pas intégré, mais je ne le serai jamais. Le vélo est un milieu qui vit en osmose ; trop renfermé sur lui-même. Mais il va évoluer. » Formule typiquement « tapienne ». Avec lui, c'est toujours : « ils » vont voir ce qu'ils vont voir. En fait, il ne va rien changer aux mœurs du cyclisme professionnel.

Il va profiter du fantastique regain de popularité de Hinault qui remporte de belle manière le Tour de France 1985, auquel Laurent Fignon, à son tour victime d'une tendinite persistante, ne participe pas. Pour La Vie Claire c'est un triomphe. Hinault est premier à Paris, l'Américain Greg Lemond, engagé par Tapie, qui montre déjà que sa principale qualité de dirigeant sportif est de savoir recruter, est deuxième. Le 20 juillet 1985, Tapie déclare au *Quotidien de Paris*, à propos de Lemond : « L'objectif est de faire connaître notre marque à l'étranger ; ce n'est pas une danseuse. » Le résultat sera inversé l'année suivante, quand Lemond gagne à Paris devant Hinault, après une cohabitation difficile mais un Tour à suspense et à panache. Pour Hinault, qui aura permis à Tapie de se faire un nom dans les pages sportives des journaux, l'heure de la retraite a sonné. Lemond quitte également le peloton, victime d'un accident de chasse pendant ses vacances aux Etats-Unis. Pour l'équipe La Vie Claire, c'est une hécatombe tragique. Et Tapie démontre à cette occasion que le sentiment tient peu de place dans sa gestion des hommes. Le 27 juillet 1987, il déclare : « Greg Lemond ne fera plus partie de mon équipe l'an prochain. »

Avant même l'accident de Lemond, Tapie, qui a tiré en termes d'image personnelle et de résultats commerciaux, tout ce qu'il pouvait espérer au départ de son incursion dans le cyclisme, envisage déjà de s'éloigner de ce milieu. Pendant le Tour 86, il déclare à *Libération* : « Je pense continuer pendant toute la première partie de la carrière de Jean-François Bernard, que nous avons pris quand il avait 17 ans, et après me retirer. C'est le *deal* que je me donne. » Et le 27 juillet 1987, il affirme : « Nous allons tout investir sur Jean-François Bernard. » Mais il n'a plus le feu sacré et sent probablement que le pari qu'il prend sur Jean-François Bernard a peu de chance de lui apporter les mêmes satisfactions que celles qu'il a retirées de son association avec Hinault (Coureur talentueux, ce jeune espoir n'a pas l'âme d'un patron du peloton, comme le montrera la suite de sa carrière). Bernard Tapie commence sérieusement à penser à prospecter d'autres horizons sportifs. Le cyclisme lui a permis d'acquérir, pour la première fois dans sa carrière, une notoriété positive et l'expérience est, pour lui, riche d'enseignements, mais il sait d'instinct que, lorsqu'on a tout gagné dans un secteur d'activité, il faut savoir partir. L'épopée Hinault/Lemond fera désormais partie de sa légende personnelle.

Au besoin, il réécrira l'histoire pour se donner le beau rôle. Après qu'il se sera éloigné du milieu du vélo pour se consacrer au football et à l'Olympique de Marseille, il se présentera ainsi comme celui qui a moralisé les pelotons. Dans une interview au *Monde*, le 7 février 1987, il affirme : « Quand je suis arrivé dans le vélo, il y avait la loi du silence sur le dopage. Tout le monde, journalistes compris, était au courant. Personne ne parlait. Moi, je voyais circuler autour des coureurs des types avec des mallettes et des seringues. Je les ai dénoncés, certains sont aujourd'hui en prison... » Sans porter de jugement de valeur sur

35

Tapie-la-balance, même si le fait de se vanter d'avoir dénoncé des fraudeurs à la police, ou à la justice, est révélateur d'un comportement pour le moins douteux au plan moral — il aura l'occasion plus tard, dans le cadre de ses activités de dirigeant du football, de démontrer qu'il est bien un « donneur » —, ces propos ont de quoi surprendre.

Le milieu cycliste et, en particulier, les journalistes spécialisés n'ont pourtant pas attendu Tapie pour combattre le dopage. La mort de Fausto Coppi, dont la santé avait été ruinée par l'abus de produits dopants, celle de Tom Simpson dans l'ascension du Ventoux, le 13 juillet 1967, et bien d'autres tragédies plus anonymes avaient alerté depuis longtemps les responsables du cyclisme. Ce sport a même été le premier à adopter des règlements si draconiens que les plus grandes vedettes n'ont pas échappé à la sanction. Le plus grand coureur cycliste de tous les temps, le Belge Eddy Merckx lui même, a été déclaré « positif » à l'issue d'un contrôle antidopage et mis hors course, bien avant que Tapie ne s'intéresse au vélo... Qui plus est, il serait plus crédible si, en matière de cyclisme, il ne disait pas n'importe quoi en fonction de ce qui l'arrange. Et mieux aurait valu, pour lui, ne pas déclarer quelques années après à *L'Express*, le 8 décembre 1989 : « En vélo, OK, impossible de faire carrière sans recourir aux "soins". » Quand donc cet homme-là dit-il la vérité ?

Avec son équipe cycliste, Tapie a compris le parti personnel qu'il pouvait tirer du sport. Très vite, il pense à se diversifier. Répondant aux questions du *Quotidien de Paris*, le 20 juillet 1985, il affiche ses ambitions futures : « En foot, par exemple, j'envisage, la saison prochaine, de soutenir une équipe. Nous sommes en train de la mettre sur pied. Il n'est pas exclu non plus que je vois s'il n'est pas possible de recommencer ce que nous avons fait avec

Hinault avec le grand tennisman français, à savoir Noah. » Yannick Noah, au sommet de sa gloire et de sa fortune, n'a pas besoin de lui, mais en évoquant son nom Tapie s'associe à une *success story*. Un peu plus tard, après avoir racheté Donnay, le fabriquant de raquettes de tennis, il prendra André Agassi sous contrat, mais son incursion dans le tennis sera de courte durée, puisqu'il sera obligé de revendre Donnay afin de dégager une partie des capitaux nécessaires à la conduite de son opération Adidas.

Pour le football — un sport que le patron de La Vie Claire connaît plutôt mieux que le cyclisme où il a réussi, il y pense effectivement, envisageant d'investir dans plusieurs clubs de première division, dont, à l'époque, les Girondins de Bordeaux... — il est encore trop tôt, mais le hasard donnera, très vite, une réalité aux propos de Tapie. Au lendemain de son accession à la présidence de l'OM, il affiche sa boulimie et sa prétention à diriger tout le sport français.

Le 31 octobre 1986, il déclare à Guy Lagorce, dans *L'Express-Sports* : « Ce qui m'attire dans le rugby, c'est une phrase de Ferrasse. Il m'a tellement gonflé avec une déclaration du type : "Tapie ne mettra jamais les pieds dans le rugby", que moi, je vais y aller ! J'ai une envie féroce de montrer à ce monsieur que je peux faire des choses même si lui n'en a pas envie. Je ne peux pas encore donner la date, mais je le ferai. » Six ans après ces propos tonitruants, il n'a toujours pas « mis un pied » dans le rugby, qui n'a d'ailleurs aucun besoin de lui. Mais, pour lui, le dire est plus important que le faire. Ce qui compte, c'est moins l'action qu'il peut mener que celle que le public le croit capable d'accomplir. D'où ces annonces répétées, de projets tous plus mirifiques ou spectaculaires les uns que les autres ; dans le domaine du sport, dans celui des affaires, et, bientôt, dans celui de la politique. A l'ère des médias, il a maîtrisé cette donnée fondamentale qui veut que ce qui est imprimé

— ou mieux encore, ce qui a été annoncé à la télévision — devient une vérité pour le lecteur, l'auditeur ou le téléspectateur. Et, pour quelqu'un doté, comme lui, d'une superbe absence de vergogne, une affirmation mensongère remplit sa fonction d'image dès lors qu'elle est crue, même un bref instant.

Le jackpot de l'OM

La prise de contrôle de l'Olympique de Marseille par Bernard Tapie aura certainement été le coup de poker le plus payant de sa carrière. Quand il décide de s'engager dans cette aventure, le club phocéen est à la dérive. Aujourd'hui, l'OM est classé, pour la deuxième année consécutive, meilleur club européen par la Fédération européenne de football (UEFA). Cette résurrection est incontestablement à porter à son crédit. Elle constitue son meilleur atout. On ne peut cependant pas dire que, depuis qu'il en est devenu le président, tout ce qui se passe à l'OM est aux couleurs du club : blanc-bleu.

Tout commence sur une rencontre. Bernard Tapie la raconte à Guy Lagorce : « C'est la faute à Gorbatchev. En octobre 1985, Gorbatchev, le patron de l'URSS, est venu en visite à Paris. Le dernier soir, grand dîner, grand tralala. Bien, je suis invité, j'y vais. A table, je me trouve à côté de Mme Edmonde Charles-Roux, l'écrivain, la femme de Gaston Defferre. On papote comme ça, on ne se connaissait pas du tout. Soudain, elle me dit : « Qu'est-ce que vous attendez pour venir nous sauver l'OM ? » Mon premier réflexe est de me dire, cette dame est quand même plus littéraire que sportive, mais si elle me dit ça, c'est qu'elle en a parlé avec son mari, que c'est donc important, et, en quelques secondes, ça me met à m'exciter. Je n'avais jamais pensé jusqu'alors à l'OM, j'étais en plein dans mes affaires et dans le vélo ; pourtant, dans la seconde, je me dis, c'est formidable, quel enjeu ! Le foot à Marseille... Et hop ! me voilà parti. Donc à la fois coup de folie, d'instinct, mais aussi mécanisme et savoir. Le foot, je savais ce que c'était, et l'OM aussi... Toujours ce partage entre le côté gestion et le côté foutraque... mon déséquilibre. Tout a commencé comme ça. Deux jours après, je rencontrai Defferre. Sans Gorbatchev, je me serais peut-être intéressé à l'OM. Peut-être pas. Mais l'influence de Gorbatchev dans l'histoire de l'OM est indiscutable. »

Charles-Émile Loo confirme cette version, mais d'après lui, les relations Defferre/Tapie remontent bien avant le dîner à l'ambassade soviétique. Toujours est-il que c'est bien à l'initiative de Gaston Defferre que Bernard Tapie débarque à l'OM. Seulement pour le football ? Loo n'exclut pas quant à lui que, dès le départ, le vieux maire de Marseille ait caressé l'idée de faire, un jour, de Tapie son successeur. Et le ministre dit à l'époque à « Milou » Loo : « Il est bien ce type-là. C'est ce qu'il nous faut à Marseille. Je lui ai demandé de prendre l'OM parce qu'il faut qu'il apporte du bonheur aux Marseillais. »

Le samedi 11 avril, Bernard Tapie est porté à la présidence du comité de gestion de la section professionnelle de l'OM et à la présidence du comité directeur, par 413 voix sur 427 présents. Le groupe Tapie est majoritaire avec huit sièges sur quinze au comité de gestion. Le mandat du nouveau président est fixé à cinq ans, à compter du 30 juin 1986. Au moment où il prend ses fonctions, l'homme d'affaires précise la philosophie de son action : « J'arrive avec une nouvelle formule, la formule des trois « r » : le rêve, car il en faut beaucoup à l'OM, le rire, indispensable à certains moments, et le risque, car j'apporte le fric et la psychologie. » Tout un programme qui ne lui aura pas coûté un effort d'imagination surhumain, puisque « sa » formule des trois « r » est directement piquée à son ami Jacques Séguéla, qui définit la publicité des années 80 dans les mêmes termes. C'est une des caractéristiques de Bernard Tapie de fonctionner comme une véritable éponge. Cet homme a très peu d'idées personnelles, mais il sait déceler les bonnes idées des autres et les faire siennes.

L'Olympique de Marseille va transformer la vie de Tapie, et l'aider à se propulser sur la scène politique. Mais ce sera un juste retour des choses, car le dirigeant de club se révèle un étonnant meneur d'hommes. Le palmarès de l'OM, depuis son accession à la présidence, en témoigne. Dès la première saison, Tapie galvanise l'équipe et fait revenir les Marseillais au stade vélodrome. L'OM, qui se traînait dans les profondeurs du classement au cours de la saison 85/86, frisant la relégation en deuxième division, termine la saison 86/87 à la deuxième place du championnat, derrière Bordeaux ; en prime, l'équipe va en finale de la coupe de France, s'inclinant, là encore contre les Girondins. La saison 87/88 est moins flamboyante : 6e du championnat, éliminé en 32e de finale de la coupe, mais demi-finaliste de la coupe d'Europe des vainqueurs de coupe. Suivent trois saisons exceptionnelles : doublé coupe-championnat en 88/89, champion de France et finaliste de la coupe en 89/90, avec en prime une place de demi-finaliste de la coupe d'Europe des clubs champions ; et la saison 90/91 est celle de l'apothéose, l'OM manque de peu son entrée dans la légende en échouant en finale de la coupe d'Europe contre l'Étoile rouge de Belgrade et, en coupe de France, contre Monaco, mais conserve son titre de champion de France pour la troisième fois consécutive. Il faudrait beaucoup de mauvaise foi pour ne pas attribuer à Tapie la responsabilité principale du parcours exceptionnel de l'OM, depuis qu'il en a repris les rênes. Et, à ceux qui, à Marseille, mettent en doute son influence directe sur ces résultats, Tapie peut répondre comme jadis le maréchal Joffre à ses détracteurs : « On ne sait peut-être pas qui a gagné la bataille de la Marne, mais je suis bien sûr qu'on saurait qui l'aurait perdue... » Pourtant, la question se pose de savoir à quel prix ce palmarès a été forgé. Et l'envers du décor n'est guère reluisant.

Sans foi ni loi

A peine débarqué dans le milieu du football, Bernard Tapie va jouer les provocateurs. Il tentera régulièrement de se faire passer pour la victime d'un complot, mais, en réalité, il s'est, d'entrée de jeu, placé au-dessus des lois et règlements qui régissent le sport préféré des Français. Le 28 janvier 1991, il reçoit la foudre sur la tête quand la commission nationale de discipline (CND) le suspend pour une année — dont quatre mois avec sursis — de toute fonction officielle au sein du club (son bras droit, Jean-Pierre Bernès, écopant pour sa part de six mois de suspension). Les attendus de la CND relèvent à son encontre « des manquements graves à la morale sportive, des propos injurieux à l'égard d'arbitres, des menaces proférées contre les mêmes, et des tentatives d'intimidation ». En clair, la Fédération française de football traite le président du club, qui domine de la tête et des épaules le football national, comme un vulgaire voyou. A tort, comme il le prétend, ou à raison ? Voici le dossier.

Quatre mois après avoir pris ses fonctions à l'OM, Tapie montre le bout de l'oreille. C'est lui qui crée délibérément la tension avec les dirigeants du football français. Il dit, dans *L'Express-Sport* du 31 octobre 1986 : « Je ne les connais pas assez pour pouvoir dire quelque chose de valable à son propos. Je vous jure que je suis incapable de vous dire ce que vaut Sadoul et... comment s'appelle-t-il ? Fournet-Fayard... C'est çà, Fournet-Fayard. Je n'ai aucune idée de ce qu'ils sont. » Dès le départ, il fait aux responsables de la Ligue et de la Fédération le coup du mépris. Même en admettant que ce milieu, comme bon nombre d'organismes qui gèrent le sport français, compte un nombre anormalement élevé de médiocres et de carriéristes, c'est bien Bernard Tapie qui attaque le premier. Pour quelles raisons ? Probablement, d'abord, pour s'affranchir de toute forme de discipline. Le patron de La Vie Claire a appris, dans le cyclisme, qu'une fédération sportive pouvait être une gêne dans la gestion d'une équipe. Nouveau venu dans le football, il entend s'affranchir sans attendre de toute contrainte. Ensuite parce que dès les premiers jours de sa présidence, il est allé à la faute, en entrant en conflit avec un autre patron de club, Claude Bez, président des Girondins de Bordeaux. A l'époque, Bordeaux domine le championnat de France, et Claude Bez tient le haut du pavé à la FFF (ça n'a pas toujours été le cas). Tapie va faire une véritable fixation contre le club qui précède Marseille au classement du championnat, et surtout contre son président.

Bez et Tapie ont beaucoup de points communs. Ils sont riches (Bez dirige un gros cabinet d'experts-comptables) et étalent volontiers leur argent. Ils sont l'un et l'autre des « rouleurs de mécaniques », n'hésitant pas à manier l'injure et la menace — tous les deux iront jusqu'à molester des journalistes. Toutes les conditions psychologiques sont réunies pour que ces deux présidents de club, qui aspirent à régenter le football français, entrent en conflit. C'est Bernard Tapie qui en fournit le prétexte, à la veille d'un match OM/Bordeaux, en octobre 1986. Les Girondins réclament à Marseille le paiement d'une dette contractée à la suite du transfert d'un joueur. L'OM reste débiteur d'une somme de 1 375 650 francs. Le 9 octobre, Bez envoie un télex à Tapie lui rappelant cet « oubli d'échéance financière » : « Malgré notre télex du 18 août 1986, nous avons dû constater que vous avez cru pouvoir ne pas respecter les engagements de votre club. » Bernard Tapie répond qu'il « ne paie que pour ce qui vient après le 1er juillet 1986, pas avant ». Ce faisant, il ignore superbement la règle de la continuité de la personne morale, qui oblige un repreneur à s'engager à assurer l'actif et le passif de l'entreprise qu'il a reprise. Mais Tapie a une telle habitude du rachat de sociétés en faillite, avec instauration d'un concordat, qu'il assimile sa prise de contrôle de l'OM à ce type d'opération. Dans cette affaire, la Fédération prend évidemment parti pour le club bordelais ; et l'OM sera contraint de régler la dette.

Le ton entre les deux présidents monte d'autant plus que Bernard Tapie est parvenu à débaucher la vedette des Girondins, Alain Giresse. Bez, qui se considère comme trahi, traite le meneur de jeu de l'équipe de France de « salopard » (ce qui n'empêchera pas Giresse de revenir à Bordeaux quelques saisons plus tard...) et les deux plus fortes personnalités du football en viennent à l'invective : Tapie qualifiant Bez « d'employé municipal » et de « Dupont-la-joie » — plus tard, alors qu'il se sera engagé en politique, il dénoncera le protégé de Jacques Chaban-Delmas comme « lepéniste » —, et Claude Bez traitant le président de l'OM de « charognard ». Pour ces deux malappris, le football c'est la guerre.

Quand l'OM aura supplanté le club bordelais, les relations entre les deux présidents se détérioreront encore davantage. Et Bernard Tapie contribuera à la chute de son adversaire, qui devra quitter la présidence des Girondins, malgré le soutien *perinde ac cadaver* du maire de Bordeaux. Le 27 mars 1990, Bernard Tapie est dans le bureau du ministre du Budget, Michel Charasse. Il y dénonce les procédés frauduleux qui sont pratique courante dans la gestion des clubs de football. Quelque temps après, Claude Bez tombera pour fraude fiscale et quittera la présidence de son club. Tapie a-t-il nommément dénoncé Bez auprès de son ami Charasse ? Invité de France Inter, le 20 avril 1990, il déclare : « Je rends le dossier public et je m'arrange pour qu'aucune intervention ne puisse m'empêcher de dire ce que j'ai à dire. Un point important : je n'ai donné aucun nom dans mon dossier. Mais j'ai exposé le système avec ses vides et ses défauts. » Outre le fait qu'il est fort peu crédible que, rencontrant Charasse pour l'entretenir des turpitudes du football professionnel, il se soit gardé de citer le moindre nom — cela aurait bien été la première fois qu'il aurait fait preuve d'une pareille discrétion —, on doit remarquer que son intervention aurait été dans ce cas superfétatoire et dangereuse pour lui-même. Le ministre du Budget était en effet parfaitement au fait du dossier des Girondins de Bordeaux, puisque celui-ci avait été ouvert sur instruction de son prédécesseur Alain Juppé. Et l'état de la comptabilité de l'Olympique de Marseille aurait dû lui faire craindre une enquête approfondie sur la gestion de tous les clubs de première division. En réalité, Tapie, fort de ses liens amicaux et politiques avec Charasse, a cru pouvoir contribuer à faire tomber son adversaire bordelais, pensant être, lui, assuré de l'impunité. Et, s'il prétend être demeuré muet sur le nom des dirigeants fautifs, il n'a pas la même pudeur devant la presse, ne manquant jamais une occasion de jeter en pâture le nom de Claude Bez, comme quand il affirme au *Journal du dimanche* : « Un jour, il a découvert qu'il suffisait de dire n'importe quoi, d'être ordurier envers des gens connus — Charasse ou Tapie — pour être lui-même médiatique. Alors il a grillé ses neurones... »

S'affranchissant de toutes règles, profitant de ses protections politiques, Bernard Tapie a néanmoins pris quelques risques. L'homme qui a dénoncé la fraude organisée par ses concurrents, va être à son tour mis en cause à propos de sa gestion de l'OM.

Le 4 février 1991, *Le Méridional* publie un très long article de Denis Trossero, une pleine page sous le titre : *Ce que coûte vraiment l'OM.* La lecture de cette enquête très documentée, réalisée par un journaliste de grande qualité, révèle « un passif record, une trésorerie déplorable, de lourdes charges financières, des salaires maquillés en prêts ». Au 30 juin 1990, le passif exigible du club est équivalent à celui des Girondins de Bordeaux, estimé alors entre 240 et 300 millions de francs. Le montant des dettes de l'OM s'élève à 335 millions de francs. Au 30 juin 1986, lors de la prise de pouvoir de Tapie, la situation nette du club était de moins 13 millions. Quatre ans après, le montant des dettes, diminué des créances, dépasse les 50 millions. La situation nette s'est donc dégradée de 37 millions. Mêmes tensions sur la trésorerie, puisque de moins 27 millions en 1987, elle est passée à moins 82 millions en 1990, alors que les recettes dites « socios » (abonnés plus loges plus contrats publicitaires) ont déjà été encaissées. Les emprunts sont passés de 29 millions en 1987 à 68 millions en 1990. Les charges financières ont également fait un grand bond en avant : un peu plus d'un million en 1987 et douze millions en 1990. Dans le cadre d'une opération « transparence », l'OM a présenté, le 16 décembre 1990, des comptes qui affichent des résultats bénéficiaires. Mais, la valeur en capital de certains joueurs, indiquée par les comptes officiels de l'OM, est sujette à caution puisqu'un Chris Waddle est comptabilisé pour sa valeur d'achat (43 millions, le prix payé par Marseille en 1989) et Manuel Amoros pour 17 millions, alors que l'arrière international est en fin de carrière. Les comptes de l'OM n'intègrent pas la dépréciation du prix des joueurs.

« Au 30 juin 1990, conclut Denis Trossero, on constate que plus l'OM acquiert de la puissance et de la notoriété sportives, plus les recettes augmentent. Un tour de coupe d'Europe rapporte entre dix et vingt millions de francs. Mais en même temps, le club s'affaiblit financièrement, ce qui met en péril son existence même... Ainsi peut-on chiffrer aujourd'hui l'insuffisance d'actif — c'est-à-dire ce que le club devrait payer si demain il devait s'arrêter — à 206 millions. Cette insuffisance devra être minorée ou majorée, en fonction de ce que pourrait rapporter le transfert éventuel des joueurs, selon aussi certaines régularisations (valeur des stocks de marchandises, valeurs des créances clients, contrôles fiscaux ou sociaux, procès en cours, voire agios bancaires qui continueraient de courir). » Réponse de Bernard Tapie au journal : « J'ai toujours dit que si, lorsque je quitte l'OM, l'actif est supérieur au passif, le plus restera acquis au club. En revanche, s'il apparaît une insuffisance d'actif, je paierai. »

Pour Tapie, le papier du *Méridional* tombe d'autant plus mal que l'OM est l'objet d'une enquête de la brigade financière. Celui qui s'est présenté comme le « Monsieur propre » du football français, doit à son tour s'expliquer sur des pratiques suspectes. Le 19 novembre 1990, les policiers surgissent au camp d'entraînement de l'OM. Ils emmènent pour interrogatoire Bernard Pardo, Bernard Casoni et Pascal Olmetta. Ces trois joueurs de l'OM sont entendus dans le cadre d'une procédure judiciaire qui porte sur leur ancien club, Toulon (l'entraîneur de Toulon, Roland Courbis, ayant été placé en détention préventive). Les joueurs doivent s'expliquer sur une affaire de caisse noire, après qu'un intermédiaire, Raphaël di Francia, a affirmé leur avoir versé des sommes de 500 000 à un million de francs, de la main à la main. Mais l'enquête policière ne se limite pas à des faits concernant l'équipe de Toulon.

Les inspecteurs de la brigade financière procèdent à une perquisition dans les locaux de l'OM, avenue du Prado, à Marseille. Jean-Pierre Bernès, directeur général du club, et Alain Laroche, directeur financier, sont retenus pendant quarante heures en garde à vue. Au cours de cet interrogatoire, Bernès reconnaît que plusieurs joueurs reçoivent des primes occultes — qui donnent lieu à de fausses factures — et que quelques stars de l'OM ont bénéficié ou bénéficient de prêts fictifs, qui sont en réalité des salaires déguisés, sans charges sociales et hors impôts... Ce jour-là, Bernard Tapie est au Japon, où il cherche des capitaux pour boucler son opération Adidas ; prévenu, il téléphone tous azimuts. Mais Matignon, le ministère de l'Intérieur et la Chancellerie ne répondent plus... Le député de Marseille sera mieux entendu par ses amis politiques à son retour en France. Le 25 novembre, Bernès et Laroche sont à nouveau convoqués à « l'évêché » (le siège de la police marseillaise). Le même jour, un communiqué émanant du cabinet du Premier ministre « assure Bernard Tapie du soutien attentif et total, tant de l'Elysée que de Matignon ». Avec de tels appuis, Tapie parvient à éloigner le danger. Pas pour très longtemps. Ecœurés par la mise à pied de leur collègue Antoine Gaudino qui avait enquêté sur l'affaire Urba, les inspecteurs de la brigade financière sont décidés à poursuivre leurs investigations. Et ils obtiennent d'interroger Bernard Tapie lui-même. L'audition se déroule non pas dans les locaux de la police mais dans une chambre du Sofitel du Vieux Port, le 22 avril 1991, deux jours avant la demi-finale de la coupe d'Europe contre le Spartak de Moscou. Traitement de faveur, explicable par la proximité d'un match décisif pour le club. Ce n'est pas précisément le moment le mieux choisi pour mettre en cause l'homme qui fait rêver tous les Marseillais. Et, à l'issue de son interrogatoire, Tapie livre à la presse sa version, aseptisée, des faits : « Il a fallu qu'on réponde aux questions que tout le monde se pose. Personne n'est au-dessus des lois. Si l'on m'avait entendu avant, il y aurait moins de suppositions. » Passez muscade ! C'est tout juste si le président de l'OM ne reproche pas à la police et à la justice d'avoir péché par négligence.

Embarrassé, Tapie s'en sort de deux manières. Première précaution, le déminage : il minimise, à l'avance, la portée des faits qui pourraient lui être reprochés. Déjà, le 29 novembre 1990, il a allumé un premier contre-feu, affirmant sur TF1 : « S'il y a faute, il n'y aura aucune sanction pénale concernant les comptes de l'OM. » Il ajoute pourtant qu'il « s'attend à un redressement de la part du fisc ». Deuxième opération, il court-circuite les instances judiciaires locales. Car il a beau proclamer que « rien n'a été fait dans mon club qui puisse donner lieu à des sanctions pénales » et que les sommes versées aux joueurs hors salaire « sont des avances que je leur consentais et qu'ils me remboursaient », il y a des doutes plus que sérieux. Dans le *Nouvel Observateur*, daté du 1er août 1991, Hervé Gattegno récapitule les pièces du dossier qui place l'OM « au bord du scandale ». Prêts fictifs aux joueurs ; sociétés-écrans qui facturent au club l'utilisation du nom et de l'image du joueur dont elles prétendent gérer les intérêts ; intermédiaires auxquels des sommes sont versées pour des prestations à l'occasion de certains matchs de coupe d'Europe à l'étranger (Un intermédiaire a ainsi perçu, « en janvier 1990, 720 000 francs en liquide pour organiser un match amical contre la Roumanie ; la facture mentionne que 340 000 francs ont été versés pour l'achat des maillots des joueurs... » Comme le confie un enquêteur à Hervé Gattegno : « Il n'est pas interdit de soupçonner que cette facture ne soit pas parfaitement régulière »). Malgré ce faisceau de présomptions, la justice n'ouvre pas d'information contre l'OM.

Le Parquet de Marseille voudrait poursuivre Tapie et les autres dirigeants du club, mais il n'obtient pas le feu vert de la Chancellerie. Le 4 juillet 1991, le procureur, Olivier Dropet, adresse à sa hiérarchie un rapport de quatre pages, particuliérement explicite, dans lequel on peut lire : « Les délits de faux et usage de faux paraissent d'ores et déjà établis... L'existence du délit d'abus de confiance, ou son inexistence, ne pourra que résulter d'investigations menées sur la destination véritable des sommes versées à des intermédiaires... Dans ce domaine, le réquisitoire introductif devrait viser Bernard Tapie en tant qu'auteur principal, et Jean-Pierre Bernès et Alain Laroche en tant que complices... Sauf instructions écrites contraires, de votre part, je requerrai l'ouverture d'une information dès la fin de la session extraordinaire du Parlement » (Tapie bénéficie comme tous les parlementaires du privilège de l'immunité parlementaire pendant la durée des sessions).

Au moment où ces lignes sont écrites, le député de la 6e circonscription des Bouches-du-Rhône et ses collaborateurs de l'Olympique de Marseille ne font toujours pas l'objet d'une information judiciaire. La Chancellerie n'a pas daigné répondre au procureur. En tout cas, pas directement. Mais, par instruction en date du 24 juillet 1991, le ministère de la Justice a informé une quinzaine de parquets, dont celui de Marseille, qu'ils n'étaient pas tenus d'ouvrir une enquête judiciaire dès lors que les faits incriminés relevaient de la fraude fiscale et non pas de délits de droit commun. Henri Nallet invente ainsi un nouveau principe juridique selon lequel « le fiscal tient le pénal en l'état », dès lors que les personnes soupçonnées appartiennent à la majorité présidentielle...

La seule réponse qui ait été opposée au procureur Dropet est venue de Bernard Tapie lui-même. On a pu lire, dans *L'Événement du jeudi* du 18 juillet, un article laissant entendre que toute cette affaire — dont les éléments objectifs ne sont pourtant pas contestables — ne serait en réalité qu'une machination politique ourdie par « Dominique Taillardat, cheville ouvrière de la note (adjoint du procureur Dropet) qui ne dissimule pas son attachement au RPR ». Les co-auteurs de l'article, Alex Panzani et Maurice Szafran, concluent : « A Marseille, personne ne doute que cette affaire judiciaire est éminemment politique. » Dans une interview recueillie par Nicolas Domenach, et publiée dans la même double page de *L'Événement*, Bernard Tapie n'hésite pas à se présenter en victime d'un complot politique. Il serait en butte à une série de « vacheries, de complications et d'entourloupes », simplement parce qu'il est classé « rose ». « L'appartenance à la gauche, ajoute-t-il sans rire, ne doit pas donner des faveurs. Mais elle ne doit pas impliquer de défaveurs. » Ainsi le refus d'inculper un patron de club de football, par ailleurs député de la majorité, ne serait en aucune manière une « faveur ». Comme le dit un responsable socialiste, cité par le *Nouvel Observateur* du 18 avril 1991 : « Tapie possède une conception très verticale des rapports entre le pouvoir et la justice. »

Confirmation de cette impunité politique du président de l'Olympique de Marseille : la paralysie de la chambre régionale des comptes, en ce qui concerne le contrôle des fonds publics consacrés aux subventions à certains clubs sportifs. Un magistrat de cette juridiction confie, le 15 avril 1991, à *Var Matin* : « On peut très bien "s'occuper" à Paris du futur statut des clubs sportifs et nous, nous occuper ici de l'argent noir de Marseille, Toulon et Nice pour les années antérieures à 1990. Seulement voilà ! Il va y avoir des élections régionales l'an prochain, où certains présidents de clubs, Tapie pour ne pas le nommer, pourraient être au sommet des affiches ; celles-ci doivent rester les plus propres possibles ! Alors, curieusement, le contrôle et la dénonciation de la gestion passée de cet "argent noir" des clubs peut "attendre", alors que nous n'attendons pas pour examiner les comptes de telle ou telle commune, en remontant même jusqu'à 1983. »

Le président de l'OM est ainsi placé au-dessus des lois de la République. Il n'est pourtant pas à l'abri de déconvenues. Et sa carrière de dirigeant sportif a bien failli s'arrêter le 28 janvier 1991, le jour où la commission nationale de discipline de la FFF lui a infligé une suspension d'un an. Dès son accession à la direction du club, Tapie s'était heurté à la Fédération. Au fur et à mesure que l'OM engrangeait les succès, il a monté le ton contre les apparatchiks de l'avenue d'Iéna. Le 29 septembre 1987, il proclame : « Le foot est le pire des milieux que je connaisse. » Le 2 mai 1989, il pousse encore plus loin le bouchon : « J'ai décidé de combattre les dirigeants du football français. Jean Fournet-Fayard m'a téléphoné samedi, pour savoir s'il était exact que "je voulais sa peau". Je lui ai répondu que c'était la vérité. Ils ont voulu la guerre à mort avec l'affaire Tigana (transfert de l'international Jean Tigana de Bordeaux à Marseille dans des conditions non conformes au règlement de la FFF), ils l'auront. »

Quand on reprend les déclarations successives de Tapie, on a plutôt le sentiment que si quelqu'un a « voulu la guerre », c'est lui et non la FFF ou la Ligue nationale du football professionnel. Il n'a pas de mots assez durs contre les officiels de la Fédération qui ont, à ses yeux, « un siècle de retard ». Il incrimine surtout Jean Fournet-Fayard, ce « fonctionnaire du football », et Jean-Claude Darmon, l'homme qui contrôle « le pactole », avec les droits de publicité sur les stades. Pour Tapie, devenu actionnaire de

TF1, « d'énormes intérêts financiers sont en jeu, en ce moment, avec des contrats de retransmission télévisée et on essaie délibérément de nous écarter de ce marché ». Les colères de Bernard Tapie ne sont jamais tout à fait désintéressées... Il n'a pourtant pas complétement tort. Le football français ne s'est pas illustré par une transparence sans faille, et il a raison de le rappeler, « depuis vingt ans, [il] est secoué par des scandales financiers du type caisse noire de Saint-Etienne ou fausse billetterie du PSG. Les magouilles ne datent pas d'hier. Un seul point commun durant toute cette période : Sadoul, le président inamovible de la Ligue ». Et Tapie précise à *l'Express* : « Maintenir un homme de 78 ans pour gérer un tel secteur, ce n'est pas normal. Le football est un service public, ce n'est pas la république des copains. Je compte sur le ministre pour remettre les choses à leur place. » Dans sa croisade, Bernard Tapie espère le soutien des pouvoirs publics. Après de semblables déclarations, le président de l'Olympique de Marseille ne peut pas être surpris des réactions vives de ceux qu'il attaque.

Quand il sera sanctionné par la commission de discipline de la FFF, il se déclarera victime d'une cabale. Il est pourtant logique que les hommes qui dirigent le football français n'apprécient pas un homme qui affirme « vouloir leur peau ». Et Tapie, trop confiant, ou trop sûr de ses protections, s'est montré franchement imprudent. Il sera l'auteur principal de sa chute. Car il n'hésite pas à franchir, quand cela l'arrange, la ligne jaune des règlements et de la simple morale.

Un des traits caractéristiques de la méthode Tapie en football est que, lorsqu'il gagne, il le doit au talent de ses joueurs et au sien propre en tant que dirigeant, et que, lorsqu'il perd, la faute en incombe à des magouilles. Principaux responsables de l'acharnement supposé contre l'OM, les arbitres. Tapie ne les apprécie guère — pas plus que les supporters de l'OM qui semblent convaincus, et le crient à chaque match, que les hommes en noir appartiennent tous à la catégorie des sodomites... Tenant les arbitres en piètre estime, le président de l'OM laisse parfois libre cours à son tempérament sanguin, comme le 23 mai 1988, à l'issue d'un match PSG/OM, quand il s'en prend à l'arbitre du match (à l'époque, il est candidat aux législatives et la défaite de Marseille dessert ses intérêts électoraux...) que les policiers doivent protéger des menaces physiques de Bernard Tapie. Colère que Tapie assume d'ailleurs pleinement puisqu'il déclare : « Non, je ne regrette rien. S'il fallait recommencer, lors de la prochaine rencontre, je le ferais sans hésiter. » Pour lui, il ne fait en effet aucun doute que les arbitres du championnat participent consciemment « d'un coup monté contre nous ». Tapie, qui se vante d'avoir été « souvent suspendu en tant que joueur », n'hésite pas à exercer des pressions sur les juges. Le 29 octobre 1989, à l'issue d'un match Marseille/Bordeaux, il fait parvenir à Gérard Biguet, l'arbitre du match, une cassette vidéo, accompagnée d'une carte : « Ce petit mot pour que vous ne puissiez pas penser que nous sommes dupes sur votre façon d'arbitrer avec votre comparse et ami, Rideau. » Intimidation et menaces font partie de la panoplie de Tapie dirigeant de club. Le 8 novembre 1989, il s'en prend ainsi à l'arbitre du match Marseille/Auxerre, Brouillet : « Cela fait deux fois que vous me baisez sur deux pénalties et, la troisième fois, je me fâcherai. »

Plus grave encore, Bernard Tapie est soupçonné de peser sur le déroulement de certains matchs. Un jour, Jean-François Domergue, manager de l'équipe de Caen, l'accuse d'avoir essayé d'acheter le résultat d'un match contre son équipe. Tapie balaye cette assertion d'un « c'est un copain de Bez ». Pourtant, la rumeur de trucage poursuit Tapie.

Ainsi, François Yvinec, président du Brest-Armorique, affirme après un match Brest/Marseille en mars 1990 : « Certaines personnes ont tenté d'approcher un de mes joueurs, Roberto Cabanas, la veille du match, pour lui proposer une certaine somme d'argent en échange de laquelle il sortirait volontairement au bout d'un quart d'heure. » Accusation invérifiable. Plus sérieuse est l'affaire révélée par le *Canard Enchaîné*. L'hebdomadaire publie la transcription d'un enregistrement téléphonique entre Jean-Pierre Bernès et Bernard Tapie. La conversation entre les deux responsables de l'OM se déroule alors que le club traverse, en ce printemps 1990, une phase difficile au plan sportif : les champions de France viennent d'être éliminés par le Benfica de Lisbonne en demi-finale de la coupe d'Europe. En championnat, l'OM a essuyé une défaite contre le PSG, le 21 avril. Le match à suivre opposera l'OM à Saint-Etienne. L'enjeu est d'importance, puisqu'à ce moment du championnat, l'équipe de Bordeaux est à égalité de points avec Marseille. Au téléphone, Bernard Tapie parle à Jean-Pierre Bernès de Laurent Fournier, un joueur de Saint-Etienne, qui est en négociation avec l'OM pour son transfert, la saison suivante : « Faut lui dire.. arrête... putain ! T'es avec nous, ça y est, t'as signé... Fais pas le con ! Nous fais pas chier, ton club, en plus, il se bat pour rien » (A l'époque, l'AS Saint-Étienne occupe le milieu du classement dans le championnat de France, et ne peut plus ni rétrograder en deuxième division, ni espérer accéder à une place « européenne » pour la saison à venir, compte tenu du nombre de matchs qui restent à jouer). Impossible de savoir si les consignes de Tapie à Bernès ont été appliquées, et si Laurent Fournier a été sensible aux arguments de son futur employeur. Toujours est-il que le match contre Saint-Étienne se solde par un résultat nul, 0-0, qui attribue un point à l'OM, et... la première place du championnat de France. Bernard Tapie encaisse le coup, mais rebondit. Il invoque une manipulation : « J'accuse les RG de Marseille d'avoir trafiqué ma conversation. Laurent Fournier, à cette date-là, n'avait pas encore signé à l'OM. » Parfaite illustration du syllogisme de l'enfant menteur, accusé d'avoir volé des confitures dans l'armoire de la cuisine : « Un, je ne les ai pas volées. Deux, je ne savais pas qu'il y avait des confitures dans l'armoire, et d'ailleurs, trois, elles n'étaient pas bonnes. » Il y a toujours quelque chose de cet enfant menteur et chapardeur dans la démarche de Bernard Tapie.

L'Olympique de Marseille a beau caracoler en tête du championnat de France et porter haut l'étendard du football français sur tous les stades européens, les comportements de Bernard Tapie ne peuvent manquer d'entraîner sa mise en cause devant les instances dirigeantes de la Fédération française de football. Mais, traduit devant la Commission nationale de discipline, il pense faire l'objet d'une vague réprimande, au pire d'un blâme dont il se moque éperdument. Quand le verdict de suspension d'exercice de ses activités de président de l'OM est prononcé, le 28 janvier 1991, c'est exactement comme si le ciel lui tombait sur la tête.

Il annonce son départ de l'Olympique de Marseille. « Si ça n'avait tenu qu'à moi, déclare-t-il le 29 janvier, je serais déjà parti depuis plusieurs mois. Je pars parce que je ne peux plus rester dans ce monde-là. » Et, reconnaissant avoir tenu des propos déplacés à l'endroit d'un arbitre, il fait, mais un peu tard, acte de contrition : « Je regrette de l'avoir fait. Objectivement, ce n'est pas l'exemple que je dois donner. » Interrogé sur l'avenir de l'OM sans Tapie il répond : « Ce n'est pas parce que je suis victime d'un règlement de comptes (pour Tapie, être sanctionné pour une faute qu'il reconnaît équivaut à être « victime d'un règlement de comptes » !) que l'OM doit s'effondrer. Le club doit perdurer au-delà de ma présence. Et je ne crois pas qu'il retombera si je ne suis plus président. »

Tapie est sonné, Marseille abasourdie et les joueurs de l'OM complétement désemparés. Jean-Pierre Papin, le capitaine-star des bleus et blancs, appelle Tapie : « Je lui ai dit que tous les joueurs étaient derrière lui, et que, tant que les suspensions seraient maintenues, tous les footballeurs marseillais feraient grève à compter de cet après-midi. Ça l'a touché. » Cette décision des joueurs de l'OM est une véritable catastrophe pour l'équipe de France de football, à un moment où elle doit disputer des matchs décisifs, en vue de la qualification pour la phase finale de la coupe d'Europe des nations. De leur côté, les supporters se mobilisent et quelques centaines d'entre eux se rendent en cortège du siège du club à la préfecture pour manifester leur soutien au président sanctionné. Très vite, l'affaire prend une dimension nationale. Et l'entourage de Michel Rocard exprime sa préoccupation ; Jean-Paul Huchon, directeur de cabinet du Premier ministre, et spectateur assidu des matchs de l'OM dans la loge 51 du stade vélodrome, explique que « Tapie bénéficie du soutien attentif et normal, correspondant à un député de la majorité présidentielle ». Paris épaule Tapie, mais les responsables politiques marseillais sont plus circonspects, sans doute soulagés de la chute de cet homme encombrant, enfin privé du poste grâce auquel il a bâti sa popularité sur la Canebière. « J'ai reçu un soutien intense de Paris, dit le député de Marseille, mais localement pas un à l'exception de Charles-Émile Loo. » Il a d'autant plus raison que certains de ses concurrents laissent entendre que la manifestation des supporters n'aurait pas été spontanée, et que quelques truands, habitués du bar le Skating, se seraient chargés de rémunérer les « volontaires ».

Il n'est pas dans le tempérament de Bernard Tapie de se laisser longtemps submerger par la désespérance. Passés les premiers moments d'abattement, il va réagir très vite. En revenant sur l'annonce de son départ de l'OM. Et surtout, en contre-attaquant sur le terrain politique. Le 1er février, il indique à Ghislaine Ottenheimer : « Je n'en sais rien encore. Je ne partirai de toute manière que lorsque j'aurai l'assurance que l'OM reste au top après moi, quand j'aurai trouvé un repreneur capable de finir ce que j'ai commencé. Quelques-uns se sont déjà faits connaître. Je vous communiquerai les noms en temps utile. » Manifestement, Tapie regrette sa précipitation. Il a réalisé qu'en quittant la présidence de l'OM il perd son meilleur atout politique sur Marseille et sur la région. Il fait marche arrière, prétextant la nécessité d'examiner de bien hypothétiques candidatures

Début février, l'IFOP publie un sondage dans lequel il apparaît que 71 % des Français seraient favorables à son maintien à la tête de l'OM. C'est donc fort d'un réel soutien populaire qu'il peut alors lancer une contre-offensive. Dès le jour de l'annonce de la sanction infligée par la CND, Jean-Pierre Bernès, également suspendu par la Fédération, a évoqué l'hypothèse d'un complot : « Le problème, ce n'est pas les sanctions, mais ce que les gens qui les ont prises ont derrière la tête. Ils veulent la peau de Bernard Tapie. Les Marseillais ne sont pas dupes. » Curieux renversement puisqu'un peu plus d'un an auparavant, c'est Tapie qui affirmait « vouloir la peau » de Fournet-Fayard. Dans cette version sportive de l'arroseur arrosé, Tapie n'a pas le beau rôle. Cela n'empêche pas le président de l'OM de mettre en cause l'honnêteté des membres de la commission de discipline. Dans une interview à *Paris Match*, il dénonce une fois de plus les officiels du football français : « Il y a une autorité bien établie qui entraîne le football dans une galère. » Et, pour lui, il ne fait aucun doute que ceux qui l'ont condamné étaient sous influence.

« Je suis beau joueur. Le combat que mènent Soulier et Gaudin, tous deux dirigeants de l'UDF, est légitime, même si le coup qu'ils m'ont fait est déloyal puisqu'ils agissent sous couvert d'une instance sportive. Que Gaudin essaie de me tirer comme un lapin me laisse indifférent. Je n'ai pas de combat électoral à mener à court terme. Gaudin, lui, en a un. Il est président de la première région de France, et tous les matins on lui répète que je veux prendre sa place. Or, je n'ai rien décidé. J'appartiens à la majorité présidentielle qui a peut-être un autre candidat, une autre stratégie. Gaudin fait faire des sondages et il est dans les choux. Il est donc logique qu'il envoie des obus. Cela dit, il est possible que la Fédération n'ait pas vu le coup venir. Jusqu'à preuve du contraire, je crois en sa bonne foi. » Tapie, qui s'était battu sans merci contre les dirigeants de la FFF, les exonère tout d'un coup ; il est décidé à placer le débat sur le terrain politique, tant il est vrai qu'être sanctionné pour « manquement grave à la morale sportive » (ce qui est le cas) est infamant, alors qu'être victime d'un complot politique est valorisant. Il va donc développer le thème d'une machination politique dont Jean-Claude Gaudin serait l'instigateur. Il en profite même pour laisser paraître ses nouvelles ambitions : « Ce départ de l'OM n'implique pas un retrait de la vie régionale. Le combat va être d'autant plus rude que je vais être plus libre (comme si l'OM lui liait les mains !) Ma réaction sera même violente, une fois réglés tous les problèmes concernant l'OM. On ne parle pas la bouche pleine. Je vais d'abord me vider la bouche. Ensuite, j'agirai. Il peut y avoir une arrière-pensée politique derrière tout cela. Je trouve étrange et anormal qu'un homme politique, membre du bureau du Parti républicain, soit à la tête d'une commission chargée de juger un président qui est député de la majorité présidentielle. Sans s'en rendre compte, les autorités du football ont pu se laisser entraîner dans un combat qui n'est pas le leur. C'est un vrai combat à mort. Il y a eu organisation, machiavélisme. Aujourd'hui, je comprend mieux la multiplication des fuites dans la presse. C'est une manipulation générale. »

Le discours de Bernard Tapie révèle un toupet faramineux. Il est clair, en effet, que si la FFF a réglé des comptes avec Tapie, ce sont bien les siens propres. L'homme qui passe son temps à l'insulter, à longueur d'interview, s'est laissé prendre la main dans le sac. Il fallait être sacrément naïf, ou définitivement trop sûr de soi, pour imaginer qu'elle allait laisser passer l'occasion de rabattre la superbe du président de l'Olympique de Marseille. Tapie a craché en l'air et cela lui est retombé sur le nez. Sa théorie de la collusion Soulier-Gaudin ne résiste pas à l'examen. D'abord parce que la proximité politique des deux hommes n'est pas évidente. D'ailleurs, au moment des faits, André Soulier, l'élu PR de Lyon, président de la CND, n'a pas rencontré Gaudin depuis deux ans. Ensuite, Jean-Claude Gaudin est trop fin politique, et trop prudent, pour porter en quoi que ce soit atteinte à l'OM, dont il dit : « C'est un courant qui dévale, je n'ai pas l'intention de remonter à contre-courant. » Toucher à l'OM équivaudrait à se suicider politiquement, à Marseille. En plus, Gaudin est tellement éloigné des affaires du football — sport auquel il ne s'intéresse pas vraiment, sauf en tant que président de région qui subventionne le club de Tapie — qu'il ignore tout du fonctionnement des instances de la FFF. En réalité, Tapie prête à son adversaire politique une attitude qui aurait pu être la sienne. Quand on n'hésite pas à porter des coups bas, on a tendance à penser que tout le monde agit de la même façon... En inventant un complot politique imaginaire, Tapie aura peut-être réussi à faire oublier sa culpabilité, mais il aura aussi récolté un procès en diffamation, intenté par le président de la région Provence-Alpes-Côte d'Azur. Procès que Gaudin gagnera.

Une étrange conception des rapports humains

Bernard Tapie a su faire de l'Olympique de Marseille le plus grand club de l'histoire du football français. Mais, s'il faut inscrire cette performance à son actif, on ne peut manifester la même admiration à propos des méthodes qui lui ont permis de parvenir au succès. Pour cet homme, la fin justifie tous les moyens. Seuls les résultats comptent, et ces résultats, ce sont autant les victoires de son club que la notoriété personnelle qu'il entend en tirer. Bluff et brutalité sont les deux piliers de sa gestion de l'OM. Sa politique en matière de transferts témoigne de cet état d'esprit.

L'affaire Maradona est une parfaite illustration de son goût pour le bluff médiatique. L'Argentin Diégo Maradona se trouve en 1989 sous contrat avec le club de Naples, quand Tapie s'intéresse à lui. A ce moment, la machine OM a quelques ratés. Pour Tapie, il faut donc pallier l'absence de résultats en donnant de quoi rêver aux supporters. La venue éventuelle à Marseille de Maradona, considéré alors comme le meilleur footballeur du monde, provoquerait ce choc psychologique recherché par Tapie. Le joueur argentin est donc contacté. Mais, même si Maradona envisagerait sans déplaisir de quitter Naples, il n'est pas libre. Et les dirigeants napolitains ne sont pas prêts à laisser partir leur star. L'OM n'a aucune chance d'obtenir ce transfert. Cela n'empêche pas Tapie de faire comme si c'était possible. Il laisse Michel Hidalgo révéler ses intentions — ce qui lui permettra pendant cette fausse négociation d'attribuer la responsabilité de l'échec aux bavardages imprudents de son collaborateur. Bernard Tapie met tout en œuvre pour accréditer l'idée que l'affaire est sur le point de se conclure, alimentant ainsi les colonnes des journaux, qu'il informe d'un côté — par exemple quand il annonce le futur salaire mirifique que Diégo Maradona toucherait en cas de transfert : « 20 millions par an, à ce prix-là, c'est un cadeau ! L'intérêt d'un club, et du football français tout entier, est de faire venir des stars » — et auxquels il reproche, d'un autre côté, d'enquêter sur cette affaire. Plus tard, une fois acquis que ce transfert ne se ferait pas, et à un moment où l'OM se sera refait une santé (obtenant son deuxième titre consécutif et réussissant le doublé coupe/championnat), il affirmera : « C'est une affaire classée. Je ne veux plus en entendre parler. D'ailleurs, je n'y ai jamais cru. Je n'ai pas rêvé une seule minute. »

Autre aspect de la méthode Tapie en matière de football, la brutalité avec laquelle il traite joueurs et entraîneurs. La situation de joueur de l'OM est précaire. Christophe Bouchet et Alain Roseghini, auteurs de *Olympique de Marseille : les années Tapie* (éditions Solar, 1990) notent que pas moins de 36 joueurs ont été retenus plus ou moins longtemps par les responsables phocéens de 1986 à 1990. Plus de trois effectifs complets en quatre ans. Et pour un Alain Giresse qui conserve un souvenir « formidable » de son passage à Marseille (« Nous avons été accueillis avec toute ma famille et c'était important ») et qui dit de Tapie : « En toute honnêteté, il m'a étonné. Chapeau ! », beaucoup de vedettes de l'OM parlent de leurs années marseillaises avec amertume. Tel le gardien de but camerounais, Joseph-Antoine Bell. A propos de ses relations avec Tapie, il dit : « J'ai pu penser très longtemps que j'étais son ami, parce que, moi, j'avais de l'amitié pour lui. J'ai cru que c'étaient des relations honnêtes et je croyais pouvoir lui dire certaines choses. Ce n'était pas le cas. Et, à la fin j'étais le seul à lui dire ce qu'il n'aimait pas entendre. Il se prétendait intellectuellement honnête et devait donc pouvoir écouter la contradiction. J'avais encore tout faux. » Pour Joseph-Antoine Bell, Tapie est un menteur : « Pendant deux ans, il m'a confié que la politique ne l'intéressait absolument pas. Il me l'avait juré sur la tête de ses enfants. » Un jour de 1988, Bell apprend qu'il est remplacé, sans que personne ne l'ait prévenu. Il décide alors de quitter le club marseillais pour Toulon. « On a engagé un gardien à ma place. alors que j'étais encore sous contrat. Bernard Tapie roule uniquement pour lui. C'est Bernard Tapie que je quitte, et non les supporters. » Le goal camerounais se fait d'ailleurs des illusions quant aux supporters marseillais. Il le constatera à ses dépens, lors d'un match au stade vélodrome — à ce moment Bell joue sous le maillot bordelais. Pendant toute la partie, les spectateurs des virages lui lanceront des bananes... Le président de l'OM, qui prétend s'être engagé dans le combat politique pour faire obstacle à la montée du racisme, n'est pas à une contradiction près.

Autre déçu du système Tapie, Jean Tigana. Accueilli les bras ouverts en 1988 — après un imbroglio juridique qui a opposé une fois de plus Tapie à Bez, précédent employeur de Tigana — ce joueur, né à Marseille, aurait souhaité terminer sa carrière professionnelle en apothéose. Non sélectionné dans l'équipe qui dispute la finale de la coupe d'Europe à Bari, le 29 mai 1991, il a espéré participer au moins à la finale de la coupe de France, une semaine plus tard, au Parc des Princes à Paris. Raymond Goethals, l'entraîneur de l'OM, et Tapie ne font pas appel à lui. Au moment où il tire un trait définitif sur sa carrière, Tigana, qui aura été un des plus prestigieux footballeurs français, déclare à l'*Équipe* : « Je leur en voudrai toute ma vie. »

Tapie a sans doute un incomparable talent pour motiver ses joueurs. Comme le dit Charles-Émile Loo : « Il sait les prendre, gentiment ou durement suivant le moment. Il est capable de secouer les types et leur fait donner cinq fois ce qu'il donnerait autrement. » Mais ce « meneur d'hommes » traite aussi parfois ceux qui ont fait le succès de son équipe comme du bétail. Il les jette après usage, comme des *kleenex.*

Ce qui est vrai des joueurs l'est tout autant des entraîneurs. Quand il prend la direction de l'OM, Tapie déclare : « Pour réussir, mon secret est simple : je m'entoure des meilleurs. Le meilleur en football s'appelle Hidalgo. » Pourtant, très vite, les relations Tapie-Hidalgo (engagé comme manager général du club) se détériorent. Et l'ancien patron de la meilleure équipe nationale que la France ait alignée, se retrouve rapidement sur la touche. Alors qu'il est arrivé à Marseille en prétendant qu'il n'aurait « que deux heures par semaine à consacrer à l'OM », et que, comme le note Joseph-Antoine Bell, « il avait clairement dit qu'il ne connaissait rien au foot », Bernard Tapie veut rapidement être seul maître à bord. Aucun club n'usera ses entraîneurs aussi vite que l'OM. En cinq saisons, Michel Hidalgo, Gérard Banide, Gérard Gili, Franz Beckenbauer, Raymond Goethals feront les frais des foucades du président de l'OM. Gili sera remercié après avoir réussi le doublé coupe/championnat en 1990. Beckenbauer — l'homme qui entraînait l'équipe d'Allemagne victorieuse de la coupe du monde en 1990 — ne dirigera l'OM que pendant quelques matchs au début de la saison 90/91. Engagé pour six millions de Deutsch marks (vingt millions de francs), le « kaiser » déclare en décembre 1990 : « Je suis habitué à travailler dans certaines conditions et à m'en tenir à ma façon de faire, qui est franche. Si je ne peux pas résoudre le problème, alors je partirai. » Remplacé par

Raymond Goethals, Beckenbauer n'a pas quitté l'OM, mais il y occupe, comme Michel Hidalgo, un placard doré. Et Goethals, le « sorcier belge » qui a dirigé le club marseillais pendant la meilleure saison jamais accomplie par un club français, a été à son tour remplacé par le Yougoslave Ivic. Bernard Tapie n'est pas homme à partager le pouvoir. Et l'Olympique de Marseille est sa chose. Pour lui, les sportifs qu'il emploie sont là pour servir sa gloire. Et si Tapie les rémunère souvent somptueusement, ils n'ont dès lors qu'à se taire et obéir. Au demeurant, certains joueurs risquent de connaître quelques déceptions financières le jour où ils quitteront l'OM. Ainsi Jean-Pierre Papin, qui occupait une villa dans la région d'Aix-en-Provence, a-t-il payé à son ex-femme la moitié de la valeur de la maison, à l'occasion de son divorce. Or on découvre, en consultant le cadastre, que cette demeure est toujours la propriété de l'« immobilière Roussel », représentée par l'« immobilière Bernard Tapie »...

Mégalo, Tapie se considère comme la seule vraie vedette du football français, traitant toutes les autres personnalités par le mépris. Comme en témoignent ses propos sur Guy Roux, l'entraîneur de l'AJ Auxerre, qui obtient, avec une équipe infiniment moins friquée que l'OM, des résultats remarquables : « Si c'était Guy Roux qui déclenchait le même phénomène [que lui, Bernard Tapie] on le décorerait de la Légion d'honneur parce qu'en plus, il a l'air d'un plouc. Alors il ne viendrait à l'idée de personne d'être jaloux de Guy Roux. La plupart des présidents de football ne sont rien sans leurs joueurs. Moi, mes joueurs ne sont rien sans moi. C'est moi qui ai fait la gloire de Casoni, de Papin, de Waddle. Ce ne sont pas eux qui ont fait ma gloire et ma fortune. » Seule limite à cette insupportable fatuité, l'admiration qu'il voue à deux grands industriels italiens, Giovani Agnelli, patron de la Juventus de Turin, et Silvio

Berlusconi, président de l'AC Milan. Mais en se comparant à ses deux modèles, Tapie se trompe de registre. Il a beau faire, il ne joue toujours pas dans la cour des grands... Et son opération de rachat d'Adidas, comme sa carrière politique, seront d'abord motivées par son besoin effréné de reconnaissance sociale et son désir de satisfaire un ego hypertrophié.

CHAPITRE II

QUE LE SPECTACLE COMMENCE

« La société du spectacle n'est pas un mythe. Elle existe, et savoir y œuvrer fait partie de la stratégie du guerrier selon des règles extrêmement précises. » Si Bernard Tapie est le plus doué des hommes publics médiatiques, il ne se contente pas de jouer sur son talent immédiat, il a travaillé ses dons. Son image est certainement le capital qu'il a su le mieux faire fructifier. Il n'est pas devenu — à l'égal de Ronald Reagan aux Etats-Unis — le « grand communicateur » de la politique française par hasard, mais en mettant en œuvre ce qu'il nomme lui-même, dans son autobiographie, « la stratégie du guerrier ».

Cet homme aime la lumière des projecteurs ; il est perpétuellement en scène, comme s'il avait besoin du regard des autres pour se prouver qu'il existe. Celui qui va incarner aux yeux du public le chef d'entreprise des années 80, a commencé sa carrière par le show-business, comme chanteur.

En 1966, il sort un 45 tours, *Passeport pour le soleil*. Louis Amade, préfet et parolier habituel de Gilbert Bécaud, a adapté pour lui *La Ballade des bérets verts* (chanson du film de John Wayne, qui fait l'apologie de l'action des troupes américaines au Vietnam... Tapie, qui a été membre des Jeunesses communistes, montre très tôt son goût de la transgression !). Le disque de Bernard Tapy — il a américanisé son nom par souci de se soumettre à la mode — fait-il un aussi grand succès qu'il le prétend ? Le chiffre annoncé de 100 000 exemplaires vendus paraît démesuré, même s'il est conforme aux habitudes du milieu du showbiz, qui gonfle traditionnellement les résultats. On peut penser que si le chanteur Tapy avait vraiment obtenu un tel succès avec son premier enregistrement, il n'aurait certainement pas changé d'orientation professionnelle. Et ses confidences à Isabelle Musnik (*Tapie, les secrets de sa réussite*, éditions Plon, 1987) ne sont qu'une reconstruction, une présentation embellie de la réalité : « J'aurais pu faire carrière si j'étais resté dans la chanson, mais je craignais que cela ne me donne que la notoriété. Et, sur le plan intellectuel, je ne pense pas que cela m'aurait pleinement satisfait. »

Après avoir renoncé à la chanson, Tapie se lance dans les affaires. Il va y utiliser ses capacités de communicateur. Et s'il n'est pas le seul patron médiatique, il fait dans ce domaine figure de précurseur et de modèle. Un des premiers, en effet, il comprend l'importance des médias. Chacune de ses opérations de rachat donne lieu à une action de relations presse, remarquablement orchestrée... par lui-même. Car, c'est une des caractéristiques de la méthode Tapie, il ne délègue pas la promotion de son image. Et quand, en décembre 1984, il est élu « homme de communication de l'année » par l'hebdomadaire *Stratégies*, il explique, dans les salons du premier étage de la tour Eiffel, à un parterre de publicitaires, qu'il est certainement le chef d'entreprise qui a le moins recours à leur profession. Ce n'est un paradoxe qu'en apparence puisqu'il est non seulement son propre publicitaire, mais aussi son propre produit. Il finira par travailler avec des agences-conseils en publicité, mais, même dans le cas où le développement d'une marque commerciale impose le passage par la publicité traditionnelle, il paye de sa personne. On peut ainsi le voir en personne dans un spot qui vante les mérites des piles Wonder. Et s'il est exact que Tapie joue un rôle important dans la popularisation de l'univers des affaires, il n'est pourtant pas l'homme qui réhabilite l'entreprise, mais celui qui légitime le capital et la dépense de l'argent gagné dans des opérations financières.

Depuis le début des années 70, la crise a placé les mécanismes économiques au premier rang des préoccupations du public. On ne compte plus les livres à succès qui traitent d'économie. Certains entrent même dans la liste des best-sellers. Le succès d'ouvrages comme ceux de Michel Albert ou de François de Closets, montre un intérêt nouveau du public pour le monde de l'entreprise. Bernard Tapie n'est pas un précurseur dans ce domaine, mais il est celui qui se sert le mieux des médias, au point de devenir un symbole, à un moment où la société française subit de plein fouet les effets des chocs pétroliers successifs. La réussite spectaculaire de cet homme d'affaires — qui a pour lui de parler un langage accessible à tous — apporte un peu de rêve, sinon d'espoir.

Pourquoi Tapie réussit-il à focaliser l'attention des médias ? D'autres chefs d'entreprise accepteront eux aussi de briser le mur du silence qui entourait traditionnellement en France le monde des affaires. Le CNPF, sous l'impulsion de son directeur de la communication, Michel Frois, forme dès les années 70 un grand nombre d'industriels aux techniques des médias. Et des hommes comme Yvon Gattaz, Antoine Riboud ou Jacques Calvet, n'hésiteront pas à participer à des émissions de télévision, comme *L'Heure de vérité*, naguère réservées à la seule classe politique. Tapie n'est pas le seul patron sollicité par les médias, mais il est celui qui a le plus grand penchant pour le paraître. Son omniprésence dans les colonnes de la presse écrite, et à la télévision, répond au moins autant à un goût personnel qu'à l'application d'une stratégie de développement de ses affaires. Son frère Jean-Claude confie à Isabelle Musnik : « Lorsque pendant une semaine, je n'entends pas Bernard à la télévision ou à la radio, ou lorsque je ne lis pas une de ses déclarations dans les journaux, je m'inquiète. » Et Jacques Séguéla décrit son client et ami comme un véritable « accro » de la communication : « Si Bernard n'a pas son coup média dans le mois, il est en manque, et il pourrait être capable de dire ou de faire n'importe quoi. »

Tapie et les « mange-merde »

Les rapports de Bernard Tapie avec la presse sont pour le moins contrastés, souvent conflictuels, toujours affectifs. Le 21 juillet 1986, il déclare à *Libération* : « Je crois qu'il y en a beaucoup qui confondent le métier d'éboueur et celui de journaliste, qui font chaque matin les poubelles pour trouver de l'info. » Dans *Gagner*, il juge la profession avec un peu plus de nuances : « Les journalistes sont comme les autres. Il y a dans cette profession le même pourcentage d'imbéciles et de génies, de travailleurs et de fainéants, de lâches et de courageux, de carpettes et de rebelles que dans n'importe quelle corporation, y compris celle des repreneurs d'entreprises. » L'opinion de Tapie sur les journalistes en vaut bien une autre, et ce qu'il écrit dans son livre est frappé au coin du bon sens. Où les choses se gâtent avec lui, c'est que le journaliste qui accepte de passer son message entre dans la catégorie des « travailleurs courageux », voire dans celle des « génies », mais celui qui n'avale pas tout cru sa version des faits est immédiatement classé dans celle des « imbéciles ». Et s'il prétend ne pas apprécier les « carpettes », il n'aime pas non plus les « rebelles ».

Pour comprendre les relations de Bernard Tapie avec la

presse, il faut remonter à ses premières affaires. Son nom apparaît dans les journaux à la fin des années 70. A propos du procès que l'ordre des médecins intente à sa société, Cœur Assistance, et dans l'affaire du rachat des propriétés de Bokassa. Tapie commence sa carière médiatique dans la rubrique judiciaire. Dans le premier procès, il sera condamné pour « publicité mensongère ». Condamnation amnistiée depuis, mais Bernard Tapie raconte lui-même l'affaire à sa façon dans son autobiographie, postérieure à l'amnistie.

La société Cœur Assistance était une sorte de SAMU privé sur abonnement, qui s'engageait à apporter à ses clients, des personnes souffrant d'insuffisance cardiaque, un secours d'urgence en cas d'alerte. Dans la brochure publicitaire de la société, il était fait état de moyens d'intervention supérieurs à ceux effectivement mis en œuvre. Dans l'affaire des « châteaux de Bokassa », il avait racheté à un prix très inférieur à leur valeur les propriétés de l'empereur déchu. La transaction s'était déroulée en Côte d'Ivoire, sous les auspices du président Houphouët-Boigny, et c'est le tribunal d'Abidjan qui a condamné Tapie, annulant du même coup la vente. De deux affaires, touchant l'une les questions de santé et l'autre mettant en scène « Papa Bok », vedette à part entière de l'actualité de l'époque, la presse a naturellement fait ses choux gras. Et les premières citations de Bernard Tapie dans les médias n'ont pas été particulièrement flatteuses. D'autant plus que dans l'affaire Bokassa, il a largement sollicité les journaux, ainsi qu'en témoigne un journaliste de l'AFP : « Lorsqu'il cherchait à acquérir les châteaux, il venait régulièrement nous exposer son projet. Il était jeune, beau, convaincant. » Comme il l'écrit, dans *Gagner* : « Cette casserole est restée très longtemps accrochée à mes basques : magouilleur, menteur, homme d'affaires douteux, et autres noms d'oiseaux. En tout cas, désormais, terminé le temps du conseil, le temps où je restais spectateur ou animateur en coulisse. J'allais bondir sur le devant de la scène, me battre à découvert avec mes moyens. » Il sera la source d'information principale et quasi unique des journalistes, pour tout ce qui le concerne. « Personne dans mon groupe, dit-il, n'est chargé des relations publiques et de la presse. Jamais, je n'ai sollicité un seul journaliste, jamais. » La première affirmation est l'expression de l'exacte vérité ; même si Noëlle Bellonne, secrétaire générale du groupe BTF, le seconde dans cette tâche. La deuxième est pour le moins sujette à caution...

Une des forces de Bernard Tapie aura été de savoir séduire un très grand nombre de journalistes qui ont, consciemment ou non, contribué à façonner l'image qui le servait le mieux. Et son pouvoir de séduction est considérable. Preuve que cela marche pour lui, la profession lui demande d'être le « Monsieur Loyal » du gala de la presse, le 28 janvier 1986. Pour un homme qui se plaint régulièrement des journalistes, on ne peut pas dire qu'il est en butte à leur vindicte permanente. Il est au contraire une des plus grandes vedettes des journaux qu'il alimente régulièrement. Pour la seule année 1985, l'Argus de la presse recensera six mille articles où il est question de lui ou de ses affaires... Mais il a changé de stratégie, ou plutôt il l'a peaufinée. Il a compris que, pour lui, qui ne disposait pas au départ de moyens financiers importants, l'appui ou simplement l'intérêt des médias constitue un atout de poids : « Au début, explique-t-il, les journalistes ont essayé de me détruire. Et, malheureusement, j'ai commis l'erreur de refuser de m'expliquer avec eux et de ne pas leur répondre. Les absents ou ceux qui se taisent ont toujours tort. » De fait, Bernard Tapie est un des hommes publics les plus faciles à joindre. Bien peu nombreux sont les journalistes sportifs, économiques ou politiques qui n'ont pas le numéro de téléphone de son domicile de la rue des Saint-Pères, dans leur carnet d'adresses.

Toutefois, Tapie ne traite pas tout le monde de la même manière. Dans ses relations avec la presse, il est même carrément manichéen : « Je joue le jeu avec ceux qui sont clairs avec moi. Je réserve des informations à quelques-uns, et je mise sur une certaine complicité avec les médias. Cela ne sert à rien de perdre des heures si ce n'est pas pour monter un événement. » Bernard Tapie a ses têtes. On est dans son camp ou alors on est son ennemi. Et ceux qui se permettent une critique, un doute ou une simple question sont traînés plus bas que terre. Il se livre à leur propos à un exercice de psychologie de bazar : « Le journaliste de presse écrite, déclare-t-il dans *Libération* du 11 avril 1986, fait passer dans le papier qui m'est consacré, ses problèmes de cul, sa facture de téléphone qu'il n'arrive pas à payer. Quand il vient de se faire plaquer par sa nana, que veux-tu qu'il écrive ? » L'univers mental et moral que cet homme laisse apparaître, quand il se laisse aller, est décidément affligeant ! « Pourtant, ajoute-t-il, il faut le voir, plutôt que de refuser. J'ai dit non une fois au *Nouvel Économiste*, car l'*Express* m'avait déjà demandé une interview dans la même semaine. Bilan : ils m'ont descendu sur sept pages. »

Le *Nouvel Économiste* a-t-il vraiment manqué à l'objectivité en publiant une enquête sur Bernard Tapie sans le rencontrer ? Il est probable que ce prodigieux camelot, capable de vendre du sable à un Bédouin ou des réfrigérateurs à un Esquimau, aurait modifié le jugement des journalistes de l'hebdomadaire économique du groupe Hachette, mais leur article aurait-il serré la vérité de plus près ? On est fondé à en douter puisque Bernard Tapie n'hésite pas à affirmer : « Ce qui est vrai aujourd'hui peut être faux demain. » Il ne dit que ce qui le sert sur le moment.

Tous les journalistes qui, à la suite d'une enquête, publient des informations qui le gênent ou qui ne vont simplement pas dans son sens, sont donc, selon sa propre expression, des « mange-merde ». Le concept de vérité n'a pas de valeur d'usage pour Bernard Tapie. Et il classe les journalistes et les journaux en deux catégories, « les mauvais » et les « bons ».

S'il prétend pourtant « comprendre » ceux qui produisent des papiers négatifs sur sa personne, c'est que l'homme est porté à la mégalomanie. Comme s'il était convaincu que le monde tourne uniquement autour de sa personne, il affirme : « Je serais rédacteur en chef, je jouirais de descendre Tapie. » Il ne lui vient pas à l'esprit un seul instant que la majorité des journalistes se font une opinion en observant les faits. Au demeurant, il entend sélectionner les informations dont la presse aurait le droit de faire état. Et quand le *Nouvel Économiste* enquête sur les licenciements dans un établissement normand de la société Wonder, Tapie considère que l'intention de nuire est avérée : « Suivant que l'on est un connard ou non, on interroge les gens mis à la lourde à Lisieux, ou on essaie de savoir qui je suis. » Pour avoir considéré que des salariés de Wonder « mis à la lourde » pouvaient être aussi intéressants que leur patron, qui dira plus tard, élégamment, à propos de cette affaire, que son associé Francis Bouygues et lui-même se sont « gavés », les journalistes du *Nouvel Économiste* seront rangés dans la catégorie qu'il décrit dans le numéro de *Play-Boy* d'avril 1986 : « Les journalistes français sont vraiment une race de types qui me sort par les narines. » Et quand il se trouve face à Michel Tardieu, directeur de la rédaction de l'hebdomadaire, le 17 mars 1985, à l'occasion d'un Club de la presse Europe 1-Canal +, il lui reproche d'être « méchant et incompétent ».

Dans ses haines contre les journaux, Tapie ne s'arrête

pas à la couleur politique. Le *Nouvel Observateur* est également dans son collimateur. L'hebdomadaire lui a pourtant consacré à l'occasion quelques articles favorables, comme celui de Françoise Giroud au lendemain de la première émission *Ambitions* sur TF1, mais ce journal n'appartient pas à la même « gauche » que Bernard Tapie, en qui Jacques Julliard, directeur-adjoint de la rédaction, ne voit qu'un « Raid Ader de nos petits incendies sociaux, un Don Juan des ménagères ». Et lorsque le *Nouvel Observateur* publie, début mars 1990, une couverture où l'on voit une photo-montage dans laquelle la tête de Tapie a été greffée sur le corps de la photo officielle de Pompidou, en président de la République, le président de l'OM fait sortir par le magazine du club marseillais (*OM +*, dirigé par Jean-Louis Levreau, rédacteur en chef du *Provençal*) une couverture où la tête du directeur du *Nouvel Obs* a été collée sur le corps de Jean-Pierre Papin, sous le titre *Jean Daniel, l'homme qui veut être président de l'OM*. Dès qu'on ne l'appuie pas sans réserve, le député de Marseille laisse percer les symptômes d'une maladie de la persécution latente. Après avoir rencontré Jacques Julliard, il dira sa crainte de voir sortir contre lui un « méga-dossier », et craindra d'avoir été manipulé.

Souvent en délicatesse avec des journaux économiques ou politiques nationaux, c'est surtout avec la presse locale et la presse sportive que Bernard Tapie établit de véritables rapports de force. Comme dirigeant d'une équipe cycliste ou d'un club de football, ou comme candidat aux élections législatives ou régionales, il entend contrôler tout ce qui est imprimé à son propos. Et, quand il n'y parvient pas, il utilise à l'occasion l'intimidation et les mesures de rétorsion. Pour ce qui concerne l'Olympique de Marseille, il a établi une véritable liste noire des journalistes locaux. Sont ainsi *persona non grata*, Jean-Hervé Deiller, le correspondant de l'AFP, Hervé Nedellec (ACP), Guy Porte (*Le Monde*), et depuis la campagne électorale des législatives de janvier 1989, la totalité de la rédaction du *Méridional*.

Le *Méridional* appartient aujourd'hui au groupe Hachette, qui l'a racheté à la famille de Gaston Defferre. Bien que socialiste, l'ancien maire de Marseille, qui se conduisait au *Provençal* en patron de droit divin, était ainsi également propriétaire d'un journal de droite. Car, s'il partage les mêmes locaux que le *Provençal, Le Méridional* est franchement en faveur de l'actuelle opposition. Il est dirigé aujourd'hui par Michel Bassi, ancien directeur de RMC et de *France-Soir magazine*, mais aussi porte-parole de Valéry Giscard d'Estaing à l'Élysée. Lorsqu'il décide de se présenter dans la sixième circonscription des Bouches-du-Rhône, Bernard Tapie prend contact avec Bassi. Il a toujours eu de bonnes relations avec lui et espère obtenir un traitement favorable pendant la campagne électorale de la législative partielle, consécutive à l'annulation par le Conseil constitutionnel, en novembre 1988, de l'élection de Guy Teissier. Fin décembre, Tapie invite Bassi au Sofitel du Vieux Port. Au départ, la conversation est amicale. Le président de l'OM est en forme. Il livre des anecdotes sur son club, multipliant « les horreurs » sur les joueurs. Puis viennent les choses sérieuses.

— Tapie : « Il est hors de question que ton journal joue contre moi pendant la campagne électorale. »

— Bassi : « Je ne ferai pas cela. Mais je ferai campagne pour Teissier. »

— Tapie : « Tu as un patron, Lagardère, qui a besoin de moi. Il est empêtré avec le Matra-Racing et je suis le seul à pouvoir le tirer de là. Il est tricard à l'Élysée, et je suis le meilleur ami du président. Si tu ne me soutiens pas, ta carrière est foutue. Je m'en occuperai personnellement. »

Michel Bassi n'est pas un journaliste que l'on impressionne aisément avec des menaces de cette sorte. Tapie s'est trompé d'interlocuteur et de registre. Mais désormais, ce sera la guerre entre le patron de l'OM et *Le Méridional*. Dans ce conflit, Tapie peut s'appuyer sur l'équipe du *Provençal* qui, non seulement soutient la gauche mais est aussi l'organe officieux de l'Olympique de Marseille et de son président, par l'intermédiaire de Jean-Louis Levreau, qui cumule responsabilités et émoluments au *Provençal* et au club. C'est ainsi que lorsque *Le Méridional* publie, le 4 février 1991, une enquête détaillée sur les comptes de l'OM, *Le Provençal* sort, dans son édition du même jour, un article qui répond aux critiques de son confrère. Comment a-t-on su au *Provençal* que le confrère-ennemi s'apprêtait à dévoiler les vrais comptes de l'OM ? Normalement, les deux journaux, qui cohabitent dans les mêmes locaux, sont protégés par des clés-ordinateurs, et la rédaction de l'un ne peut savoir ce que l'autre publie avant parution. Pourtant, ce jour-là, le hasard a bien fait les choses...

Les relations de Bernard Tapie avec les journalistes sportifs sont, elles aussi, passablement conflictuelles. De temps à autre, le président de l'OM affirme sa volonté de jouer la transparence. Comme lorsqu'il dit : « C'est toujours pareil. On annonce la venue d'un joueur à l'OM et pas un seul journaliste ne m'a téléphoné pour me demander la moindre confirmation. » Fort de cet encouragement à puiser les informations à la source, un journaliste d'Europe 1 appelle Tapie chez lui quelque temps après pour confirmer la rumeur d'un important transfert. Réponse de Tapie : « Qu'est-ce que vous voulez savoir encore ? Vous n'êtes donc que des mange-merde ! »

L'injure n'est pas la seule arme dont use Tapie avec les représentants de la presse sportive qui le gênent. Il sait aussi négocier avec eux, dès lors qu'il s'est mis dans un mauvais cas. A l'issue du match perdu fin mai 1988 par son équipe au stade vélodrome, contre le Paris-Saint Germain, il s'en prend vivement à l'arbitre M. Rideau. Malheureusement pour lui, emporté par sa colère, il n'a pas vu les micros d'une station de radio et d'une télévision. Quand il s'en aperçoit, il réalise l'impact fâcheux que la diffusion de ses propos pourraient avoir, alors qu'il est candidat aux élections législatives. Au journaliste radio, il propose un échange. Celui-ci ne diffuse pas son reportage, mais, en contrepartie, Bernard Tapie accepte le principe d'un débat sur son antenne avec Jean-Marie Le Pen. Pratique du troc, qui relève du domaine de l'enfance, signe de son absence de maturité. Pour éviter la diffusion des images de l'incident à la télévision, il va proposer à l'équipe de la ramener à Paris dans son jet privé. Tout le monde y gagne une nuit. Les téléspectateurs ne verront pas le président-candidat dans ses œuvres. Avec Tapie, c'est toujours donnant-donnant.

Tous n'ont pas eu droit au même numéro de charme, et s'il ne moleste pas les reporters devant les caméras, comme l'a fait Claude Bez à Bordeaux, Tapie n'hésite pas à jouer des poings. Alain Vernon, journaliste d'Antenne 2, fera ainsi les frais d'un coup de sang du président de l'OM, lors de la demi-finale de coupe d'Europe contre le Spartak de Moscou. Il en sera quitte pour un arrêt de travail. Mais on n'attaque pas le président d'une équipe peut-être en passe de remporter la première victoire française en coupe d'Europe des clubs champions.

Avec le quotidien sportif l'*Équipe*, les relations sont passées par des hauts et des bas. Au lendemain du limogeage de l'entraîneur Gérard Banide, l'*Équipe* publie un article critique sur la façon dont Tapie gère l'OM. Tapie prend la mouche. Il éructe contre le représentant du quotidien, Dominique Courdier : « Il paraît que ce journal est la bible du sport. Moi, cette bible me fait chier. » Et, le 3 septembre

1988, il introduit un article additionnel dans le règlement intérieur du club, interdisant à tout joueur d'avoir des contacts avec la presse, sous peine d'amende financière pouvant aller jusqu'à un mois de salaire. Au cours d'une conférence de presse pendant laquelle il dénonce « l'incompétence » de la Fédération et de la Ligue, en la personne de leurs présidents Fournet-Fayard et Sadoul — proposant ce jour-là de leur substituer un ticket Michel Hidalgo/Fernand Sastre —, il s'en prend une nouvelle fois à l'*Équipe*, parlant de « presse pourrie ». Et pour faire bonne mesure, il accuse le patron de la rubrique football du journal, Gérard Ernault, de n'avoir aucune indépendance puisqu'il briguerait un poste de responsabilité au sein des instances dirigeantes du mouvement sportif français.

Situation délicate pour le quotidien sportif que d'être ainsi victime de la censure de la part d'un club de football qui fait la une de l'actualité. Tapie va laisser la direction et les journalistes de l'*Équipe* mariner quelques mois, avant de leur proposer un armistice. Il met fin à la pénitence en conviant Noël Couëdel, directeur de la rédaction, Gérard Ernault, et deux autres spécialistes du football, Denis Chaumier et Gérard Marcout à déjeuner. Ces agapes — dont le journal règle l'addition — signent la fin de la pénitence. Désormais, Bernard Tapie trouvera dans l'*Équipe* des articles favorables. Il pourra ainsi gérer au mieux de ses intérêts l'épisode du vrai-faux transfert de Diégo Maradona de Naples à l'OM.

Tapie n'a pas que des ennemis irréductibles dans la presse écrite. Il ne se contente pas de menacer certains, ou de leur battre froid. Il sait aussi se ménager de précieuses amitiés. Pour y parvenir, il pratique le copinage, usant du tutoiement systématique qui peut faire penser à certains qu'ils sont entrés dans l'intimité de la star. Bon nombre de journalistes sont d'ailleurs tout simplement séduits par le talent de l'homme d'affaires ou du dirigeant sportif, ou, quand il s'agit de spécialistes de la politique, se trouvent en accord avec le combat qu'il mène contre Jean-Marie Le Pen.

Au *Provençal*, premier journal local de Marseille, il a ses grandes entrées. Ce quotidien n'a rien à lui refuser. Il l'a soutenu sans faille à l'occasion des élections législatives, et il est, grâce à son rédacteur en chef, Jean-Louis Levreau, le thuriféraire du président de l'OM. Cet engagement au service de Bernard Tapie donne parfois lieu à de curieuses pratiques. Comme le jour où le journal a donné, en avant-première à l'AFP, une interview de Pierre Mauroy, dans laquelle le premier secrétaire du PS annonçait son soutien à la candidature Tapie aux élections régionales. Distraction ou considérations locales, comme le souci de ne pas gêner Robert Vigouroux, l'autre personnalité pour laquelle milite le *Provençal*, toujours est-il que les lecteurs n'ont pas pu lire cette « exclusivité » dans leur quotidien !

Au nombre des amis de Bernard Tapie, on trouve également l'*Événement du jeudi*. Engagé dans la lutte contre le Front national, l'EDJ appuie Tapie contre les porte-parole de l'intelligentsia qui n'apprécient ni la vulgarité, ni la forfanterie du personnage. Ainsi, quand Tapie est mis en cause par le procureur de Marseille, Olivier Dropet, le journal de Jean-François Kahn plaide-t-il en faveur de l'innocence du patron de l'OM qui serait, pour Alex Panzani et Maurice Szafran, innocent des reproches qui lui sont adressés à propos de la comptabilité du club. Nicolas Domenach, autre journaliste à l'*Événement du jeudi*, a connu Tapie du temps qu'il travaillait au *Matin de Paris*. A l'époque, il se chargeait de recruter des personnalités invitées à des séances de *brainstorming* avec l'homme d'affaires. Le recrutement de ce petit cercle de conseils de Bernard Tapie n'était pas sectaire, puisque Domenach a offert à Hugues Dewavrin, un des dirigeants du Parti républicain, d'en être membre. Tapie a d'ailleurs su procéder avec beaucoup de doigté avec les journalistes du *Matin*, comme en témoigne Laurent Carenzo : « Nous sommes devenus amis, dit Carenzo — qui dirige maintenant une société audiovisuelle, Newsplus, dans laquelle Tapie a une participation symbolique — à la suite d'un article que j'avais écrit sur lui dans *Le Matin* et qu'il n'avait pas aimé. »

Le tableau des amis journalistes de Bernard Tapie serait incomplet s'il ne mentionnait l'espiègle et talentueux André Bercoff, auteur de nombreux livres, sous son nom et sous des pseudonymes — Caton ou Philippe de Commynes. Ce goût des masques, il l'a également cultivé au service de Tapie puisqu'il a tenu la plume pour la rédaction de *Gagner*, ainsi qu'à l'occasion de plusieurs articles ou droits de réponse signés par l'homme d'affaires. C'est à lui que l'on doit de découvrir, chez l'industriel, une série de citations littéraires qui tranche singulièrement avec son argumentation et son style habituels : William Blake, Myamoto Musachi, Tasle d'Heliand, Voltaire, Socrate, Jean Cocteau, Marshall McLuhan, Bertolt Brecht, Jean-Baptiste Say, Adam Smith, Milton Friedman, Paul Valéry, Charles Maurras, John Kenneth Galbraith, Herman Kahn, Louis Aragon... sont cités dans *Gagner*. Comment croire, à la lecture d'un tel éclectisme culturel, que Tapie serait un primaire ? Paradoxal, Bercoff dit de Tapie : « Sa force réside moins dans son génie des affaires que dans l'intense jubilation qu'il éprouve à s'ébrouer bruyamment dans les symboles d'une société en pleine décomposition/recomposition. Il a compris que la métaphore — qu'elle tape dans un ballon ou qu'elle pédale sur un braquet puissant — était une arme essentielle d'une certaine prise de pouvoir économico-culturelle dans les années de crise. » Et on peut penser que le projet de Bercoff s'apparente à une démarche situationniste qui consiste à provoquer la société des années 80, en lui lançant dans les pattes sa propre caricature, dans le but de mener une opération déstabilisatrice et « jubilatoire ».

Quand il veut s'en donner la peine, Bernard Tapie peut user de bien meilleurs arguments pour convaincre les journalistes que les pressions, le chantage ou la menace physique. Il peut aussi séduire par son talent et son intelligence. Jean-Marc Sylvestre, un des meilleurs journalistes économiques de la nouvelle génération, écrit ainsi, le 19 mars 1985, après le passage de Bernard Tapie au Club de la presse d'Europe 1 et au Jeu de la vérité (TF1) : « Avec Tapie, la notoriété est devenue un « actif de production », dans lequel il investit, qu'il entretient et qu'il gère. » Puis, après la première de l'émission *Ambitions* sur TF1, Sylvestre passe de l'analyse fine à l'enthousiasme débordant. Il écrit, dans le *Quotidien de Paris* du 28 février 1986 : « C'était nouveau, drôle, intéressant... Alors, tant pis si le monde des affaires, coincé dans ses costumes trois pièces ne s'est pas retrouvé et si l'entreprise est devenue un spectacle. Monsieur Tapie, vendredi soir, vous avez été génial. Alors continuez. » Pour attirer la sympathie, il vaut souvent mieux être performant que manipulateur.

Les leçons de journalisme du professeur Tapie

Dans ses rapports avec la presse, Bernard Tapie a la manie de prétendre savoir comment on doit écrire et rédiger un journal. Ce surdoué de la communication serait peut-être un excellent patron de presse, mais il ne l'a jamais prouvé. Pourtant, avant de se lancer dans le business de la télévision, il a été plusieurs fois tenté. En avril 1984, il annonce ainsi le lancement d'un mensuel, *Cinquante millions d'électeurs*, qui ne dépassera jamais le stade du projet. La presse écrite le démange pourtant fortement puisque, le 3 mai 1984, Philippe Bouvard publie un écho dans *France-Soir* selon lequel l'homme d'affaires s'apprêterait à créer une banque de *scoops*, en collaboration « avec un journaliste célèbre ». Elle ne dépassera pas non plus le stade de l'annonce.

Au moment où *Le Monde* traverse une grave crise interne, au cours de l'hiver 84/85, le sauveur d'entreprise en difficulté se propose pour redresser la barre du quotidien de la rue des Italiens. Là encore, c'est Philippe Bouvard qui hérite du scoop. Sous le titre, *Bernard Tapie, prêt à sauver Le Monde*, on peut découvrir dans *France-Soir* du 7 décembre 1984, les conceptions du président de La Vie Claire en matière de journalisme : « Pour l'instant, dit-il, je n'ai fait aucune proposition et personne ne m'a contacté, encore que mon nom ait été prononcé deux fois au cours de la dernière réunion des actionnaires, mais je suis passionné par la presse, et je crois que *Le Monde* constitue une affaire viable sous réserve de rénovations. Réduire les salaires ne résout rien. Car c'est une solution provisoire et à court terme. Il faut surtout relancer l'affaire, et *Le Monde* en est capable grâce à l'intelligence et au savoir-faire de son personnel. Tout au plus conviendrait-il qu'ils acceptent de s'encanailler un peu. Actuellement, pour deux faits, *Le Monde* donne quatorze commentaires. Je préférerais l'inverse. Je ne crois pas aux sociétés de rédacteurs. Il faut laisser la collégialité aux colonies de vacances. Chacun son métier. On ne doit jamais confondre l'intéressement motivant aux profits de l'entreprise et la collégialité anarchique de l'autogestion. » Cette publication de l'offre de service de Tapie au *Monde* ne risquait pas de recevoir une réponse favorable. Et il y a quelque chose de surprenant dans le fait qu'il ait choisi *France-Soir*, un quotidien dont la santé n'était pas florissante à l'époque, pour donner ainsi un cours de journalisme à la société des rédacteurs du *Monde*. C'est l'hôpital qui se moque de la charité. Et quitte à investir dans une presse « encanaillée », le quotidien de la rue Réaumur aurait mieux correspondu à l'idée que Bernard Tapie semble se faire de la presse écrite.

La charnière des années 1984/1985 a décidément été la période papivore de Tapie, puisqu'en janvier 1985, il se propose de reprendre l'hebdomadaire *Magazine Hebdo*. Après seize mois d'existence, ce journal connaît de graves difficultés financières et son directeur, Alain Lefebvre, cherche des capitaux pour donner un deuxième souffle à l'affaire. Lefebvre est tenté, mais il « ne veut pas trahir les lecteurs qui lui ont fait confiance et tient à faire le maximum pour reclasser le personnel licencié, ce qui n'est pas précisément une des préoccupations habituelles de Bernard Tapie ». Celui-ci ne reprendra pas *Magazine Hebdo*. La chose n'aurait pas manqué de cocasserie, puisque ce journal, très proche des ultra-libéraux de l'époque, et de la mairie de Paris, était un organe de combat contre les socialistes et l'Élysée. Sans le savoir, à l'époque, le futur député de la majorité présidentielle a sans doute sauvé sa carrière politique à venir en ratant une affaire. Bernard Tapie a-t-il par ailleurs envisagé d'acquérir le *Provençal* ? La chose est probable. Il en a lui-même fait plusieurs fois la confidence, à l'époque où sa stratégie marseillaise s'articulait en trois volets : l'OM d'abord, le *Provençal* ensuite, la mairie pour finir. Mais au moment de la vente, Edmonde Charles-Roux fera pencher la balance en faveur de Jean-Luc Lagardère et du groupe Hachette. Sans doute pour protéger les intérêts du maire intérimaire qu'elle a contribué à installer dans le fauteuil de Gaston Defferre. Cet épisode n'a, en tout cas, pas peu contribué à alimenter l'hostilité de Tapie envers Lagardère.

QUE LE SPECTACLE COMMENCE

Naissance d'une star

« Mon message, c'est à la télévision qu'il est véritablement passé. Car la grande rupture, elle est là. Le phénomène télévisé a ceci de spécifique qu'il permet de s'adresser au public, sans intermédiaire. » Le propos de Tapie est d'une totale banalité, mais il faut lui reconnaître qu'il a su utiliser comme personne la télévision à son profit. Avant l'OM, dans le domaine sportif, avant Adidas, en matière financière, et avant le combat politique, c'est à la télévision qu'il va décrocher ses galons de vedette à part entière. Et les personnalités de l'establishment, qui n'auraient pour rien au monde frayé publiquement avec lui, le découvrent sur leur petit écran. Progressivement, il devient une personnalité qui compte dans la société française.

Il fait son coup d'essai sur Antenne 2, dans une émission intitulée *Les faiseurs de fric*. Il passe si bien son examen d'entrée cathodique qu'on se l'arrache. Il ne dit rien de révolutionnaire, mais à l'époque où la langue de bois est reine, le public n'a pas besoin de sous-titres pour comprendre ce qu'il dit. Le succès de sa première émission — et celui d'Yves Montand, animateur de l'émission *Vive la crise* — pousse les chaînes à le solliciter. On le voit dans *Les bons, la crise et les perdants*, au Club de la presse retransmis par Canal +, à *7 sur 7*, au *Choc de l'an 2000*, qu'il anime aux côtés de Miou Miou et de Michel Drucker. Chaque fois, il réalise un fort taux d'audience. Il ne se contente pas de la télévision et participe aux *Grosses têtes*, l'émission de divertissement vedette de RTL. A ceux qui lui reprochent ce mélange des genres, il répond : « J'enregistre quatre émissions d'un coup, de 20 heures à 23 heures, le soir, à l'heure où les gens rentrent chez eux, s'assoient devant leur télé et s'ennuient ! Puisque cela ne gêne absolument pas mes affaires, pourquoi me priverais-je de quelque chose qui me plaît ? » Le 15 mars 1985, il fait un véritable triomphe lors de son passage au Jeu de la vérité, de Patrick Sabatier. Ce soir-là, il montre toutes les facettes de son talent, renouant même avec la chanson quand il interprète *Le Blues du business-man*, le tube écrit par Didier Barbelivien pour l'opéra-rock *Starmania*. (« J'aurais voulu être un artiste, pour pouvoir dire pourquoi j'existe... ») L'émission obtient un audimat de 37 points au démarrage, pour terminer à 45 points. Dans la semaine qui suit, TF1 reçoit des lettres destinées à Tapie par sacs entiers ; même chose dans les rédactions des hebdomadaires de télévision.

C'est ce qui donne à Marie-France Brière, directrice à TF1, l'idée de lui confier son propre show télévisé. Ce sera *Ambitions*. « Ce qui m'intéressait, se souvient-elle, c'était l'homme médiatique et non pas le chef d'entreprise. Je voulais faire quelque chose qui serait à la fois économique et divertissant, et qui regonflerait les Français. » Le principe de l'émission consiste à inviter un jeune entreprenant afin de tester ses idées — l'émission reçoit une série de parrains et de grands témoins — et l'aider, le cas échéant, à monter son affaire. La mise en place est difficile. TF1 est accusée de plagiat. Mais surtout, Daniel Karlin, membre de la Haute Autorité de l'audiovisuel, et réalisateur de télévision, proche du parti communiste, en conteste l'esprit même. La première a néanmoins lieu, le 28 février 1986. Elle recueille, un vendredi soir à 20 h 30, un taux d'écoute remarquable : 34 %. 13,6 millions de téléspectateurs l'ont regardée. Le pari est gagné. Pour la deuxième, réalisée en direct du Palais des sports de Toulouse devant 5 000 personnes, le score atteint 30 % (ce qui est plus qu'honorable pour un numéro 2). Cette fois-ci, l'establishment ne boude plus Tapie. Des grands patrons de presse, comme Jean Boissonnat (*L'Expansion*) et Serge July (*Libération*), ont accepté de participer aux émissions. Et Yvon Gattaz, président du CNPF, qui disait quelque temps auparavant : « Le phénomène Tapie, c'est du vent », le qualifiant de patron « qui n'a rien créé », lui expédie un télégramme louangeur : « Bravo pour votre émission qui redonnera le goût d'entreprendre aux jeunes. » Voilà Tapie reconnu, investi même d'une mission pédagogique. Cet enthousiasme soudain du numéro un du patronat français n'empêche pas Bernard Tapie d'écrire dans *Gagner* : « J'en suis, avec le CNPF, à la même place que Voltaire avec Dieu ; on se salue mais on ne se parle pas. » Mais il vient de faire un pas décisif. L'homme d'affaires, dont les performances économiques n'ont jusque-là convaincu personne, est enfin reconnu socialement.

TF1, vedette et actionnaire, mais pas opérateur

La politique de privatisation mise en œuvre par le gouvernement Chirac, au lendemain des élections législatives de 1986, touche à quelques-unes des sociétés les plus importantes de l'économie française. La Société Générale, Paribas, Indosuez, Saint-Gobain, la Compagnie générale des eaux, des mastodontes de la banque et de l'industrie retournent au secteur privé. Mais aucune de ces opérations n'a l'impact public de la privatisation de TF1. La vente de la plus ancienne chaîne de télévision va provoquer un bouleversement du paysage audiovisuel français. Même si la création de Canal+ et de la Cinq avait ouvert, sous les gouvernements socialistes une brèche dans le monopole de l'État en matière de télévision, la privatisation d'une grande chaîne généraliste est un événement considérable. D'autant plus qu'après avoir hésité — ce devait être initialement

Antenne 2 — le gouvernement, en vendant la Une, touche au symbole même de la télé française.

Cette opération passionne les autres médias, la plupart des Français et Bernard Tapie. Pour la première fois de sa vie, il s'intéresse à une affaire qui n'est pas en difficulté (TF1, qui avait enregistré de sérieux déficits, a été en effet redressé sous la présidence d'Hervé Bourges). Tapie, pour qui la télévision est devenue une drogue, ne veut pas rater le train de la privatisation. Il le fait savoir. A sa manière, c'est-à-dire en donnant à son offre de service un tour à la fois attrayant et menaçant. Le 20 décembre 1986, il déclare : « Je veux vraiment participer à la reprise de TF1. Je considérerais comme un échec total et personnel, si je n'y étais pas. Quelle que soit l'opération, je veux être dedans. Si l'on m'empêche, je serais très polluant... La privatisation de TF1 est un coup qui ne se représentera pas et qu'il ne faut pas manquer. Le projet n'est pas très populaire, mais ma présence pourrait le rendre plus sympathique. » Il est comme un enfant prêt à tout pour obtenir quelque chose. L'annonce qu'il pourrait être « polluant » prête à rire. Mais son argument sur l'utilisation éventuelle de sa popularité pour aider l'opinion à admettre la privatisation n'est pas si mal vu.

Chacun sait que Jean-Luc Lagardère sera candidat au nom du groupe Matra-Hachette, déjà propriétaire de nombreux journaux de province et d'Europe 1. Et Francis Bouygues, le numéro un mondial des travaux publics, également. Tous les pronostics donnent Lagardère gagnant. Il passe pour avoir le soutien de Jacques Chirac et Edouard Balladur. Et la CNCL, qui doit décider du nom du repreneur, est réputée être à la dévotion du nouveau gouvernement. Les choses ne se passeront pas de cette façon, soit parce que la CNCL aura voulu se crédibiliser en prenant sa première décision importante, soit, plus simplement, qu'elle ait été bien plus indépendante que chacun avait pu le penser au moment de sa création. L'équipe Bouygues emportera l'affaire en partie parce qu'elle acceptera de renoncer à la deuxième coupure publicitaire dans les films diffusés par la chaîne. Un membre important de la CNCL a, en effet, prévenu Francis Bouygues que le groupe Hachette y a renoncé de son côté (il réclame aujourd'hui la deuxième coupure pour la Cinq) ; cette concession jouera d'un poids décisif au moment de l'attribution... L'indépendance et le double jeu de la CNCL vont permettre à Tapie de réaliser son rêve.

Il a fini par entrer dans le tour de table de Francis Bouygues, aux côtés des Éditions Mondiales, de l'hebdomadaire *Le Point*, de la GMF et surtout du magnat de la presse anglo-saxonne, Robert Maxwell, propriétaire du groupe Pergamon. Tapie participe pour un pourcentage minime : 1,7 %, mais cela représente tout de même 100 millions de francs. Pour les mettre sur la table, il a transformé la structure de ses sociétés. Le groupe Bernard Tapie est devenu une société anonyme en octobre 1986. Ses nouveaux associés vont lui permettre de blinder dans cette partie de poker audiovisuel. Le choix de Tapie comme partenaire va très vite se révéler judicieux. Non seulement il ne tarit pas d'éloges sur Francis Bouygues — déjà son associé dans la reprise de Wonder (« Il a une vertu rare chez un chef d'entreprise, il dit ce qu'il fait, il fait ce qu'il dit ») mais aussi, il est bien placé pour être le propagandiste de la candidature Bouygues. Il est crédible quand il parle de télévision et surtout il attire les journalistes comme des mouches. C'est pratique pour récolter de l'information !

Dans le combat contre Hachette, il sera le fer de lance de l'offensive du roi du béton. « Tapie, se souvient un des dirigeants de l'époque de la première chaîne, était très lié avec Hervé Bourges et Alain Denvers (le directeur de la rédaction de TF1). Cela lui a permis de donner au *team* Bouygues de précieux renseignements sur l'état de la chaîne. » Il sera, en outre, souligne le même témoin, « le meneur de jeu de l'audition publique devant la CNCL, car si c'est un faux homme d'affaires, c'est un vrai présentateur de télévision ». Et, ce jour-là, il se montrera infiniment plus performant que la « professionnelle » Christine Ockrent, pour le compte d'Hachette.

Lui-même dira, se comparant à l'un de ses partenaires, Antoine de Clermont-Tonnerre, ancien président de la SFP et patron des Éditions Mondiales, « c'est un technocrate bien élevé et moi un homme de terrain mal élevé ». Comme les deux hommes sont les seuls à avoir une expérience de l'outil télévisé — et qu'on imagine mal Clermont-Tonnerre se battre comme un chiffonnier avec Yves Sabouret, son ami, bras droit de Jean-Luc Lagardère —, Tapie est effectivement en position de harceler l'adversaire. Et il ne se prive pas de dénoncer les appuis politiques dont disposerait le groupe Hachette : « Quand on est le candidat officiel du pouvoir politique et quand on sait que c'est le même pouvoir qui a pratiquement constitué cette même candidature, je ne crois pas que l'on puisse se prévaloir d'une quelconque indépendance. Mieux-disant financier, nous n'avons besoin de personne contrairement à d'autres pour réaliser notre tour de table. Ni de Matignon, ni de Balladur à qui nous n'avons demandé aucune aide. »

Il ne se contente pas d'être l'exécuteur des basses œuvres de la candidature Lagardère, il est aussi le maître d'œuvre du show de présentation devant la CNCL. Pour préparer Francis Bouygues à l'audition, retransmise en direct sur FR3, il lui fait faire du *TV training* avec son ami Laurent Carenzo et son associé de Newsplus, Guy Schwartz. Le 4 avril 1987, c'est cette équipe qui est retenue comme attributaire de TF1 par la CNCL. Pour Bernard Tapie le triomphe est suave. Mais de courte durée. Il n'a pas vu qu'un homme comme Francis Bouygues ne se portait pas candidat à la reprise de TF1 pour se contenter de compter les dividendes éventuels. Le roi du béton ne partage pas plus avec Maxwell qu'avec Tapie — qui pèse dix fois moins que l'industriel britannique dans le capital de la chaîne.

Bernard Tapie devient président du « comité stratégique » de TF1. Mais le poste n'a aucun contenu. Et Bouygues n'utilisera les services de Tapie que pour l'envoyer devant les médias pour dénoncer le caractère mensonger des promesses qui avaient été faites aux repreneurs. Interviewé par *France-Soir* le 15 mai — un mois à peine après la prise de contrôle de la chaîne —, Tapie, se prenant à rêver qu'il a acquis plus de parts qu'il n'en a réellement (« J'ai mis 100 millions, ce qui représente 3,4 % du capital. Je voulais investir le double... Mais nous avons réduit nos parts... »), accuse le président Hervé Bourges, son ami d'hier, d'avoir vidé sciemment les caisses : « Il a tiré le feu d'artifice final. Il a pensé : "Après, qu'ils se débrouillent. Si je suis encore là, je me débrouillerai avec eux." Mais ce qui est incroyable, c'est que depuis nous avons eu les rapports qui ont servi à l'audit. C'est scandaleux. Il n'y a pas une phrase de juste. Tout est faux. » Mais ces mauvaises surprises n'ont pas douché son enthousiasme : « Pour être franc, on nous aurait dit : "Il n'y a rien", nous y serions allés quand même. Car, dans ce domaine, on est dans l'irrationnel le plus complet. On dit que la télévision rend fou. Je pensais que c'était vrai. Je ne savais pas à quel point. »

Effectivement, les débuts de TF1 privatisés vont être difficiles. D'entrée de jeu, la chaîne doit subir l'assaut de la concurrence sauvage de la Cinq de Silvio Berlusconi, qui débauche les vedettes de la Une les unes après les autres. Et les déclarations admiratives de Bernard Tapie pour les méthodes de l'industriel turinois ne sont pas faites pour plaire à Francis Bouygues : « Quand Berlusconi a voulu Sébastien, il a pris son avion de Rome à Paris. Le soir, à onze heures, il était dans la loge de Sébastien. Voilà comment on conclut une affaire. » TF1 se remettra de cette passe difficile. La Cinq a beaucoup trop investi pour une chaîne qui ne diffuse pas sur tout le territoire national. Et la Une va grignoter petit à petit le terrain perdu. Avec la méthode Bouygues/Le Lay, pas avec la méthode Tapie. Ce dernier sera d'ailleurs écarté du conseil d'administration de TF1 au début 1988, et sa seule participation à la vie de la chaîne consistera à assurer la présentation d'un grand show donné à l'occasion du 2000e numéro de *Paris Match* au Zénith. Les relations sont alors très détériorées avec Francis Bouygues et Patrick Le Lay, le président mis en place par l'entrepreneur de travaux publics. Dans les couloirs de TF1, on se rappelle que, de 1988 à 1990, « la haine a succédé à la période des amours ». Au point que lorsque Robert Maxwell tentera de ravir le pouvoir à Bouygues, Tapie se trouvera aux côtés du président de Pergamon Media Trust.

Trois ans après cette lutte âpre entre les repreneurs associés de TF1, Bernard Tapie a repris du poids dans la chaîne. Il n'a plus le désir de participer directement au pouvoir. Mais il a besoin de TF1 pour l'aider dans sa carrière politique. En échange, il a joué un rôle important dans l'attribution, à la société dirigée par Patrick Le Lay, de la quasi-exclusivité de la retransmission des matchs de football. Réconcilié avec Francis Bouygues et avec Le Lay (dont il emploie la fille dans ses bureaux de l'avenue de Friedland jusqu'au début octobre 1991) qui apprécie l'avantage d'audience que représente le fait d'être la chaîne du football, il peut demander beaucoup à la rédaction. Et il ne s'en prive pas. Bernard Tapie se comporte comme si l'antenne devait lui être ouverte en permanence. A l'automne 1991, il réclame ainsi avec insistance à Jean-Claude Dassier, responsable des opérations sportives de la chaîne, la tête d'un reporter insuffisamment docile. Mais la pression qu'il exerce sur les journalistes ne se limite plus au seul domaine des sports ; ni à la seule rédaction de TF1.

Plus il monte haut, moins Tapie supporte la contradiction de la part de quelque journaliste que se soit. Malheur à celui qui paraît douter de la dimension du député de Marseille. La Cinq l'a appris à ses dépens, le 24 janvier 1990. Pierre-Luc Séguillon, chroniqueur politique de la chaîne, évoque ce jour-là l'éventualité d'une candidature Tapie à une élection présidentielle. « Que Tapie veuille se faire une place au soleil de la politique, c'est l'évidence. Il l'a déjà prouvé. Avec talent. Qu'il n'imagine cette place qu'à l'Élysée, c'est parfaitement logique avec l'appréciation qu'il a de son propre ego. Qu'un ou des publicitaires s'empare d'un produit qui se vend bien, on connaît la mécanique : Tapie passe bien à la télévision, donc il pourrait être président. Et puisqu'il pourrait être président, passons-le encore à la télé ! Tenez, je parierais que les présentateurs des 20 h cherchent déjà à l'avoir demain en exclusivité. Qu'un président vieillissant, enfin, ait quelque faiblesse pour ce qui pourrait être un leurre, ce n'est pas impossible. mais, que des journalistes tombent dans le panneau et participent à cette élucubration — peut-être pas innocente — j'en reste, permettez-moi l'expression, sur le cul... Il est tout de même étonnant que la célébration du bagout, du culot et de quelque chose quelque part, comme dirait madame Giroud, occulte ce soir la seule véritable information française du jour : un homme, Jacques Delors, s'est, de fait, déclaré candidat à l'Élysée hier soir à *L'Heure de vérité* et a ouvert un vrai débat sur l'avenir du pays. » Le commentaire de Séguillon fait sortir Tapie de ses gonds. Et comme il est invité par Guillaume Durand au journal de 20 h du lendemain sur la Cinq, il appelle le présentateur pour se décommander. Il annonce au présentateur qu'il refuse de paraître sur une chaîne qui diffuse ainsi, à son sujet, les propos d'un « bolchevique en tweed ». Ainsi, le fait de considérer que Jacques Delors est un présidentiable somme toute plus crédible que Bernard Tapie, constitue un crime de lèse-majesté. Émettre un doute sur la crédibilité politique nationale du président de l'Olympique de Marseille appellerait des représailles immédiates. Et les pressions exercées par Tapie sur la Cinq, laissent imaginer celles qu'il peut être tenté de faire sur la rédaction d'une chaîne dont il est actionnaire...

Depuis qu'il a entrepris d'être candidat aux élections régionales en région Provence-Alpes-Côte d'Azur, il multiplie les interventions, au point d'exaspérer une des vedettes de l'info sur TF1 qui confie : « Il n'y a pas de jour où il n'appelle pour obtenir de passer dans le journal. Et quand on lui envoie une équipe, il agit avec elle comme s'il était le patron, décidant de ce qui doit être filmé, allant jusqu'à déterminer lui-même où doivent être placées les caméras. » Il est déjà le recordman absolu du nombre des passages chez Anne Sinclair, le dimanche, à *7 sur 7*, « non seulement parce qu'il est lié d'amitié avec la présentatrice, explique un des dirigeants de TF1, mais aussi parce qu'il réalise des scores d'audience exceptionnels ; avec 22 %, il arrive en deuxième position, juste derrière François Mitterrand ».

Au cas où le CSA refuserait de rappeler TF1 au respect de l'équité, il pourrait disposer demain d'une tribune permanente sur la première chaîne de télévision française. La régularité des prochaines élections — à commencer par les régionales en Provence-Alpes-Côte d'Azur — en serait faussée.

CHAPITRE 3

UN HOMME D'AFFAIRES EN TROMPE L'ŒIL

Seul Bernard Tapie lui-même, et encore ce n'est pas certain, serait en mesure de raconter l'épopée de sa réussite dans les affaires. Depuis plus de dix ans qu'il fait l'actualité, il a acheté ou vendu plusieurs dizaines de sociétés de toutes tailles. Difficile de percevoir la logique d'entreprise qui a guidé ses choix. De l'imprimerie à la chaussure de sport, en passant par la haute-couture, la décoration de palais pour monarques africains, le pesage, les piles et la distribution de produits diététiques, Tapie aura touché à tout ou presque. Cet éclectisme, ou cette absence de cohérence n'ont pas peu contribué à sa réputation sulfureuse. Incontestablement, Bernard Tapie est atypique. Et l'establishment n'apprécie guère ce qu'il ne comprend pas. Le président de l'OM a pourtant des partisans inconditionnels − et des banquiers fidèles.

Si au plan personnel, sa réussite n'est pas contestable, ses performances industrielles et financières sont diversement appréciées. Les uns pensent qu'il est un authentique entrepreneur ; ils parlent même à son sujet de « génie ». Les autres le qualifient de « pilleur d'épaves » et soupçonnent chacune de ses opérations d'irrégularités. En matière financière, Tapie pratique, comme tout le monde, le secret. Il n'est donc pas toujours aisé de démêler le vrai du faux. Sans reprendre toute sa carrière (ce n'était pas le sujet de ce livre, destiné à faire mieux comprendre son irruption sur la scène politique), nous nous sommes attachés à tenter de décrire la méthode du Tapie entrepreneur. Un homme pour lequel il est difficile de ne pas éprouver de l'admiration quand il parvient, ainsi qu'il le dit lui-même, « au nez et à la barbe de tout le monde, à reprendre le deuxième fleuron industriel allemand ». Mais aussi un homme qui ne respecte aucune des normes en vigueur, ni certaines règles du jeu, ainsi que le soulignent les observations et les critiques qui lui ont été adressées par la COB à plusieurs reprises.

Tapie attire le succès et le soupçon. Parti de rien, dans les années soixante-dix, il est aujourd'hui à la tête d'un groupe qui pèse plus de treize milliards de francs, depuis l'acquisition d'Adidas. Réussite fabuleuse. Mais quand on sait que l'empire Tapie est dirigé à partir des 200 mètres carrés du 24 avenue de Friedland — où il occupe 140 mètres carrés avec son secrétariat, tandis que les cadres dirigeants, quatre à cinq permanents, une standardiste et deux comptables se partagent la surface restante —, on s'interroge sur la consistance réelle de son entreprise. Et dans un univers social et professionnel traditionnellement méfiant, ce « patron », qui n'est jamais au repos et jamais là où on l'attend, dérange.

L'histoire du groupe Tapie donne le tournis à ses concurrents, mais aussi aux observateurs attentifs de la vie économique. Avant l'introduction en Bourse de BTF (Bernard Tapie Finance) il était quasiment impossible de suivre les évolutions d'un ensemble disparate. D'autant plus que les informations qu'il donnait sur ses affaires fluctuaient de déclaration en déclaration. Aussi bien sur le nombre de sociétés contrôlées que sur leur chiffre d'affaires et le personnel employé. Non seulement la plupart des entreprises qu'il a rachetées sont rarement demeurées longtemps dans son portefeuille, mais il a tellement multiplié les annonces spectaculaires non suivies d'effets que pour dresser un tableau exact de son groupe, il faudrait s'y consacrer à plein temps pendant plusieurs années... Wrangler, Look, Mic-Mac, Vivalp, Wonder, Mazda, Toshiba (France), Paccard, Grès, on ne compte plus les entreprises qu'il a achetées pour les revendre en un temps record. Kickers, Patrick, Karting, Moulinex, Dunlop, Boussac, les chantiers de La Ciotat, les Cycles Mercier, autant de boîtes dont il a annoncé, un jour, la reprise, sans que ses projets aient été suivis d'effets. Pas étonnant dans ces conditions que cet homme suscite au moins autant le doute que l'admiration. Quand il introduit BTF sur le second marché, des analystes financiers sérieux ont ainsi refusé de croire à la consistance de son groupe. Ainsi Bernard Barnier, de la charge Didier Philippe, conseillait à l'époque de « s'abstenir » d'investir dans cette nouvelle valeur. De son côté, Laurent Saint-Aubin, de chez Schelcher-Prince, était encore plus sévère : « Selon les méthodes d'évaluation orthodoxes, fondées sur le bénéfice ou l'actif net comptable, le groupe BTF vaut zéro. » Le public n'a pas entendu les réticences de ces experts. Il a préféré croire Bernard Tapie qui promettait alors de s'assagir, d'être « un peu moins cow-boy, un peu moins trapéziste ». Et, au moment de l'introduction, 6 700 000 actions furent demandées pour 615 000 offertes. Tapie déjoue tous les calculs des professionnels.

Depuis des années, il ne se passe pas de semaines que tel membre de l'establishment, ou tel journaliste spécialisé, n'annonce la déconfiture prochaine de cet homme d'affaires hors normes. A chaque changement de cap, ou à chaque difficulté, les Cassandre prévoient son effondrement. Ainsi, quand il revend Look et Wonder, Jacques Jublin, de la *Tribune de l'Expansion*, pense que le temps est venu pour lui de rentrer dans le rang : « Lui qui ambitionnait d'être le "Jean-Luc Lagardère des années 80" a échoué de façon éclatante. Le voici qui "déchausse" de Look après s'être débranché de Wonder. Le projet planétaire d'être un grand des piles et le champion des fixations s'est envolé... Les Bernard Arnault, Vincent Bolloré sont arrivés, les Antoine Seillère sont de retour ! Bernard Tapie ne joue pas dans la même division... Le voici devenu "petit patron" et député, alors qu'il se promettait d'être la référence mondiale des managers français. » Analyse fondée en juillet 1989, alors que Tapie a effectivement renoncé à ses grandes ambitions industrielles — pour réaliser des bénéfices substantiels. Mais, une année plus tard BTF acquiert Adidas ! Les observateurs les plus attentifs éprouvent ainsi les plus grandes difficultés à comprendre la démarche d'un homme qui ne joue jamais le même jeu que les autres.

Un raider méthodique

Les Français n'ont jamais aimé l'entreprise, et les patrons n'ont pas une très bonne réputation. Les choses se sont certes améliorées depuis une quinzaine d'années, mais notre pays conserve une méfiance viscérale à l'égard de l'argent. Et, dans l'univers patronal, les repreneurs d'entreprises en difficulté ont moins encore la cote. Bernard Tapie appartient à cette catégorie. Une partie des reproches qui lui sont généralement adressés, tiennent au moins autant à sa profession qu'à sa personnalité. *A priori*, un homme qui a construit sa fortune sur la faillite des autres n'attire pas spécialement la sympathie. Et comme il est le plus connu de tous les repreneurs de sociétés en difficulté, il a focalisé sur lui des critiques qui visent son type d'activité. D'autres ont exercé le métier de redresseur de « canards boiteux » de l'industrie, en réalisant des profits substantiels ; y compris certains grands noms de l'establishment... Ils l'ont fait avec suffisamment de discrétion ou de faux-nez pour ne pas faire l'objet de la même réprobation que Tapie. Il est vrai aussi que ce dernier aurait souffert de n'être pas vedettisé. Et sa devise personnelle pourrait être : « Qu'on en parle, en bien ou en mal, peu importe du moment qu'on en parle. »

Bernard Tapie n'a pas inventé la technique de la reprise de sociétés en péril. Il l'a perfectionnée, au point que dans ce registre il est devenu un véritable Paganini. Pour réussir une opération profitable à partir d'une entreprise en déconfiture, il faut être capable de réunir un certain nombre de conditions :

1º Repérer une firme endettée dont l'actif est supérieur au passif. Pour intervenir avec des chances d'emporter l'affaire, il convient de cultiver un réseau d'informateurs bien placés. L'idéal est évidemment de pouvoir compter sur les juges des tribunaux de commerce. Ils sont avertis, avant tout le monde, des opportunités. Tapie a su, très tôt, se constituer de solides amitiés dans ce milieu. A commencer par l'homme qui est devenu, depuis, son principal banquier, Pierre Despesailles, président de la SBDO (Société de banque occidentale, filiale du Crédit Lyonnais). Le président de l'OM explique ses liens privilégiés avec Despesailles : « Quand j'ai fait Cœur Assistance, j'ai été condamné. Un des juges était Despesailles. Il s'est aperçu qu'il m'avait condamné à tort... D'où l'amitié. » De son côté, le banquier explique l'étroitesse des liens qui l'unissent à l'homme d'affaires par la compétence de ce dernier : « Il a un talent qu'on ne peut nier. Il sait mettre en avant les points forts que les anciens propriétaires de l'affaire n'ont pas su découvrir, et surtout la revendre aux meilleures conditions. » Peu importe que l'association Despesailles/Tapie ait pour origine l'affection ou l'intérêt. Ce qui compte c'est qu'elle a largement facilité la réussite de l'homme d'affaires.

2º Le repreneur d'une affaire doit, avant toute chose, obtenir le dépôt de bilan. En règle générale, les propriétaires à qui l'on reprend l'affaire ont répugné à cette solution, vécue par eux comme une défaite personnelle. Le raider, lui, n'a pas ces états d'âme. Et le dépôt de bilan permet de négocier un concordat. Résultat : le gel de l'intégralité du passif. L'entreprise peut continuer à fonctionner, mais le paiement de ses dettes est différé à l'expiration du plan de redressement. C'est seulement à ce moment-là que l'opération commence à devenir juteuse. Du moins si le repreneur est habile. Il est en effet en mesure de racheter, très en dessous de leur valeur, les créances détenues par des tiers. « Il s'agit, explique un ancien collaborateur de Bernard Tapie, de proposer aux créanciers de leur payer tout de suite un pourcentage minime de ce que leur doit l'entreprise en règlement judiciaire. En faisant valoir que mieux vaut percevoir dix immédiatement que cent des années plus tard, d'autant plus que le règlement final est loin d'être certain... Surtout si parallèlement vous avez fait circuler des rumeurs alarmistes sur les chances de redressement. » Cette opération accomplie, le repreneur peut se régler à lui-même les créances qu'il a rachetées, puisque la trésorerie de l'entreprise admise au bénéfice du concordat est redevenue positive.

3º Une fois les créances rachetées au rabais, l'opération suivante consiste à vendre une partie des actifs. Principalement les immeubles, aisément négociables. Après la reconstitution de la trésorerie, le repreneur parvient ainsi au retour au bénéfice (d'autant plus rapide qu'il procède à un dégraissage des effectifs). Dès lors la société est non seulement présentable, mais aussi revendable. Achetée pour un franc, elle est alors recédée avec un bénéfice qui peut être considérable. Surtout si le repreneur agit rapidement. La fortune de Tapie a ainsi pour origine la multiplication de plus-values vite engrangées, comme dans le cas de Wonder, où il a multiplié en deux ans sa mise initiale par vingt-cinq (Avec son partenaire Francis Bouygues, dont il dit qu'il a « mis 60 millions sur la table pour voir un faisan ou un vrai bon »... L'entrepreneur de travaux publics a retiré plusieurs centaines de millions à partir de sa mise initiale. Preuve que, dans cet exercice, Tapie est « un vrai bon »).

Si Bernard Tapie n'est pas le seul à exercer l'activité de repreneur d'entreprises en difficulté, il apporte à ce « métier » une touche personnelle. Tout d'abord son flair, qui l'amène pratiquement toujours à jeter son dévolu sur des marques porteuses. Wonder, Look, Grès sont des sociétés qui, même en difficulté, bénéficiaient d'un capital notoriété qu'un bon vendeur — et Tapie est un vendeur exceptionnel — était en mesure de faire fructifier. Il choisit ses cibles avec une intuition remarquable. Et, lorsqu'il se trouve en concurrence sur une société à la recherche d'un repreneur, il agit avec une telle célérité qu'il emporte généralement l'affaire. La rapidité avec laquelle il mène les actions de commando, provoque quelques agacements et pas mal de jalousie. Elle est pourtant à porter à son crédit.

Autre atout de Tapie, son charme qui peut se révéler irrésistible. Lorsqu'il reprend La Vie Claire, en 1980, il séduit littéralement les actionnaires. Le jour où il doit plancher devant l'assemblée générale, il passe derrière deux autres candidats à la reprise. Le premier a fait un exposé financier technique, passé largement au-dessus de la tête des assistants. Bongrain, le deuxième concurrent, a fait l'erreur de parler, aux actionnaires végétariens de La Vie Claire, des produits d'origine animale qu'il commercialise. Isabelle Musnik, dans son livre, *Tapie, les secrets de sa réussite*, raconte : « Un petit vieux sec, sec, très sec — comme un hareng-saur de Charles Cros —, se lève et outré, lui dit : "En somme, Monsieur, vous n'êtes qu'un fabricant de fromages !" Et le pauvre Bongrain se fait conspuer par toute la salle... C'est alors qu'arrive "Super-Tapie", mince, bronzé, œil de velours, véritable réclame pour La Vie Claire. Il fait un exposé émouvant en faveur des aliments sains, du sport. La salle en a la larme à l'œil. C'est le triomphe. Les actionnaires à la quasi-unanimité renoncent à leur droit préférentiel de souscription. Tapie a gagné. »

Bien sûr les lendemains ne sont pas toujours conformes aux promesses sur lesquelles il s'est engagé. Mais l'art de la séduction comporte une part de jeu et de dissimulation. Et les plus coupables sont ceux qui se laissent prendre, pas celui qui trompe. Il y a en effet quelque hypocrisie à reprocher à cet homme son cynisme en affaires. D'autant plus qu'il a l'honnêteté de ne pas dissimuler ce qu'il est. Ceux qui acceptent de passer un marché avec Tapie n'ont qu'à se renseigner sur le personnage. Avec un homme d'affaires capable de dire après avoir revendu Look 260 millions de francs (alors que l'affaire était chroniquement déficitaire) : « J'ai trouvé un corniaud pour mettre 260 millions pour racheter une entreprise qui valait moins quelque chose », il vaut mieux dîner avec une longue cuiller !

Que Bernard Tapie prenne beaucoup de liberté avec les faits, qu'il soit capable de travestir ses intentions réelles pour obtenir le gain d'une affaire n'est pas contestable. Un de ses collaborateurs raconte, admiratif : « Il est capable de dire, les yeux dans les yeux, à l'acheteur potentiel d'une de ses sociétés : "J'ai fait des bénéfices avec cette affaire", alors qu'il a devant lui un bilan qui démontre exactement le contraire. » Ce témoin — qui n'est plus dans le groupe Tapie — ajoute : « Il ment comme quelqu'un de bien élevé n'oserait pas le faire ! » Voire. La bonne éducation n'est pas forcément un gage de bonne conduite dans les affaires... Le plus surprenant est bien que beaucoup d'interlocuteurs de Tapie se laissent berner. Et si, par exemple, les AGF ont cru ses promesses de transférer toutes les polices d'assurance d'Adidas contre l'engagement, à ses côtés, de cette compagnie, l'étonnant n'est pas qu'il n'ait pas tenu l'engagement, mais que ses interlocuteurs l'aient cru sur parole. Comme le dit le proverbe néo-calédonien : « Les promesses rendent les couillons joyeux. » En affaires, Bernard Tapie frime, il annonce monts et merveilles ; avec lui, c'est presque toujours : « Demain on rase gratis. » Mais ceux qui traitent avec lui sont rarement des enfants de chœur. Ils lui font confiance parce qu'ils y trouvent leur intérêt (quelle que soit leur motivation) et sont dès lors mal fondés à se plaindre s'ils se sont trompés ! Le problème commence quand Bernard Tapie applique les pratiques qu'il utilise dans ses opérations financières à la vie politique.

La méthode Tapie est performante. Elle n'est cependant pas sans risques. La réussite lui est si souvent montée au cerveau qu'il lui est arrivé de dépasser les bornes. Hâbleur, roublard, il parvient souvent à emporter la conviction de ses interlocuteurs en avançant des affirmations parfaitement fantaisistes. Mais il pousse quelquefois un peu trop loin. Il lui arrive de se tromper de public. Cela lui a valu quelques déboires et une perte de crédibilité auprès des analystes financiers. Quand, par exemple, il affirme sans rire pour crédibiliser son projet de reprise des chantiers navals de La Ciotat : « Construire des bateaux, je sais faire. J'ai fait le mien. » Son bateau, c'est celui d'Alain Colas. Il l'a racheté à Teura, la veuve du navigateur. Et, s'il s'est montré performant à cette occasion, ce n'est pas comme architecte naval... Pour reprendre le quatre-mâts de Colas, il a eu deux bonnes idées. Contrairement aux autres repreneurs, il n'a pas eu peur des dettes qui grevaient le navire. Alain Colas avait fait effectuer de nombreuses réparations sur le Club Med par les chantiers de la Marine nationale à Papeete. Le montant de la facture avoisinait les dix millions de francs.

Une fois propriétaire du bateau, Tapie n'a posé qu'une question aux créanciers de la Royale : « Avez-vous les bons de commande ? » Colas traitait avec la Royale sur parole. A la confiance... Deuxième performance de Tapie, il est parvenu à convaincre Teura Colas de lui céder le bateau, alors qu'elle l'avait refusé à plusieurs autres candidats. La veuve du navigateur disparu en 1978 pendant la Course du Rhum sur son trimaran Manureva, refusait toute transaction faute d'avoir l'aval d'un conseil un peu particulier. Une sorte de devin censé la protéger, elle, ses enfants et le bateau d'Alain, contre l'influence néfaste des tupapahus — les esprits malins que craint, peut-être à juste titre, tout bon Tahitien. Lorsque Tapie se porte acquéreur, les tupaphus ne se sont pas manifestés. Les voies du seigneur sont impénétrables...

Autre exemple de la tendance de Bernard Tapie à proférer n'importe quoi : lorsqu'il réunit des analystes financiers, pour leur exposer les données de l'introduction de BTF au second marché, il est pressé de questions. Pour une fois, il trouve en face de lui des interlocuteurs qui ne s'en laissent pas compter, qui demandent des chiffres vérifiés et fiables et se méfient des effets d'annonce. Tapie tente de se sortir de ce mauvais pas par une pirouette. Il écarte les questions trop délicates, en tentant d'instaurer entre lui et cet auditoire rigoureux et tatillon une complicité sur le thème : pas de ça entre nous puisque « nous avons fréquenté les mêmes écoles ». Ce jour-là, et devant ce public-là, Tapie-le-séducteur fait un fiasco.

Porté à la forfanterie et à la mégalomanie, Tapie peut également se laisser aller à certaines imprudences. Elles lui procurent certaines déconvenues financières et peuvent, à l'occasion, le placer en délicatesse avec la légalité. Le *wonder-kid* des affaires commet parfois des erreurs. Son succès est, en partie, dû au fait qu'il conserve une structure hyper-légère. Sans doute à juste titre, il se méfie des machines trop lourdes. Son staff est peu nombreux pour rester adaptable et opérationnel en toutes circonstances. Mais s'il n'est pas envahi par les pesanteurs administratives, il est à la merci d'une erreur comme d'un document contractuel insuffisamment contrôlé. A deux reprises, son refus des structures rigides lui a joué un tour. Face aux anciens propriétaires de Look, auxquels il a dû verser une rallonge de 20 millions de francs. (L'acte de vente laissait aux anciens propriétaires la possibilité de concurrencer la société qu'ils avaient cédée.)

La machine Tapie peut avoir des ratés. En témoignent également les difficultés que l'homme d'affaires rencontre dans ses tentatives de vendre La Vie Claire. Cette firme est la doyenne de son groupe. Acquise en 1980, elle a longtemps été la marque phare. Grâce notamment à l'équipe cycliste emmenée par Bernard Hinault. Mais si la belle vitrine a contribué à la notoriété du patron Tapie, elle n'a pas été profitable. Et Tapie traîne La Vie Claire comme un boulet. Il parvient à en vendre une partie en 1986. Après avoir annoncé qu'il était sur le point de céder la société « à des Américains », il signe avec l'Anglais Booker. Les Britanniques rachètent 38 % des parts pour 7,6 millions de livres sterling (environ 100 millions de l'époque) à la fin du mois de juillet 1986. Début février 1989, le groupe Booker rétrocède ses parts de La Vie Claire au groupe Tapie. Les Anglais avaient introduit, dans le contrat initial, une clause de retour automatique au vendeur en cas de résultats insuffisants. Face à de vrais industriels, la séduction ne suffit pas. Depuis lors, Bernard Tapie annonce régulièrement la cession de La Vie Claire, évoquant, sans les nommer, des « groupes étrangers, anglais ou italiens ». Mais la firme est chroniquement déficitaire ; et malgré son besoin d'argent frais pour assumer ses échéances Adidas, Tapie ne trouvait pas preneur jusqu'à une période récente.

Plus grave encore pour son image, la Vie Claire lui a valu quelques déboires avec ses commissaires aux comptes. En 1989, au moment de l'introduction du titre BTF en Bourse, ceux-ci avaient déclaré « ne pas être en mesure d'apprécier la méthode d'évaluation des actifs » de la Vie Claire... « eu égard notamment aux résultats récents de cette filiale ». Bernard Tapie avait alors mis fin au mandat de ses deux commissaires aux comptes. Ce qui avait valu à BTF la sérieuse remontrance de Didier Kling, le président de la compagnie des commissaires aux comptes de Paris : « Ils sont tombés au champ d'honneur de la profession. » Même si d'autres sociétés que BTF font régulièrement l'objet de remontrances de ce type — y compris des géants comme le groupe Thomson. Comme le dit François Labrouillère, dans le *Quotidien de Paris*, Tapie obtient « le prix citron de la transparence ». Aux dernières nouvelles, une rumeur court suivant laquelle BTF aurait fini par larguer La Vie Claire... à Pierre Botton, le gendre-ennemi de Michel Noir et ancien directeur de la campagne électorale du maire de Lyon et de Michel Mouillot à Cannes. Pas de quoi impressionner le monde de la finance.

Si Tapie peut se retrouver piégé pour cause de structures insuffisantes, il lui arrive aussi de rouler un peu trop près de la ligne jaune. Péché de jeunesse ou pratique excusable, compte tenu de sa personnalité ? C'est ce que semble penser le président du directoire d'Adidas, René Jaëggi, lorsqu'il apprend que son actionnaire principal a été sanctionné par la Commission nationale de discipline de la Fédération française de football pour « manquement à la morale sportive ». Au sein de l'état-major de la firme allemande, la nouvelle sème le trouble. Il est vrai qu'Adidas vient de lancer une campagne de publicité qui revendique, pour la marque aux trois bandes, le concept de morale sportive. Le spot publicitaire proclame qu'il faut « revenir au vrai sport » et montre une boîte d'anabolisants, un joueur de tennis qui frappe le filet de sa raquette et... insulte l'arbitre. Adidas : la marque propre ! Jaëggi réunit les cadres de la firme et défend le nouveau propriétaire : « Il y a peu de gens qui seraient capables de faire en deux cents ans ce que Tapie a accompli en quarante-sept ans. Alors dites-vous bien qu'un type, avec un parcours aussi fantastique, ne peut avoir toujours marché droit ! »

Lorsque Tapie reprend Terraillon, il est accueilli à Annemasse comme un sauveur. Et pendant des années, il va mettre en avant, comme preuve de sa compétence industrielle, les succès de cette société de pesage. Au moment où il doit remettre le portefeuille de sociétés de BTF pour financer une partie de la facture Adidas, chacun s'attend à la cession rapide de Terraillon. Et pourtant, rien ne vient. A cause de la guerre du Golfe ? C'est l'explication fournie par l'état-major Tapie. A y regarder de près ce n'est ni la seule, ni surtout la bonne. Après quelques années Tapie, la société connaît de graves difficultés. Comme le dit Guy Pol, responsable CGT de l'usine d'Annemasse, « si rien ne se passe, l'usine disparaîtra. Quand Tapie aura tiré tout le jus, il laissera tomber ». Et le syndicaliste parle devant les caméras de la télévision suisse romande du « délabrement du parc » et d'une « usine cassée ». Comment un tel renversement a-t-il pu se produire ? Il semble que Bernard Tapie ait trop chargé la barque. Il s'est payé sur la bête. La société Terraillon paie son jet (avance de 1 400 000 F), participe pour 1 829 040 F au financement de l'équipe cycliste de Tapie, et elle a versé 1 600 000 F d'honoraires à son propriétaire (sur ce point, elle n'est pas la seule firme, intégrée dans un groupe, mise en difficulté par des « *fees* » trop élevés versés au centre...). Plus grave, Bernard Tapie a vendu des immeubles appartenant à Terraillon. Les sommes perçues ont été comptabilisées en profits. Mais Terraillon est sous contrôle judiciaire. Le syndic, Mᵉ Olivier Descloux, rappelle alors que « les immeubles ne peuvent être vendus sans sa signature » (ou alors le produit de la vente doit être affecté aux créanciers hypothécaires). Par insouciance, ou parce qu'il est convaincu que ses appuis politiques lui assurent l'impunité, Tapie se retrouve sous le coup d'une plainte pour tentative de détournement d'actif (délit pénal). Prudemment, le député de Marseille a abandonné toute fonction au sein de Terraillon en novembre 1990. Saisie par le syndic, la justice avance sur cette affaire à la vitesse de l'escargot.

La méthode Tapie par l'exemple : l'affaire Paccard

Toutes les affaires menées par Bernard Tapie n'ont pas fait la une des journaux. La manière dont il a repris, en 1987, la société de l'architecte-décorateur André Paccard a donné lieu à peu d'échos dans les journaux (du moins à Paris, car la presse régionale et la presse helvétique y ont consacré de nombreux articles). L'affaire Paccard permet de mieux comprendre le fonctionnement de Bernard Tapie « chef d'entreprise ». Elle vaut d'être contée par le menu.

André Paccard, architecte-décorateur, a monté une entreprise dont la prospérité venait des importants contrats passés avec le roi du Maroc, Hassan II. Talentueux mais porté à la mégalomanie, Paccard a conduit d'énormes chantiers pour le souverain chérifien et la famille royale. Bâtisseur de palais (on lui doit, entre autres, la résidence royale d'Agadir, un palais à l'intérieur duquel est implanté un golf...), il a contribué à faire renaître l'artisanat marocain. Intime du roi, il exerçait une influence dépassant le cadre de ses activités professionnelles, ce qui, de ce fait, lui a valu de solides inimitiés dans l'entourage d'Hassan II. En 1986, il est victime d'intrigues de cour. Il est alors en charge des travaux de réfection de la Mamounia à Marrakech. Le chantier sera mené à bien dans des délais records — cinq mois — mais moins rapidement que prévu, et avec d'importants dépassements par rapport aux devis. Dans l'esprit de Paccard, la chose est sans conséquences. Ce n'est pas son premier dépassement et le roi a toujours réglé les factures supplémentaires rubis sur l'ongle. Mais cette fois-ci, le client — officiellement les chemins de fer marocains — refuse d'acquitter le montant des dépassements. Résultat, un impayé colossal pour la société de Paccard, Atelier 74 : 19 millions de francs. L'entreprise est pratiquement condamnée à la faillite.

La catastrophe atteint non seulement la société d'André Paccard, mais aussi toute la région annécienne. Atelier 74 emploie alors soixante-dix personnes et fait vivre de nombreux sous-traitants qui figurent parmi les créanciers principaux. Chose rare dans ce type d'affaires, ces sous-traitants se déclarent solidaires d'André Paccard espérant qu'il retrouvera rapidement son niveau d'activité, de l'époque où il travaillait pour Hassan II.

Personnage extravagant, somptuaire, Paccard est une grande gueule (le maire d'Annecy, Bernard Bosson, se souvient des télex, comportant souvent plusieurs dizaines de pages, que Paccard lui expédiait pendant des nuits entières pour l'invectiver à propos de tout et de n'importe quoi) mais il est adoré dans la région. Fils d'une des figures locales — Louis Paccard, fondeur de cloches —, l'architecte-décorateur a choisi de faire travailler exclusivement les entreprises de sa région. Il a su aussi, à l'occasion, faire preuve à l'égard de sa ville natale d'une générosité de nabab ; comme lorsqu'il a financé, sur ses deniers personnels, l'implantation d'une fontaine pour embellir une place de la ville. Distribuant son argent sans compter, dispensant un savoir-faire précieux aux entreprises locales, Paccard est, aux yeux de Bosson, « un vrai cœur ». Tout le monde lui pardonne, dès lors, son train de vie ostentatoire — il emploie dix-neuf domestiques entre ses appartements parisiens et sa fastueuse demeure de 1 600 mètres carrés de Perrière, près d'Annecy — et ses extravagances.

Mis en difficulté par la rupture avec le roi du Maroc, l'architecte essaie de diversifier ses contrats. Il obtient une prolongation d'activité de quelques mois, en attendant la signature de nouveaux contrats avec le Gabon et l'Arabie Saoudite. Mais rien ne vient et Atelier 74 est mis en liquidation par le tribunal de commerce d'Annecy, le 27 octobre 1986. Pour relancer son affaire, André Paccard cherche des partenaires. Il s'associe alors avec Francis Van Bürren, un Suisse de Neûchatel, qui lui rachète une de ses filiales, la Compagnie des Bois et Laques (CBL). En mettant 4,5 millions de francs dans cette société, le Neûchatelois permet de sauvegarder le bureau d'études d'Atelier 74. Van Bürren et Paccard se mettent en quête d'un relais financier solide, capable de renflouer l'entreprise. C'est Roland Dana, partenaire de Van Bürren, qui va présenter Bernard Tapie — dont il est l'ami — aux deux hommes.

Lorsque la société est déclarée en liquidation judiciaire, c'est l'effondrement pour tout le monde, puis « Zorro est arrivé ». La rencontre se passe au mieux. Paccard tombe sous le charme de Tapie. Ce dernier lui sort le grand jeu : « André, tu es un mec formidable. Tu as un talent comme c'est pas possible. Un mec comme toi ne peut pas être démoli. On va te remettre en selle. On va faire des choses formidables. On va ouvrir une école d'architecture. » L'architecte reconnaîtra quelques mois plus tard, alors que les deux hommes s'affronteront devant les tribunaux :

« Tapie est un grand séducteur. » Van Bürren et Dana signent, en novembre, avec Tapie, un protocole d'accord comportant une promesse de revente d'Atelier 74. Le document est placé sous séquestre chez Bernard Meille, un conseil juridique, avenue Victor Hugo à Paris, et dans le coffre d'un avocat (il disparaîtra mystérieusement de chez ce dernier...). Curieuse transaction par laquelle Tapie s'engage à recéder une entreprise qu'il n'a pas encore reprise. Les parties sont convenues d'un prix : 50 millions de francs (Atelier 74 ne tourne plus, mais le nom de Paccard ouvre encore beaucoup de portes à l'étranger, et il n'est pas déraisonnable d'imaginer un redressement à terme. D'autant plus qu'André Paccard a apporté ses biens personnels — propriétés et objets d'art — à l'entreprise pour compenser les compte-courant, ce qui rend l'affaire plus attirante).

Peu de temps après, Bernard Tapie se fait attribuer l'affaire par le juge commissaire. Il a emporté l'affaire pour 25 millions de francs. Au *feeling*, Van Bürren et Dana, qui avaient estimé la valeur réelle d'Atelier 74 au double de cette somme, refusent de racheter au prix fixé entre eux et Tapie au mois de novembre. Roland Dana, qui n'avait sollicité le président de l'OM que pour une simple opération de portage, s'étonne : « Mais je suis ton ami ! » Entre-temps, Bernard Tapie a flairé ce qu'il était en mesure de tirer comme profit des actifs d'Atelier 74. Le bilan a été déposé en février 1987. Le conflit est inévitable. André Paccard tombe des nues : « Je lui ai fait une totale confiance, jusqu'au jour où je me suis rendu compte que seuls les actifs immobiliers d'Atelier 74 l'intéressaient. »

Les actifs de la société représentent beaucoup d'argent. Outre la maison de Perrière, ils comprennent la compagnie de bateau du lac d'Annecy (pour laquelle Paccard affirme avoir trouvé « un acquéreur à 18 millions de francs »), le restaurant la Guinguette, le dernier étage du « Président » (l'immeuble le mieux situé d'Annecy), deux appartements quai Kennedy à Paris, et un appartement rue Bonaparte, ainsi que de très nombreuses œuvres d'art et 16 millions de meubles en stock. Le tout vaut au minimum 100 millions de francs. En revanche, la créance marocaine doit être considérée comme définitivement perdue puisque, malgré des interventions au plus haut niveau du gouvernement français de l'époque (Jacques Chirac, sollicité par son ministre Bernard Bosson, a évoqué le problème avec son ami Hassan II), les Marocains font la sourde oreille.

Paccard et ses associés comprennent alors qu'« avec 25 millions de francs, Bernard Tapie aura fait le plus beau coup de sa vie ». L'architecte regrette, mais un peu tard, de s'être livré pieds et poings liés au repreneur d'affaires. Il oublie qu'il s'est laissé embobiner par les flatteries et affirme aujourd'hui que « la grande astuce de Tapie, c'est qu'il discute généralement avec des gens épuisés. Moi, je suis las. Il y a quatorze mois que je me bats ». Mais il ajoute : « Je fais partie des gens qu'il faut descendre à coups de fusil, sinon il y a toujours un moment où je ressurgis. J'ai décidé de me battre pour être, je l'espère, la dernière victime de cette organisation dévoreuse, de ce tentacule qui récupère les entreprises qui vont mal, tout en ayant du bien, et qui lui permettent de mener grand train de vie. Moi aussi, j'aime les grands trains de vie, mais moi, je crée, tandis que lui, il récupère... On déclare la guerre à Bernard Tapie qui n'a qu'un seul but, la liquidation, et se mettre de l'argent dans les poches. J'ai des amis, on va se battre, on va faire le scandale du siècle. » Et il ponctue ses déclarations de ce que le *Dauphiné Libéré* qualifie de « mots extrêmement durs, impubliables ». Réponse de Tapie : « Paccard n'a pas besoin d'un avocat, mais surtout d'un médecin pour soigner sa mégalomanie. »

Paccard fait appel devant la cour d'appel de Chambéry

de la décision d'attribuer d'Atelier 74 à Tapie. A charge pour la cour de dire si l'architecte, qui annonce alors apporter des contrats saoudiens importants, et 10 millions d'argent frais provenant de Francis Van Bürren, peut poursuivre les activités de la société, ou si, selon l'expression de Tapie, ce doit être « Paccard without Paccard ». S'ensuit une série d'accusations mutuelles. Pour l'équipe Van Bürren/Paccard : « Tapie a tout fait pour que nous ne puissions pas respecter les marchés en cours en Arabie Saoudite et pour que nous ne puissions pas signer de nouveaux contrats. » Le groupe Bernard Tapie contre-attaque : « La société COFIMEDIA (appartenant à Van Bürren) a signé un marché avec l'Arabie Saoudite. Pendant ce temps, Bernard Tapie paie les frais quotidiens d'Atelier 74. » Frais élevés, si l'on en croit Robert Faure, représentant de Tapie à Annecy : « L'entreprise a perdu 18 millions de francs. Cette situation ne peut pas durer. Il y a des économies à faire qui passeront certainement par une limitation très sérieuse de certaines dépenses excessives. » Au nombre de ces dépenses, les frais du personnel domestique, payés par Atelier 74 : dix-neuf personnes, cuisiniers, chauffeurs, employés de maison sur un effectif total de 70...

La plupart des collaborateurs d'Atelier 74 soutiennent le fondateur, ainsi que les créanciers locaux et la mairie d'Annecy. Parce que, explique Bernard Bosson, « entre un homme qui a toujours servi notre ville et un autre qui voulait s'en servir, il n'y avait pas à hésiter ». Le maire qui a reçu Tapie, une seule fois, dans son bureau du ministère de l'Intérieur, a essayé de se faire préciser les projets du repreneur. En vain. Bernard Tapie reste flou sur son annonce d'une école des métiers du bois, comme sur toutes ses autres promesses. Malgré tout, le tribunal confirme l'attribution de la société à Bernard Tapie : « Compte tenu de l'importance du déficit déclaré pour 251 215 694 francs, outre les créances du Trésor et des fournisseurs marocains, et du caractère aléatoire des nouveaux contrats, il n'apparaît pas que, même avec l'apport proposé par Van Bürren, il y ait une chance sérieuse de redressement de l'entreprise. »

Tapie a donc gagné. Paccard, lui, va perdre une deuxième fois. Il a en effet remonté une affaire, dénommée APAD (ce qui peut signifier André Paccard Architecte-Décorateur — mais il n'a plus le droit d'utiliser son nom — ou, officiellement Atelier Parisien d'Architecture et de Décoration). Il trouve bien des contrats, justifiant sa thèse selon laquelle « les gens veulent voir Paccard, le nom est devenu une légende qui fait que les marchés se concluent », mais il a mal choisi ses prospects. Il passe des contrats avec l'Irak de Saddam Hussein. L'embargo puis la guerre entraîneront sa deuxième faillite. Les actifs immobiliers sont vendus, au profit de Tapie (Van Bürren et Paccard rachetant eux-mêmes les appartements du quai Kennedy pour douze millions de francs, par l'intermédiaire d'une société luxembourgeoise). Atelier 74 est cédé à Daniel Mentrier et Robert Faure. La société, qui n'emploie plus aujourd'hui que 35 personnes, travaille sur des chantiers au Gabon, en Suisse, à Paris, en Arabie Saoudite et au Maroc, pour le compte de particuliers. Au total, on peut estimer à 140 millions de francs le bénéfice réalisé par Bernard Tapie. Pour une mise de départ de 25 millions et une présence d'à peine deux ans. Aujourd'hui, André Paccard s'est retiré à Biot.

Du bon usage de la politique dans les affaires : Adidas

Avoir des amis bien placés facilite évidemment la vie d'un homme d'affaires. De tout temps, les industriels et les financiers ont cherché à lier avec le pouvoir des relations étroites. Pour Bernard Tapie, les choses ne se sont pas passées de la sorte, du moins à ses débuts. Au moment où il prend du poids, au début des années 80, il est même loin des cercles gouvernementaux. Et, quand il tente de les approcher, il est vivement repoussé. « Pour nous, se souvient un ancien collaborateur de l'Élysée, toujours dans les cercles dirigeants, Tapie n'était qu'un gommeux, un faiseur. » Cette méfiance lui interdira de concourir dans les dossiers Boussac et Dunlop. Mais Tapie ne renonce pas facilement et, dès avant son élection comme député de la majorité présidentielle, il a su se ménager quelques précieux contacts. Ainsi, lorsqu'il reprend Look, il devient un interlocuteur non négligeable pour Pierre Bérégovoy, une des usines de la société se situant à Nevers. Après son élection, à l'Assemblée nationale, il est devenu un « homme de gauche ». Dans son opération Adidas, ce ne sera pas un mince atout au moment de réunir le financement.

Mais, avant d'utiliser ses relations et ses appuis politiques, il va jouer la partie en solitaire. Avec une maestria époustouflante. L'affaire commence en octobre 1989, quand Bernard Tapie reçoit un coup de téléphone de Laurent Adamowicz. Ce jeune banquier de 32 ans est alors chez Paribas — il s'est établi depuis à son compte. Il propose à Tapie de démarcher pour lui des affaires à reprendre (Le député de Marseille s'en étonne d'ailleurs, tant il croyait figurer « sur la liste noire de Paribas »). Adamowicz évoque successivement plusieurs entreprises, parmi lesquelles les skis Rossignol. Le jour où il évoque Adidas, Bernard Tapie réagit au quart de tour : « Si on fait Adidas, je laisse tomber tout le reste. » Et le 15 décembre 1989, Tapie donne à Paribas un mandat exclusif de représentation de BTF pour le rachat d'Adidas.

La grande marque allemande d'articles de sports connaît

des difficultés de deux ordres. Elle est en perte de vitesse sur la plupart des marchés, où ses concurrents Reebok et Nike réalisent des percées spectaculaires. En plus, les héritiers Dassler (les quatre filles d'Adi Dassler, le fondateur, et les enfants de son fils Horst, mort en 1987) sont en conflit ouvert. Adamowicz parvient à joindre l'avocat munichois des quatre sœurs, Ülrich Nehm. Lors de la première rencontre, il hésite à révéler le nom de son client : « Je ne peux pas vous le dire. Tout ce que je peux vous confier, c'est qu'il s'agit d'un industriel français. Sérieux, ayant une vision à long terme. Tout sauf un raider » (source : le *Nouvel Observateur* du 26 juillet 1990). De son côté, Nehm indique la position de ses clientes : « Nous cherchons un partenaire industriel, qui serait minoritaire, qui aurait la bonne image pour Adidas, et qui respecterait la tradition allemande de protection des salariés. » Avec la réputation de Tapie — très éloignée du portrait-robot dressé par Adamowicz, et des conditions posées par les sœurs Dassler — l'affaire parait plutôt mal embarquée. Malgré les engagements pris par les Français (conserver le siège de la société à Herzogenaurach en Bavière, et la promesse de ne pas licencier en Allemagne), la négociation grippe. Tapie va la débloquer lui-même en décidant de changer de tactique. Il décide de prendre langue avec René Jaëggi, le nouveau président du directoire d'Adidas.

Le 10 mai 1990, Tapie et Adamowicz débarquent à l'aéroport de Bâle-Mulhouse. Le chauffeur de taxi corse qui les emmène au rendez-vous demande, pour tout paiement, un autographe à Tapie. C'est plutôt râpé pour la confidentialité et les rencontres ultérieures auront lieu au Bourget, dans les locaux de Transair. Un aéroport d'affaires est, en effet, un endroit qui présente toutes les garanties d'accessibilité et de discrétion indispensables à ce genre de tractations. Pendant ce premier contact, Tapie entreprend de convaincre Jaëggi qu'il a une vraie stratégie industrielle et commerciale pour la firme. « Chez Stöcki », une auberge des environs de Bâle, il attaque entre les cuisses de grenouille et le filet de sole safranée : « Avec Adidas, vous avez tout faux ! Toute votre pub est axée sur Lendl. Vous connaissez, vous, un jeune qui ait envie d'avoir la gueule de Lendl ? » Touché par l'argument, Jaëggi prend au sérieux son interlocuteur, d'autant plus que Tapie lui donne des garanties sur son avenir, en cas de reprise. Il lui promet des *stock-options* et déclare compter sur lui pour assurer le redressement de la société. Mais Jaëggi n'est pas décision-naire. Il faut encore convaincre le président du conseil de surveillance, Gerhard Ziener.

Celui-ci raconte au *Nouvel Observateur* : « Tapie avait une réputation de businessman. Nous avons étudié son parcours, et nous avons vu qu'il était parti de zéro. Or, en France, on sait combien c'est difficile. Chez vous, mieux vaut sortir des grandes écoles, alors qu'en RFA c'est la dernière chose qui compte. » Et l'avocat, Ülrich Nehm, précise : « Quand on a vu les chiffres de BTF, on a eu l'impression d'un petit qui voulait avaler un gros. Mais, comme il avait la caution de Paribas, on l'a pris au sérieux. » Pour faire bonne mesure, Tapie ne se contente pas de convaincre les dirigeants statutaires d'Adidas ; il se lance dans une opération séduction en direction des quatre sœurs Dassler, en leur adressant des lettres où il évoque la future « symbiose entre la France et l'Allemagne par Adidas interposée ». Gerhard Ziener parle d'un Tapie « chaleureux, poli, respectueux »... Un rôle de composition. Et Mᵉ Nehm se souvient d'un Tapie « rapide, précis, comme quelqu'un qui parle en son nom propre. On avait l'impression qu'il pouvait conclure l'affaire sur une simple poignée de mains ».

L'opération Lendl (le nom de code donnée par les Dassler à Bernard Tapie pendant la négociation) aboutit le 4 juillet

1990. Le 7, Tapie l'annonce, à Rome, où il doit assister à la finale de la coupe du monde de football. Il prend ainsi le contrôle d'une entreprise connue mondialement, qui réalise un chiffre d'affaires quinze fois supérieur à celui de BTF. Le 8 juillet, il triomphe dans le *Journal du dimanche* : « On racontait partout : BTF c'est fini et ça, ça me rendait malheureux. J'étais fou de rage. J'avais envie de hurler : "Bande de cons !" Mais j'étais tenu au silence. » Et il affirme avoir gardé jusqu'au bout le secret, y compris avec le gouvernement français : « Si l'on a besoin de confidentialité, mieux vaut ne pas passer de *deal* avec les politiques. » La nouvelle fait l'effet d'une bombe. Mais elle est bien accueillie. Notamment par le milieu sportif. Antonio Samaranch, président du CIO, donne sa caution : « Adidas et le sport ont été intimement liés dès le début avec Horst Dassler. Le fait que ce soit Tapie, qui est un homme de sport lui aussi, qui reprenne la suite, est une assurance pour la continuité de la bonne collaboration entre la firme Adidas et le sport. »

Bernard Tapie, grâce à sa force de conviction et à la célérité avec laquelle il a mené l'opération, a emporté l'affaire au nez et à la barbe de concurrents autrement mieux armés que lui sur le papier (le Japonais Seiji Tsutsumi qui aurait pourtant fait une offre double, le Suisse Klaus Jacobs, ex-Jacobs Suchard). La presse française, qui n'a pas toujours été indulgente à son égard, applaudit. Pour *Les Échos* : « Bernard Tapie devient leader mondial du sport. » Plus mesuré, *Le Monde* titre : « Le groupe Tapie acquiert une dimension européenne. »

Préjugé favorable de la presse, mais aussi au sein même de l'entreprise. Dans la filiale alsacienne de Laudersheim (Bas-Rhin), les reponsables syndicaux CFTC (majoritaires dans l'établissement) se félicitent : « Plutôt qu'un employeur allemand très discret, surtout depuis le décès de Horst

Dassler, peu confiant dans l'avenir, il vaut mieux un patron français médiatique prêt à engager beaucoup d'argent dans le contrôle de la firme. » L'accueil est plus mitigé en Allemagne. Le *Bild am Sonntag* écrit : « Le patron de l'OM a remis à flot pas mal de canards boiteux de l'industrie, mais toujours en licenciant du personnel. Qui connaît l'impitoyable « *money-maker* » et redresseur de firmes ? Tapie est en droit de se faire quelques soucis. »

Tous les commentateurs se posent la même question : l'époque de la chasse systématique aux « canards boiteux » est-elle révolue ? Bernard Tapie peut-il se mobiliser pour un grand dessein industriel ? L'homme qui, après avoir proclamé de grandes ambitions dans le secteur des piles ou de l'équipement de ski et qui s'est dégagé brutalement de Wonder et de Look, dit-il la vérité quand il jure que, cette fois, « il s'agit d'une acquisition sur le long terme, et non pas d'un aller et retour » ? Il fait tout pour le faire croire affirmant qu'Adidas est « l'affaire de sa vie ». Reste un problème de taille à régler, le financement de l'opération. Même si Adidas traverse une période difficile — plus de 100 millions de Deutsch marks de pertes en 1989 —, les résultats de BTF, avec 27 millions de bénéfice net en 89, contraignent Tapie à s'endetter (contrairement à tous ses principes... ou, en tout cas à ses déclarations antérieures). Le 10 juillet 1990, Tapie précise à *Libération* que l'achat d'Adidas serait financé pour moitié par des fonds propres, pour moitié par endettement auprès de banques françaises et étrangères.

Pour dégager des fonds, le président de BTF envisage à la fois une augmentation de capital et la vente des fleurons de son groupe : Terraillon, Testut, La Vie Claire. Pour Terraillon, Tapie a les yeux manifestement plus gros que le ventre. Il annonce au flan la vente imminente de la société, dont il espère retirer « 650 à 700 millions de francs ».

D'après lui, Terraillon « sera cédée avant la fin de l'année 90 » ! Il annonce par ailleurs son intention de céder Donnay — la marque de raquettes de tennis belge qu'il a récemment acquise — à Adidas, après avoir procédé dans un premier temps à l'absorption des raquettes Adidas par Donnay, qui a « une bonne image technologique », mais une taille insuffisante pour se doter d'un réseau de distribution performant (L'Américain André Agassi joue Donnay, alors qu'Adidas n'a plus de grand joueur de tennis sous contrat). En réalité, Tapie revendra Donnay (pour environ 100 millions de francs), mais il ne trouvera pas d'acheteurs pour ses autres sociétés. Terraillon est en perte, Testut n'est plus aussi prospère et La Vie Claire est en déficit chronique.

L'actif net de BTF avoisine 900 millions de francs. Impossible, à partir de cette base, de dégager le 1,6 milliard de francs nécessaire au rachat des parts cédées par les quatre sœurs Dassler (Le prix est d'ailleurs modique puisque l'évaluation d'Adidas se situe, de l'avis de tous les analystes, autour de 3 milliards, et les 80 % rachetés par Tapie valent en théorie 2,4 milliards). Le financement de l'opération passe donc obligatoirement par l'appel à des crédits bancaires. Le 13 juillet, Pierre Despesailles, le président de la SDBO, affirme : « Le dossier de financement est bouclé. » C'est aller un peu vite en besogne. Un certain nombre d'établissements financiers vont en effet se dérober. Et une rumeur fâcheuse de délit d'initiés va peser sur le déroulement de l'opération.

Quelques semaines avant l'annonce de la reprise d'Adidas par BTF, Pierre Despesailles appelle un responsable de la banque Worms. Il lui propose de racheter les titres BTF qu'il détient encore, sur la base des cours de Bourse : soit 138 francs (9 millions). Didier Renaudin, directeur général de Worms, témoigne : « Le 13 juin, M. Despesailles m'a appelé pour me proposer de racheter notre participation dans BTF. Je l'ai contacté le 6 juillet pour lui dire que j'étais vendeur. A ce moment-là, j'ignorais tout de l'opération Adidas. » Toujours chez Worms, on précise avoir demandé à la SDBO : « Y a-t-il un *deal* en cours, allez-vous vendre Testut ? » Réponse : « Non, rien de spécial... » Le lendemain de l'annonce du rachat d'Adidas par BTF, le cours de l'action Tapie flambe, passant de 144 à 220 francs. (manque à gagner pour Worms : 5 millions). Or, au moment où Despesailles fait son offre à Worms, il est averti de la négociation Tapie/Adidas et de sa conclusion imminente. Mais, dit-il : « Les opérations sont déconnectées. Il était prévu que l'UAP (maison-mère de Worms) sorte de BTF. Il s'est trouvé que ça s'est concrétisé au moment d'Adidas. C'est un hasard. » Bernard Tapie assure de son côté : « Je vous donne ma parole que tous les actionnaires étaient informés de l'opération Adidas avant l'annonce du rachat. Ils ont tous su la même chose au même moment, sans exception. » Il laisse d'ailleurs entendre que Didier Renaudin lui aurait fait part de ses doutes sur la qualité de l'opération Adidas avant son annonce officielle... Au Crédit Lyonnais, on confirme la version Tapie : « Worms était « initiée » tout autant que la SDBO au moment de la transaction. Ce ne sont pas des enfants de chœur... » (Ce ne sont peut-être pas des enfants de chœur, mais certainement de très curieux banquiers qui laissent ainsi passer l'occasion de réaliser un profit substantiel quasi certain !) A la banque Worms, on se contente d'un laconique : « Je m'autorise à démentir... Nous avons appris l'opération par la presse. » La COB ouvre une enquête, mais abandonne le dossier rapidement. Il est vrai que malgré la mauvaise humeur manifestée par Worms, la filiale de l'UAP ne s'estime pas officiellement lésée. Une guerre entre sociétés nationalisées, sur fond de délit d'initié, aurait, à l'époque (l'affaire Péchiney n'est pas close) fait quelque peu désordre !

Comme le dit un banquier : « Tapie a pu mesurer, à l'occasion de cette affaire, la façon dont l'establishment l'estimait. » Et beaucoup de banquiers se sont montrés plus que réticents. Paribas, pourtant mandataire de BTF dans la négociation avec les héritiers d'Adidas, décline l'offre d'intégrer le *pool* bancaire. Rue d'Antin, on explique poliment : « On ne peut jouer à la fois le rôle de banque d'affaires et de banque commerciale sur le même dossier. » Rigueur déontologique dont la banque n'a pas toujours fait preuve... Côté étranger, BTF peut compter sur la Bayerische Vereinsbank et Hypobank, les banquiers habituels d'Adidas ; et sur la filiale d'un établissement financier japonais établie à Paris, la Long Term Credit Bank of Japan, qui entre pour 150 millions. Tsunehiro Watabe, le responsable de cette société, explique sa participation : « Nous connaissions déjà bien Bernard Tapie, qui nous a été présenté par Georges Pébereau, avec lequel nous sommes associés au sein de Marceau Investissement. » Côté français, le Crédit Lyonnais est, bien entendu, présent, par l'intermédiaire de sa filiale SDBO, ainsi que la BNP et la banque générale du Phénix (AGF). Mais le Crédit Agricole, partenaire de BTF au moment de l'introduction en Bourse, refuse de s'engager dans l'opération Adidas. Et le « niet » de la banque verte provoque la colère de Tapie.

Le 29 octobre 1990, il déclare à *Libération* : « J'ai eu des problèmes avec certains actionnaires. Jusqu'ici, j'avais trois actionnaires de référence : il y avait le Crédit Agricole, les AGF et la SDBO. Les caisses régionales (du Crédit Agricole), alertées par les dirigeants du RPR, ont tout fait pour casser l'opération Adidas. Les pressions politiques au sein du Crédit Agricole ont été plus fortes que le pouvoir de ses dirigeants. Là-dessus, la presse se met à critiquer l'opération. A ce moment-là, le RPR sent que le coup n'est pas fini. Donc ils foncent et ils font pression. Le Crédit Agricole se dérobe. Au Crédit Lyonnais, c'est la bagarre. La BNP hésite, etc. Au point que le coup foire. Le vendredi, tout le monde est unanime : le tour de table n'est pas ficelé, et c'est vrai... Pendant le week-end suivant, j'ai réussi à monter un tour de table avec des Allemands et des Japonais, Bank of Tokyo en tête. J'ai dit aux banquiers français : "Ce n'est pas compliqué, sur 1,6 milliard, j'ai déjà 1 milliard." Et là, ça a été le contraire. En quatre jours de temps, les Français ont retricoté pour éloigner les étrangers. » Le « retricotage », c'est simplement le soutien des banques nationalisées... Comme le confie un financier à François Labrouillère du *Quotidien de Paris* : « Selon les règles normales du crédit, aucun établissement financier n'aurait accordé un sou pour le rachat d'Adidas par BTF. Mais comment les groupes nationalisés, tels que le Crédit Lyonnais, la BNP ou les AGF, pourraient-ils refuser leur appui au challenger officiel de Jean-Marie Le Pen, à l'ami de François Mitterrand et de Pierre Bérégovoy ? »

La réaction de Tapie est proprement extravagante. En plaçant le débat sur le terrain politique où il n'a rien à faire, il cherche à masquer le caractère acrobatique de son opération. Car s'il y a eu jeu d'influence politique, c'est bien qu'il y a eu pression des pouvoirs publics auprès des établissements nationalisées, pour qu'ils soutiennent Tapie. Et ce que le député de Marseille affirme à propos du Crédit Agricole est tout simplement délirant. A la direction de cette banque, on met les choses au point. Sereinement. « Nous n'avons jamais eu d'hostilité à l'égard de M. Tapie. Notre tendance aurait plutôt été de le trouver spontanément sympathique. D'ailleurs, nous avions participé à son introduction en Bourse. Pour ce qui concerne Adidas, nous avons été prévenus au dernier moment. Le *deal* proposé, si nous avons bien compris, était le suivant : nous étions sollicités pour mettre plusieurs centaines de millions avec une perspective de rémunération faible. Mais dans la mesure où Monsieur Tapie gagnait son pari, c'était lui qui empochait... » A propos des pressions qu'aurait exercé le RPR sur les caisses régionales, on précise à la direction générale : « C'est nous qui prenons des décisions de ce type en conscience... Comme si nous consultions nos 80 caisses régionales pour une affaire de ce genre ! La vérité est que l'on ne s'engage pas dans un mécanisme où l'on assume tous les risques avec, en prime, la certitude que si les choses se passent mal, un homme comme Monsieur Tapie est parfaitement capable de monter au créneau, dans la presse ou à la télévision, pour nous dénoncer, au besoin nominalement... Aucun banquier sérieux — s'il n'est pas tenu, comme c'est le cas des nationalisées — ne peut travailler avec Monsieur Tapie. C'est lui qui mélange systématiquement affaires et politique et non l'inverse. »

Malgré la défection de la banque verte, Tapie parvient à boucler son tour de table. Il a gagné la première partie de son pari. Il lui reste du pain sur la planche. Et d'abord crédibiliser son entrée dans Adidas. C'est d'autant plus nécessaire que ses premières déclarations, en tant que patron de la firme d'articles de sport, surprennent désagréablement en Allemagne, et particulièrement au sein de la société où la culture d'entreprise est une réalité. Le 29 octobre 1990, il élucubre, dans une interview à *Libération* : « La grande nouvelle, la vraie novation, c'est qu'un grand styliste va me faire une collection Adidas, l'année prochaine, Alaïa, Kenzo ou quelqu'un comme ça... On est mieux armé que Saint-Laurent ou Dior car on est beaucoup plus connu. Pour lancer le truc, il faut être arrogant et impertinent. J'ai réfléchi et, mon idée, c'est un modèle Adidas de soirée, pour que les 5 000 bonnes femmes à la mode dans le monde se baladent avec une robe longue et une paire d'Adidas. Dès 1991, un truc en strass, tout en paillettes, hyper-sophistiqué, avec les trois bandes... » Comme l'écrit Philippe Boulet-Gercourt, dans le *Nouvel Observateur* : « La France se marre, sachant qu'il ne faut pas prendre pour argent comptant les paroles du patron play-boy. Mais, à Herzogenaurach, on tremble. C'est tout juste si le village ne ressort pas les vieilles pétoires pour défendre l'honneur de l'empire, gagné de haute lutte sur la cendrée. » Pour calmer le jeu, Bernard Tapie va sortir deux cartes de sa manche. D'abord la nomination de Gilberte Beaux à ses côtés. L'ancien bras droit de Jimmy Goldsmith, ancienne trésorière de la campagne présidentielle de Raymond Barre, rassure par son sérieux les milieux bancaires : « C'est une grande recrue pour moi, dit Tapie, une amie personnelle de longue date. Une femme que j'aime d'amour et que j'admire. » Autre « recrue » de poids, Hans Friedrichs. Ancien ministre allemand de l'Économie de 1972 à 1977, cet ancien patron de la Dresner Bank est président du conseil de surveillance d'Airbus Industrie quand Tapie lui demande d'occuper la même responsabilité au sein d'Adidas. Son arrivée contribue à donner un air de sérieux à l'Adidas de Tapie.

Deuxième souci pour le repreneur : le rétablissement des comptes de la société. En juin 1991, toujours excessif dans l'optimisme, il déclare au *Monde* : « Le bénéfice avant impôt, pour 1990, devrait s'établir entre 80 et 100 millions de DM. » En fait, Adidas sortira bien du rouge au cours de l'exercice 90, mais au prix de la vente de ses filiales Arena, Pony et Le Coq Sportif. Le produit de ces ventes (56 millions de DM) entre pour une large part dans le bénéfice dégagé : 30 millions de DM. La situation d'Adidas est d'autant plus fragile que ses concurrents continuent de progresser plus rapidement que la firme allemande. On comprend, dès lors, les inquiétudes des représentants des salariés du groupe en Europe. Car, comme le dit Jean-Jacques Gaucher, patron de Reebok France : « Nous réalisons 500 millions de francs de recettes avec 80 personnes dans l'hexagone, alors qu'à Laudersheim, ils sont encore 1 000 pour un chiffre d'affaires à peine supérieur à un milliard. » De quoi s'inquiéter du côté syndical, même si Jean-Marie Fiegel, responsable CFTC pour l'usine alsacienne, pense que « la délocalisation (de la production vers l'extrême-orient) se poursuivra, mais on nous a dit qu'il n'était pas question pour l'instant de fermeture et que, si cela devait être envisagé, elle ne se ferait pas sans qu'on ait trouvé une solution sur place ». Peut-être, mais Tapie pourra-t-il sauver à la fois l'emploi dans son usine de Saint-Vincent de Tyrosse (Landes) et à Laudersheim ? En cas de choix, les Landais ont un avantage, ils sont dans la circonscription d'Henri Emmanuelli, président socialiste de la commission des Finances de l'Assemblée. Et ce dernier a certainement une plus grande capacité de nuire à la carrière politique de son collègue des Bouches-du-Rhône que le centriste Adrien Zeller, député de Laudersheim...

Troisième préoccupation de Tapie : le remboursement des dettes qu'il a contractées pour racheter Adidas. Les 80 % du départ et les 15 % repris au groupe de distribution allemand Metro, qui ne souhaitait pas demeurer *sleeping-partner* dans l'opération. Une première échéance de 600 millions tombe en août 1991. Pour y parvenir, « der Tausendsassa » (le surnom que les Allemands lui ont donné, signifie « le flambeur ») va montrer qu'il n'a pas perdu la main et qu'il est capable d'accomplir, sans s'étaler, un triple saut périlleux financier. Alors que les autres entreprises de BTF n'ont toujours pas été vendues, et que même elles s'enfoncent de plus en plus — bien qu'il annonce régulièrement la vente imminente de La Vie Claire à un groupe tantôt italien, tantôt anglais pour 115 millions —, Tapie va réussir un extraordinaire montage qui va lui permettre de desserrer l'étreinte de ses créanciers (Ses 2 milliards de dettes lui coûtent de l'ordre de 200 millions par an). Au mois d'août 1991, Tapie annonce qu'il cède 45 % du capital d'Adidas. L'Anglais Pentland entre à hauteur de 20,05 %. C'est une surprise considérable puisque ce groupe est déjà actionnaire de Reebok, un des concurrents les plus sérieux d'Adidas, dont il détient 13 %, mais qui a été écarté du conseil d'administration.

Plus spectaculaire encore, la vente d'actions aux banquiers auxquels il a emprunté, un an auparavant, les capitaux nécessaires à l'acquisition d'Adidas. Le Crédit Lyonnais prend 8 %, la banque des AGF, 5 %. Ces deux sociétés d'État transforment ainsi leur créance en capital. Autre rebondissement, Worms prend 2 % du capital. Et Didier Renaudin explique : « Dans les affaires, nous ne sommes jamais au plus mal ; parfois nous avons seulement des intérêts divergents. » Et un patron de banque nationalisée n'a pas les mains libres. En somme Tapie, le député de la majorité présidentielle, apporte la preuve que les privatisations ne sont pas seulement nécessaires pour des raisons économiques, mais aussi pour des raisons morales. Dernier volet de cette restructuration du capital d'Adidas, Gilberte Beaux et René Jaëggi souscrivent 5 %.

Adidas, qui valait 1,8 milliard en juillet 1990, vaut désormais, après augmentation de capital, entre 2,5 et 2,8 milliards. L'opération a permis de trouver 1,267 milliard. Et Tapie rembourse non seulement les 600 millions de l'échéance du 15 août 1991, mais aussi, par anticipation, 675 millions d'emprunt et de frais financiers. Du grand art ! Interrogé sur la cohabitation avec Tapie, les responsables de Pentland semblent peu se soucier de celui qui demeure encore l'actionnaire majoritaire : « Peu importe l'homme.

En réalité, il ne prendra aucune décision concernant la gestion d'Adidas. Le pouvoir appartient à René Jaëggi et nous pensons que les décisions prises pour redresser l'entreprise vont dans la bonne direction. » En somme, on pense à Londres que l'intérêt de Tapie pour Adidas est bien moins industriel que financier. Et, à cet égard, force est de reconnaître que le fabricant de chaussures de sport aura permis à Tapie d'arrondir sa fortune. Adidas valait 550 millions de DM en juillet 1990. A 850 millions de DM, après l'augmentation de capital d'août 1991, Bernard Tapie a gagné 500 millions de francs.

Aujourd'hui, la question est clairement posée de savoir combien de temps encore Tapie restera dans « l'affaire de sa vie ». Le député de Marseille a attrapé le virus politique. Lui-même affirme qu'il songe à accomplir une complète reconversion. Pour bouter Le Pen hors de Provence-Alpes-Côte d'Azur ? Pour aller encore plus loin ? Ou parce que le temps des exercices financiers funambulesques est révolu ? Pour un socialiste qui a ses entrées à Bercy, comme à l'Élysée, « il est désormais condamné à la fuite en avant ». Une carrière politique présente pour lui deux avantages décisifs : l'immunité parlementaire et la possibilité de pousser des cris d'orfraie chaque fois qu'il est mis en cause, en dénonçant les manœuvres ourdies par des adversaires politiques.

Deuxième partie

La méthode Tapie appliquée à la politique

CHAPITRE 4

LE DÉPUTÉ DE MARSEILLE

Pour entrer au Palais-Bourbon, il a dû s'y reprendre à deux fois. Battu de 84 voix, le 12 juin 1988, par Guy Teissier (UDF/PR), il ne l'emportera qu'en janvier 1989, avec 623 voix d'avance. Cette élection serrée, gagnée en deux épisodes, illustre la complexité des rapports de Bernard Tapie avec la gauche marseillaise. Elle est révélatrice des méthodes politiques du patron de l'OM.

Majorité présidentielle contre PS

François Mitterrand réélu, triomphalement, président de la République le 8 mai 1988 par 54 % des voix contre 46 % à Jacques Chirac, décide de dissoudre l'Assemblée nationale, élue à la proportionnelle le 16 mars 1986. Au grand dam de certains leaders de l'opposition, parmi lesquels Valéry Giscard d'Estaing et la plupart des dirigeants CDS. Une fois Jacques Chirac sévèrement battu, les responsables UDF avaient alors espéré mettre un terme à la domination du RPR sur la droite française. En prenant pour argent comptant le slogan de la campagne électorale de François Mitterrand, « La France unie », ils avaient pensé pouvoir participer au gouvernement, constituant avec les socialistes élus en 1986 une sorte de « grande fédération », inspirée de la démarche de Gaston Defferre, en 1963. Avec l'espoir de marginaliser les héritiers du gaullisme.

Mais « l'ouverture » envisagée par François Mitterrand ne ressemble en rien à celle dont rêvent alors Giscard et Méhaignerie. Et, comme en 1981, le président dissout l'Assemblée nationale, convaincu que, dans la foulée de son 54 % du 8 mai 1988, il parviendra sans peine à faire élire une majorité selon son vœu, le CDS, prisonnier de la pesanteur électorale — ses députés sont pratiquement tous élus à droite — rompt les négociations en cours avec l'Élysée. Jean-Louis Bianco, le secrétaire général de l'Élysée, prévient François Mitterrand : « En ce qui concerne Méhaignerie et ses amis, nous sommes dans l'impasse. Ils continuent de subordonner leur participation à la non-dissolution. »

Ç'en est fini de la grande ouverture. Pourtant, le président de la République ne souhaite pas trouver en face de lui une majorité socialiste homogène. Ses relations avec le PS se sont, en effet, brutalement détériorées au lendemain de sa réélection. Il n'est pas parvenu à imposer Laurent Fabius à la tête du Parti pour succéder à Lionel Jospin démissionnaire. Les socialistes, au premier rang desquels se trouvent des mitterrandistes historiques, refusent d'obtempérer et désignent Pierre Mauroy. Le 14 mai, à deux heures du matin, le courant mitterrandiste choisit Mauroy contre Fabius par 63 voix contre 54. Les socialistes sont entrés dans « l'après-Mitterrand », selon la formule d'Éric Dupin. A l'occasion de l'ascension traditionnelle de la roche de Solutré, le week-end de la Pentecôte, le chef de l'État fait part de sa mauvaise humeur aux journalistes présents, allant même jusqu'à sembler souhaiter la défaite des socialistes quand il affirme qu'il n'est « pas sain qu'un parti dispose, à lui seul, de la majorité à l'Assemblée nationale ».

Il faut pourtant une majorité pour gouverner. Et les équipes élyséennes se mettent en chasse pour recruter des candidats non socialistes. Ils seront étiquetés « majorité présidentielle ». La pêche est largement infructueuse. Jean-Louis Bianco, secrétaire général de l'Élysée, ne remonte dans ses filets que du menu fretin politique : Lionel Stoléru dans l'Oise (il sera élu), Bernard Kouchner dans le Nord (il sera battu). Le PS ne céde en effet pratiquement aucune bonne circonscription. Et les candidats ne se précipitent pas pour participer à cet ersatz d'ouverture. Jean-Pierre Soisson préfère ainsi se faire élire, comme il l'a toujours fait, par la droite. Il ne découvrira la « France unie » qu'en échange du portefeuille de ministre du Travail.

C'est dans le cadre de cette recherche des candidats *free-lance* de la majorité présidentielle que Bernard Tapie, dont le nom est suggéré par Jean-Louis Bianco et Jacques Pilhan, conseiller en communication très écouté de François Mitterrand, prend son billet pour la politique.

Mitterrand/Tapie : rencontre du troisième type

Peu d'hommes sont aussi dissemblables que François Mitterrand et Bernard Tapie. Ni leurs origines, ni leurs parcours, ni leur philosophie de la vie ne les portaient à se rencontrer ; *a fortiori,* à se séduire mutuellement.

Le président est un provincial, profondément enraciné dans la terre. Tapie est un enfant des banlieues. Les arbres et les champs ont constitué, depuis toujours, l'horizon du premier. Celui du second est fait des cités HLM et de l'univers pavillonnaire de la ceinture ouvrière de Paris. Mitterrand est un littéraire humaniste, passé par l'école libre des sciences politiques et le barreau. Tapie a fait ses classes à l'école communale avant de passer un diplôme de l'enseignement technique. Autant le chef de l'État est un conceptuel, autant Tapie est avant tout un esprit pratique ; tout les sépare. Et, par-dessus tout, leur rapport à l'argent. Mitterrand affecte de n'avoir jamais un sou sur lui — au point que bien peu nombreux peuvent prétendre l'avoir vu régler une note de restaurant au cours des escapades qu'il affectionne tant Tapie est l'exact contraire du président. Il aime l'argent et l'étale volontiers ; l'hôtel particulier de la rue des Saint-Pères, la Porsche, le jet, le quatre-mâts « le Phocéa », l'hélicoptère, il aime montrer ses signes extérieurs de richesse. Dans le milieu d'origine de Mitterrand, un Tapie eût sans doute été affublé de la dénomination, peu flatteuse, de « nouveau riche ». Ce sont ces deux hommes si profondément différents que Pilhan et Bianco vont mettre en présence en 1987.

Jacques Pilhan a rencontré Bernard Tapie, dix ans auparavant, chez Jacques Séguéla, à l'époque où il appartenait au staff de RSCG. Il est lié avec l'homme d'affaires et le rencontre de temps à autre, sans entretenir avec lui de relations commerciales (« je n'ai jamais eu de rapports d'argent avec lui », affirme le consultant). Jean-Louis Bianco, que Jacques Attali — son collègue du Conseil d'Etat — est allé rechercher au cœur des Alpes de Haute-Provence, alors qu'il vivait une expérience écolo-baba cool, joue un rôle essentiel à l'Élysée, en tant que secrétaire général. Mais, faute d'appartenir au parti socialiste, il ne dispose pas d'une réelle influence politique. Dans l'entourage immédiat de François Mitterrand, c'est un handicap. Pour le pallier, il a participé au lancement de l'opération SOS Racisme. Conseillé par Jacques Pilhan, il sera à l'Élysée le parrain politique de Bernard Tapie.

A l'époque de la cohabitation, Jacques Pilhan, qui a complètement supplanté Jacques Séguéla dans le rôle de conseiller en communication de François Mitterrand, est, comme Gérard Collé — son interface à l'Élysée —, soucieux de modifier l'image du président de la République, un moment écornée par la victoire RPR/UDF du 16 mars 1986. A partir du 14 juillet 1986, la cohabitation tourne à l'avantage de l'Élysée. Et le publicitaire est chargé d'établir la stratégie de reconquête de l'opinion, qui placera Mitterrand dans les meilleures conditions pour affronter l'échéance présidentielle de mai 1988 contre son Premier ministre. L'objectif est de rajeunir et dynamiser l'image du chef de l'État. Cela passe par la compréhension dont il fait preuve à l'égard des manifestations lycéennes de novembre/décembre 1986 et par la multiplication des rencontres avec des personnalités de la société civile.

En introduisant Bernard Tapie chez François Mitterrand, Pilhan positionne le président du côté de la « France qui gagne ». Et, dans le même temps, il permet à l'homme d'affaires de réaliser une opération particulièrement payante. Tapie a beau avoir bâti une fortune considérable, il souffre dans l'establishment d'un déficit de considération. En le transformant en interlocuteur privilégié du président de la République, Bianco et Pilhan lui fournissent le meilleur brevet de respectabilité qui soit. Du même coup, explique aujourd'hui un des principaux collaborateurs de l'époque du chef de l'État, « l'illustre tandem Collé/Pilhan fait marcher deux fois la caisse enregistreuse de la société Temps Public ». Interprétation incertaine, puisque Jacques Pilhan et Gérard Collé ne sont pas associés dans cette entreprise. Et, si Pilhan pousse Tapie auprès de Mitterrand, c'est à l'époque dans le seul souci de transformer la perception que l'opinion publique a du président de la République. L'opération réussira au-delà de toutes les espérances de ses promoteurs. Mais elle profitera aussi à Tapie... au point qu'il finira par devenir embarrassant.

Un animal « apolitique »

Quand il rencontre François Mitterrand, Bernard Tapie est à cent lieues du monde politique. Il n'a d'ailleurs jamais voté et n'a pas de carte d'électeur, puisqu'il n'est pas inscrit sur les listes électorales... On s'en apercevra le jour du dépôt des candidatures pour l'élection de la 6ᵉ circonscription des Bouches-du-Rhône. Il faudra avoir recours à l'intervention de Pierre Joxe, alors ministre de l'Intérieur, pour que ce dernier « arrange » le coup. Ses rapports avec le pouvoir socialiste ne sont pas franchement au beau fixe. Celui que la presse présente alors comme un « fils d'ouvrier communiste » (ce qu'il confirme ou dément, selon que cette information l'arrange ou le dessert) ne porte même pas la gauche dans son cœur. Dans une interview à *La Tribune*, le 12 février 1985, il ironise sur ses rapports avec le pouvoir : « La gauche au pouvoir m'a apporté une chose inouïe : elle m'a laissé tranquille. Sauf que j'ai eu droit à un contrôle fiscal du holding, à un contrôle fiscal personnel, à un contrôle fiscal de La Vie Claire, à une inculpation aux douanes. » Il lui reproche, en outre, de ne pas l'avoir aidé en 1984 dans l'affaire Boussac et de lui avoir préféré Bernard Arnault. Quelques semaines plus tard, au Club de la presse du 17 mars 1985, il précise ses relations avec la politique : « Je n'ai pas de rapports avec les pouvoirs publics. J'ai des rapports avec des hommes politiques, de droite et de gauche... mais je ne suis pas en odeur de sainteté. » Il est particulièrement critique contre Valéry Giscard d'Estaing, auquel il reproche d'être intervenu auprès du président ivoirien, Félix Houphouët-Boigny, pour le faire condamner par le tribunal correctionnel d'Abidjan, dans l'affaire du rachat des propriétés de l'empereur Bokassa. Il délivre en revanche un satisfecit au ministre des

Finances, Pierre Bérégovoy : « Je sais aujourd'hui que lorsqu'il existe un jugement d'expulsion d'une usine, il est exécuté, alors que sous Giscard d'Estaing, il ne l'était pas. »

Au cours d'une conférence de presse, à Lyon, le 11 décembre 1985, il rend hommage à Gaston Defferre (qui vient de lui confier les rênes de l'OM) et donne un nouveau coup de chapeau à Pierre Bérégovoy : « Il ne m'a fait qu'une seule fleur : me permettre d'appliquer chez Look la flexibilité avant l'heure. En échange, je lui ai sauvé sa boutique dans son coin. Mais on ne part pas en vacances ensemble et on ne se tutoie pas... » On ne la fait pas à Bernard Tapie ! Avec lui, c'est donnant-donnant, l'homme d'affaires ne croit qu'aux rapports de force. Et la description qu'il fait de ses relations avec le ministre des Finances ressemble au rapport de deux maquignons sur un marché. Mais pas la trace de la moindre conviction politique : « Je ne suis pas de ceux qui se plaignent de 81. A la différence de ceux qui les ont précédés, ils m'ont foutu la paix. Pour autant, je n'ai pas eu de leur part l'ombre d'un cadeau ou d'une subvention... » Une fois au moins, il a cherché l'appui de l'État : lorsqu'il a posé sa candidature à la reprise de l'empire Boussac. Dans cette affaire, il s'est engagé tard, servant de faux-nez à l'UAP et à son associé de Wonder, Francis Bouygues, qui ont vu trop tard le pari juteux que des financiers habiles pourraient tirer des entreprises des frères Willot. Pendant quelques semaines, on verra beaucoup un des adjoints de René Mayer, président du conseil de surveillance de la société Agache-Willot et administrateur de Christian Dior, dans les locaux du 24 avenue de Friedland. Mais l'offre Tapie est tardive et son plan est vague. Pour avoir une chance de l'emporter contre les deux concurrents sérieux que sont Maurice Bidermann et Bernard Arnault, il doit convaincre les pouvoirs publics qu'il peut faire l'affaire. Il rencontre, dans ce but, un collaborateur du président de la République chez une de ses relations, conseiller en communication — profession à laquelle il affirme n'avoir jamais recours... L'entrevue dure moins de trois quarts d'heure. Ce représentant de l'Élysée ne tombe pas sous le charme de Tapie et considère que sa proposition « manque totalement de sérieux ».

Tapie a oublié les contrôles fiscaux et la « plainte aux douanes », dont il se plaignait le 17 mars 1985. Mais s'il apprécie davantage les socialistes, il ne choisit pas son camp. « Si j'ai de bonnes relations avec la gauche, j'en ai aussi avec ceux qui pourraient arriver demain au pouvoir, en tant que chef d'entreprise. » En clair, la politique n'est pas son terrain. Il dit d'ailleurs : « Je ne suis pas de ces socioprofessionnels qui donnent des leçons aux politiques. Un homme d'affaires qui réussit dans les affaires, n'est pas sûr de réussir en politique. Je ne me présenterai nulle part. Je ne serai sur aucune liste. » Pourtant, dans la perspective des élections législatives de mars 1986, il reçoit des offres de presque tous les partis politiques, qui aimeraient profiter de son image de dynamisme et de réussite. Mais Tapie ne cède pas aux sirènes électorales. Le 13 décembre 1985, il s'explique : « Il faut laisser la politique aux hommes politiques. On les a trop discrédités. Franchement, vous nous voyez, Montand ou moi, nous lancer dans l'arène ? Ce serait à mourir de rire ! » Le *Journal du dimanche* du 21 avril 1985 publie un sondage IPSOS, qui teste la crédibilité politique des personnalités les plus médiatiques de la société civile. 12 % des personnes interrogées se déclarent alors en faveur de l'entrée en politique de Bernard Tapie (elles sont 8 % à souhaiter la même chose pour Yves Montand et 2 % pour Jacques-Yves Cousteau).

Interrogés sur le positionnement politique de Tapie, 31 % des sondés le situent « plutôt à droite », 8 % « plutôt à gauche »... Quand l'Élysée enrôlera Tapie dans les fourgons présidentiels, l'opération permettra de ratisser large.

Tapie ne sera donc pas député en 1986. Et, durant la cohabitation, il entretient les meilleures relations avec le gouvernement de Jacques Chirac. Alors qu'il prépare le show de TF1 du 18 septembre 1987, où sera célébré le 2000ᵉ numéro de *Paris Match,* il invite le Premier ministre à participer à l'émission du Zénith. A Matignon, c'est Denis Baudouin qui est chargé d'organiser, avec lui, les modalités de la prestation de Jacques Chirac. C'est peu dire qu'il reçoit Bernard Tapie en traînant les pieds. Le look Tapie n'est pas précisément la tasse de thé de l'ancien chargé de presse de Georges Pompidou. Et pourtant, après deux heures passées avec l'industriel dans la salle du conseil de l'hôtel de Matignon, Denis Baudouin est sous le charme du bagoût de Tapie. Après la réunion, il dit à ses collaborateurs : « Pincez-moi, ce type est encore plus chiraquien que nous ! » Fantastique communiquant, étonnant vendeur. Comme le dit Jean-Claude Colliard, ancien directeur de cabinet de François Mitterrand à l'Élysée, devenu celui de Laurent Fabius à la présidence de l'Assemblée nationale : « Tapie a un art inimitable, celui de faire croire à chacun de ses interlocuteurs qu'il est le seul "mec" dans la vie qui l'intéresse. »

Bernard Tapie explique, dans son autobiographie, sa méthode qu'il nomme « la règle des trois 20 : les 20 centimètres du visage, les 20 premiers mots, les 20 premières secondes. Qu'on le veuille ou pas, les vraies valeurs ne suffisent pas pour réussir. Le plus doué des individus, s'il ne sait pas séduire, s'il ne sait pas conquérir, il risque de rester dans l'ombre ; il ne rencontrera pas forcément des gens qui prendront le temps de découvrir ses trésors cachés. »

Et c'est cet homme sans conviction politique affichée, qui

rencontre François Mitterrand, pendant la cohabitation, avant de devenir, à partir de juin 1988, la figure emblématique de la majorité présidentielle.

Tapie choisit la gauche

Le jeudi 19 mai 1988, les militants du Parti socialiste de la 6ᵉ circonscription des Bouches-du-Rhône sont réunis pour départager les deux candidats à l'investiture : René Olmetta et Gérard Bismuth. Au moment de passer au vote, un responsable socialiste interrompt la réunion : « Un télex est arrivé de Paris, nous demandant de nous retirer et de laisser la place à un candidat d'ouverture. » Le surlendemain, le *Provençal* publie, à la une, la photo de Bernard Tapie, débarquant à l'aéroport de Marignane, en compagnie de Jacques Pilhan, dont le journal souligne qu'il est l'homme de communication de François Mitterrand. Celui-ci estime aujourd'hui avoir été « utilisé » à cette occasion, mais il ne pouvait ignorer, à l'époque, que sa présence à Marseille aux côtés de Tapie serait forcément interprétée de la sorte. Dès ses premiers pas politiques, la filiation de Bernard Tapie est affichée. Candidat de l'Élysée, le repreneur d'affaires est le dernier avatar du mitterrandisme. Selon la formule de François Léotard, la gauche sera allée ainsi de « Jaurès à Tapie ».

Le PS marseillais est en si mauvais état qu'il est contraint de céder aux injonctions venues de Paris. Le choix de Tapie est d'ailleurs certainement le meilleur possible. Le patron de l'Olympique de Marseille est assuré de réaliser un score très supérieur à celui de n'importe quel socialiste officiel. D'autant que la 6ᵉ circonscription des Bouches-du-Rhône n'est pas une terre électorale à proprement parler de gauche. Qui plus est, le parti socialiste marseillais est meurtri par des querelles internes. Il n'en finit pas de régler l'héritage de Gaston Defferre.

L'ancien maire de Marseille a régné sans partage sur sa ville et sur la SFIO, puis sur le PS local, pendant plus de trente ans. Il n'a pas préparé sa succession, multipliant le nombre de ses dauphins putatifs et les opposant les uns aux autres. Lorsqu'il meurt en 1986, au lendemain d'une algarade très vive avec Michel Pezet, premier secrétaire de la fédération socialiste. Les proches de Gaston Defferre ne pardonneront jamais à celui qu'ils appellent désormais le « parricide ». La veuve de l'ancien maire, Edmonde Charles-Roux, et les amis de Gaston Defferre, ont barré la route de la mairie à Michel Pezet, en faisant élire Robert Vigouroux, un professeur de médecine de l'hôpital de la Timone, au fauteuil de maire.

Quand Tapie est parachuté comme candidat aux élections législatives de juin 1988, sa désignation s'inscrit sur fond de querelle socialo-socialiste. Michel Pezet voit, dans son arrivée, une manœuvre de la veuve de Gaston Defferre. En cas de victoire, le président de l'OM deviendrait le favori logique de l'élection municipale de 1989. D'autant que beaucoup pensent, alors, que Tapie est l'héritier souhaité par « Gaston ». Et lorsque Pezet s'apercevra que le parachuté élyséen a une chance non négligeable de gagner cette élection difficile, il mobilisera les militants socialistes contre l'envoyé de Paris.

Les arrière-pensées qui ont présidé au choix de Bernard Tapie pour la 6e circonscription des Bouches-du-Rhône sont difficilement avouables. A ce moment-là, l'Élysée n'a pas encore choisi son candidat à la mairie de Marseille pour 1989. Mitterrand hésite entre Vigouroux et Tapie. La candidature Tapie est un test. Mais il serait imprudent de révéler de pareilles intentions. Le prétexte sera le lancement d'une croisade anti-Le Pen. C'est dans le Midi, et singulièrement dans les Bouches-du-Rhône, que le président du Front national a obtenu ses meilleurs scores au premier tour de l'élection présidentielle, le 24 avril 1988. Pour la première fois de sa déjà longue carrière médiatique, Bernard Tapie adopte une position politique tranchée. Il est l'invité d'Anne Sinclair, à *7 sur 7,* le 1er mai 1988 (entre les deux tours, les télévisions ne peuvent donner la parole à des personnalités qui soutiendraient l'un ou l'autre des candidats restés en lice, en dehors des créneaux de la campagne électorale officielle). Tapie se déclare « prêt à aider ceux qui sont décidés à faire face à Jean-Marie Le Pen... Moi vivant, proclame-t-il ce jour-là, il ne sera jamais maire de Marseille ».

Trois semaines après cette déclaration — dont on peut apprécier rétroactivement la neutralité —, Bernard Tapie est candidat aux élections législatives pour le compte de la majorité présidentielle. Avec un objectif proclamé : combattre Jean-Marie Le Pen qui abandonne Paris — où il avait été élu député, en 1986, à la proportionnelle — pour Marseille. Au printemps 1988, Tapie se lance en politique, comme par jeu. L'Élysée procède à des essais pour les municipales de Marseille. Et le candidat majorité présidentielle de la 6e circonscription des Bouches-du-Rhône fait, quant à lui, un parcours d'entraînement.

Le terrain sur lequel il a accepté de combattre n'est pas des plus faciles. Candidat de la gauche, il a un lourd handicap électoral à remonter. Le 24 avril, François Mitterrand a obtenu 27 % des suffrages ; Le Pen, Chirac et Barre ont porté le total droite à 59 %. Mais, fort de sa popularité due aux succès de l'Olympique de Marseille, il est assuré de faire au moins bonne figure. Même si la victoire est loin d'être acquise d'avance, Tapie fait un pari sans risque excessif.

Il insiste cependant sur les dangers qu'il court : « J'ai

beaucoup plus à perdre qu'à gagner dans cette aventure, mais il y a des moments où il faut faire passer l'intérêt collectif avant son intérêt personnel. Il faut aller là où vous avez le sentiment d'être le plus utile. » L'inconvénient de cette mâle déclaration est que le danger Le Pen n'est pas dans la 6e circonscription, mais là où se présente le leader du Front national, dans la 8e circonscription. A la décharge de Bernard Tapie, il ne s'agit pas là d'une dérobade. Dans cette circonscription où la gauche est majoritaire, le PS a désigné Marius Masse — député en 1981, éliminé en 1986 du fait de la proportionnelle. La fédération PS des Bouches-du-Rhône, encore tenue par Michel Pezet, n'est pas prête à faire la courte échelle à un éventuel adversaire de ce dernier aux futures élections municipales. Elle a d'ailleurs également éliminé Robert Vigouroux qui, ne voulant pas laisser à Tapie le monopole du combat anti-Le Pen, s'était déclaré prêt à affronter le président du Front national, arrivé en tête dans sa ville au premier tour de l'élection présidentielle. Obligé de renoncer à affronter Le Pen, dans la 8e circonscription, Vigouroux se retire de la compétition, non sans accuser les amis de Michel Pezet : « Candidat auprès du Parti socialiste, je ne briguais pas de mandat pour moi-même, mais cherchais à réaliser le meilleur score. La fédération socialiste des Bouches-du-Rhône s'est opposée à ma prise de position. Cette situation exceptionnelle, d'un enjeu national, n'a pas été classée parmi les cas d'exception. Au contraire, la fédération a décidé d'engager des procédures de désignation internes et hâtives. J'avais pris mes responsabilités. D'autres ont pris les leurs. Je les prends à nouveau, à regret et forcé. » Robert Vigouroux prend date.

Bernard Tapie affirme pour sa part comprendre la fédération socialiste marseillaise. Lui joue le jeu : « Il faut effectivement battre le Front national. Mais il faut le battre de deux manières ; par des réponses politiques, ce n'est pas mon métier, Michel Pezet et ses amis savent le faire. De mon côté, je vais essayer d'apporter une réponse au problème du chômage. » Difficile de trouver plus discipliné que le flamboyant président de l'OM. Vigouroux joue en défense avec comme seul objectif de contrer Pezet ; Tapie, lui, ménage encore le premier secrétaire de la fédération PS locale : « On m'a donné un point de chute. Je ne connais pas les gens qui y sont. Ce qui est sûr, c'est que je vais travailler très fort, pour essayer, dans ce petit endroit, de faire la démonstration que le chômage n'est pas une fatalité... Le Pen, on va lui parler. Ce qu'on va lui dire, depuis la 6e circonscription, il l'entendra dans la huitième, et il l'entendra même partout. » Remarquable modestie de la part de cette star de la télévision. Pourtant, les observateurs de la vie politique ne se trompent pas sur l'importance de l'événement. Bernard Tapie entre alors sur la scène politique en fanfare. Et les auteurs du *Bébête show* annoncent, le 5 juin, qu'ils s'apprêtent à le faire figurer dans leur émission. Le voilà consacré avant que d'être élu.

Législatives 88 : la partie de poker-menteur

Michel Pezet et ses amis n'ont pas cru, au départ, aux chances de Bernard Tapie. Le rapport des forces était, sur le papier, incontestablement en faveur de son adversaire UDF/PR, Guy Teissier. A 41 ans, Teissier est solidement implanté dans la 6e circonscription. Il est maire du 9e arrondissement depuis 1983 et quadrille inlassablement le terrain. Face à cet ancien parachutiste, apprécié de ses électeurs auxquels il a rendu de nombreux services, dans une circonscription traditionnellement de droite — même si elle n'est pas homogène et comprend des quartiers défavorisés —, Tapie-le-parachuté, paraît courir pour l'honneur.

C'est sous-estimer l'impact de l'Olympique de Marseille et le talent de communicateur du candidat de la majorité présidentielle. C'est négliger également l'influence de l'ancienne équipe de Gaston Defferre emmenée dans cette circonscription par René Olmetta et, surtout, par Charles-Émile Loo.

A Marseille, tout ce qui touche à l'OM est sacré. L'homme qui a repris, en 1986, une équipe en perdition — quand Tapie accepte la présidence de l'OM, les footballeurs marseillais terminent à la 17e place du championnat de France de 1re division —, a mené le club au titre en 1987. En cette année 1988, les Marseillais peuvent espérer le deuxième doublé de leur histoire (coupe et championnat). Pour un candidat aux élections législatives, ces succès sont un atout extraordinaire. L'OM, à Marseille, est une véritable religion. L'homme qui lui a redonné fierté et gloire est inattaquable, intouchable. Dans les balances électorales marseillaises, l'OM en forme pèse 7 à 10 % de voix pour son patron.

Si Bernard Tapie n'est pas — pas encore — en juin 1988, un professionnel de la politique, c'est déjà un redoutable expert en communication. Aidé par Jacques Pilhan et les équipes parisiennes de Jacques Séguéla, il va mener une campagne électorale terriblement efficace. Le message diffusé est simple, voire simpliste. Tapie réserve son discours anti-Le Pen pour les antennes nationales. Son journal électoral, bien au contraire, n'est pas un brûlot anti-Front national. Il ne comprend que des slogans simples qui mettent l'accent sur les capacités du candidat à aider les habitants de la circonscription. Peu de textes, quelques phrases coloriées sur fond rouge : « Je dis ce que je fais, je fais ce que je dis » (Édith Cresson qui a, elle aussi, Jacques

Pilhan comme conseiller en communication, a récemment utilisé le même slogan), « Organisons-nous et laissons la peur aux lâches », et encore, « Arrêtons de déshonorer Marseille ». Pour le reste, les huit pages du journal montrent des photos d'enfants, de stars et de sportifs avec le candidat ; Tapie avec le président, Tapie avec l'abbé Pierre.

Sur le terrain, Bernard Tapie se multiplie. L'ancien vendeur de téléviseurs n'a perdu aucune de ses qualités de camelot. Il fait les HLM, promettant des emplois, distribuant des ballons de football aux enfants et des places pour les matchs de l'OM au stade vélodrome.

Le candidat de la majorité présidentielle est aidé dans sa tâche par les équipes de Charles-Émile Loo. Ancien député de la circonscription (1967-1968 et 1973-1978, législature pendant laquelle il a été, deux années durant, vice-président de l'Assemblée nationale), Loo a été le plus fidèle compagnon de Gaston Defferre. Né en 1922, Loo a rencontré Defferre en 1936, l'année où il a adhéré à la SFIO. Engagé avec lui dans la Résistance, il a fait partie à ses côtés de la petite équipe qui a pris le *Provençal,* les armes à la main, à la Libération. Socialiste, fondamentalement anticommuniste, il se sépare politiquement de Gaston Defferre en 1983, quand ce dernier accepte de passer un accord municipal avec le PC. Exclu du PS pour indiscipline (ce dont il souffrira cruellement jusqu'à sa réintégration en 1991), il demeure l'ami du ministre de l'Intérieur. Les spécialistes de la politique marseillaise l'ont surnommé « le parrain ». En 1988, il met ses équipes au service de Bernard Tapie. Elles sont rodées et efficaces, habituées de longue date aux campagnes électorales. Elles comportent quelques gros bras, recrutés au bar du Skating — un établissement situé aux portes du parc Borely — fréquenté, dit-on à Marseille, par le Milieu phocéen. Charles-Émile Loo se souvient d'avoir été tout d'abord réservé sur le principe de la candidature Tapie. Quand celui-ci l'appelle à son domicile, il est en train de regarder une émission où passe Jean-Jacques Servan-Schreiber, qu'il a beaucoup fréquenté à l'époque où l'*Express* tentait de promouvoir, sous le nom de code « opération M. X », la candidature de Gaston Defferre contre le général de Gaulle, en vue de la présidentielle de 1965. Loo demande à Tapie de le rappeler. Et quand celui-ci lui téléphone, « Milou » est choqué d'être instantanément tutoyé. Il accepte néanmoins de l'épauler et se prendra d'affection pour le candidat parrainé par l'Élysée.

L'équation, OM plus talent personnel de Bernard Tapie plus savoir-faire des équipes de « Milou » Loo, fait merveille. Au soir du premier tour, Bernard Tapie devance Guy Teissier. Il obtient 15 165 voix contre 12 502 à son concurrent UDF, 9137 voix au Front national et 3 923 au PCF. Il fait la course en tête. Il a un thème de campagne fort puisqu'il peut dénoncer un adversaire UDF, obligé de rechercher, pour être élu, les voix du candidat Front national. Il croit enfin pouvoir compter sur l'appui des socialistes. Seule ombre au tableau, le PC refuse d'appeler à voter pour lui le 12 juin. Cela n'empêche pas Tapie de proclamer sa confiance dans le résultat final. Il déclare au *Quotidien de Paris* : « Avec moi, les électeurs ne sont pas communistes, ils ne sont pas RPR, ni UDF, ni rien du tout... Je ne présente un cas d'école épouvantable pour les soi-disant spécialistes. Le PS a vraiment joué le jeu. Il a accepté l'idée que je n'étais pas socialiste, que je jouais le jeu. » En position de l'emporter, Tapie décide d'ignorer son adversaire pour tenter de mobiliser un front anti-Le Pen : « Teissier, ce n'est rien, ce n'est pas le sujet, le vrai débat, c'est avec Le Pen que je l'ai... Je déteste perdre. Je n'envisage jamais ce cas de figure à l'avance. Si je me mets dans les idées tous les emmerdes qui vont m'arriver, si je perds, alors c'est sans fin. Mais ce sont surtout les Marseillais qui seront dans la merde. Bonjour le développement économique de Marseille si Gaudin et le Front national se partagent la ville !... Comment demander aux investisseurs économiques de venir mettre leurs sous dans une galère pareille ? » L'argument politique de Tapie est d'autant plus faible qu'aucun candidat du Front national ne sera élu dans les Bouches-du-Rhône, et que, dès le soir du premier tour, tous les résultats montrent que le Front national est en recul par rapport à son score de l'élection présidentielle. Marseille, avec laquelle Le Pen pensait avoir une « histoire d'amour », n'a pas répondu aux avances du Front national. Mais Tapie n'a pas d'autre argument politique que cette diabolisation du Front national qui ne représente pourtant, en la circonstance, aucun danger électoral sérieux.

C'est un peu court pour convaincre les électeurs de la 6e circonscription, d'autant plus que les rares fois où Bernard Tapie s'est exprimé franchement, il a commis quelques gaffes : quand il qualifie les électeurs du Front national de « salopards », ajoutant, imprudemment, « à Marseille, il y a 30 % de racistes ! », ou, lors de son passage à 7 sur 7, le 1er mai 1988, quand il prend les pieds-noirs à partie, s'attirant cette réplique de Jacques Roseau, porte-parole du Recours : « Les cent mille pieds-noirs de Marseille sauront se souvenir. » Et lorsque Jacques Roseau se rend à Marseille pour soutenir la candidature de Guy Teissier, il se heurte, à l'aéroport de Marignane, à la délégation d'une quinzaine de gaillards musclés qui lui enjoignent de renoncer à son projet...

Toutes gaffes qui ne sont pas compensées par l'explosion d'un engin à la permanence de Bernard Tapie, le 12 juin. En 83, déjà, une bombe avait explosé à quelques mètres de la synagogue. A l'époque, le préfet de police de Marseille

LE DÉPUTÉ DE MARSEILLE

— Gaston Defferre, ministre de l'Intérieur, était alors son patron — avait immédiatement annoncé qu'il s'agissait d'un attentat antisémite. *Le Provençal* titrait sans ambiguïté : *Une bombe de trop pour la droite.* Quelques semaines plus tard, on retrouvait les artificiers..., des petits truands qui avaient maladroitement manipulé des explosifs destinés à leur servir à commettre un forfait... Mais à Marseille, les périodes électorales sont propices aux « bombes » politiques contre les valeurs et les candidats de gauche.

Autre problème pour Tapie : Michel Pezet et ses amis ne peuvent accepter que celui qui se déclare « non socialiste » l'emporte au deuxième tour, au risque de s'imposer par la suite comme candidat incontournable à la mairie de Marseille. Et le 12 juin au soir, Bernard Tapie va tomber de haut.

Après la clôture du scrutin à 20 heures, les premiers dépouillements sont encourageants pour lui. Lorsqu'il se dirige vers les studios de télévision, il est convaincu de l'avoir emporté avec une marge, certes faible, mais suffisante. 277 suffrages d'avance sur Guy Teissier. Quand il arrive à FR3, il apprend le résultat définitif : le candidat UDF gagne avec 84 voix d'avance (50,09 % pour Teissier, 49,91 % pour Tapie). Bernard Tapie entre alors dans une colère homérique, laissant entendre que des hommes de Pezet, « déguisés en amis », l'auraient poignardé, inversant le résultat de quelques bureaux de vote sur le chemin du bureau centralisateur.

Sur le plateau de FR3, Tapie se montre particulièrement agressif. S'accrochant avec Jean-Pierre Stirbois, secrétaire général du Front national, il lui lance : « Ça vous emmerde que je vous traite de fasciste ! » Mais c'est surtout contre Pezet et les socialistes dont il disait, dans la semaine précédant le deuxième tour, « je dois dire qu'ils sont fantastiques », que le battu du 12 juin laisse éclater sa mauvaise humeur : « Ceux qui ont triché, je les connais. Ce sont mes copains du PS. C'est Pezet qui leur a demandé. Si j'ai la moindre preuve d'une trahison de sa part, il est politiquement mort à Marseille. Je le flingue. »

Mauvais perdant, Tapie perd le contrôle de ses nerfs, s'attirant une réplique cinglante d'un membre de la direction nationale du PS : « Nous trouvons pour le moins présomptueux que vous menaciez de flinguer notre candidat [à la mairie]. Le "parler vrai" n'est pas le "parler-trop-vite" ou le "dire — n'importe-quoi". »

Enseignement de cette première tentative, ratée, de Bernard Tapie de prendre pied en politique, autant l'homme sait être charmeur quand il s'agit de séduire les électeurs, autant la défaite le fait sortir de ses gonds ; jusqu'à proférer des menaces qui évoquent, au mieux, la cour de récréation, au pire les mœurs du Milieu.

Excessif dans la forme de sa prestation, Tapie n'a pourtant pas nécessairement tort sur le fond. La tradition politique marseillaise ne permet pas d'écarter, sans examen, l'hypothèse de la fraude. Dans cette ville où Gaston Defferre, alors garant, comme ministre de l'Intérieur, du déroulement régulier des élections, n'avait pas hésité à faire inscrire sur les listes des électeurs fantômes (certains étaient domiciliés à des numéros de rue inexistants et, grâce à un découpage savant, Defferre avait conservé sa mairie en 1983 alors que son adversaire UDF, Jean-Claude Gaudin, avait obtenu davantage de suffrages que lui...), la fraude électorale fait partie du folklore local.

Est-ce à dire que, le 12 juin 1988, Tapie aurait été privé de sa victoire ? L'explication donnée par un important responsable socialiste parisien (candidat dans la région Provence-Alpes-Côte d'Azur et plutôt favorable à Tapie) paraît plus proche de la vérité : « Au deuxième tour des législatives de juin 1988, les amis de Pezet ont bourré les

150

urnes pour battre Tapie, et, ceux de "Milou", pour le faire élire. Les deux fraudes se sont probablement équilibrées. Dans ces conditions, la victoire de Teissier correspondait probablement à la volonté des électeurs. » La règle du jeu démocratique subit ainsi d'étranges distorsions en fonction de la géographie et du climat. L'effort salutaire et courageux de nettoyage des listes électorales, en Corse, décidé par la loi Joxe, pourrait être utilement étendu à d'autres départements du Midi. Mais il est vrai que la Corse est majoritairement à droite tandis que les Bouches-du-Rhône fournissent un fort contingent de députés socialistes...

Comme toute élection acquise de justesse, celle de Guy Teissier dans la 6e circonscription des Bouches-du-Rhône est attaquée devant le Conseil constitutionnel. La faiblesse de l'écart — 84 voix sur 45 842 votants — amène la haute juridiction à annuler l'élection, constatant que « plusieurs centaines de procurations avaient été adressées à des délégués qui figuraient sur la liste agréée par le tribunal d'instance [mais] qui ne tiraient pas, de ces désignations, qualité pour signer les procurations... 133 procurations auraient été établies aux domiciles d'électeurs se trouvant dans des hôpitaux, sans que le déplacement d'un officier de police judiciaire n'ait été sollicité par une demande préalable ». Le 25 novembre 1988, le Conseil constitutionnel annule l'élection de Guy Teissier.

Janvier 1989. Le match-retour

Quand Tapie apprend l'annulation de l'élection de juin, au stade vélodrome, on est à une demi-heure du coup d'envoi du match OM-Lille... Chacun peut constater que cette nouvelle ne le réjouit pas : au contraire, il arbore la mine des mauvais jours, comme si cette invalidation et la perspective d'une nouvelle élection l'embarrassaient. Par peur d'une deuxième défaite qui abîmerait son image de gagneur ou parce qu'après avoir goûté à la chose politique, il se dit que le jeu n'en vaut pas la chandelle, ou encore, parce qu'il s'est trouvé pris au cœur des querelles marseillaises et qu'il a eu l'impression d'être manipulé, entre Michel Pezet, Robert Vigouroux, Charles-Émile Loo, la direction nationale du PS et l'Élysée. Toujours est-il que Bernard Tapie n'est pas chaud pour remonter au front.

Il a pourtant pris goût à la politique. Ne niant même pas, le 27 juin 1988, avoir des ambitions ministérielles, mais dit-il, « le seul ministère qui m'intéresserait, ce serait celui de la formation professionnelle des chômeurs. Ils ne me l'ont jamais proposé ». Il a, en fait, cru que Michel Rocard l'appellerait au gouvernement. Et, lorsque le premier Premier ministre du second septennat de François Mitterrand a composé son équipe — dans laquelle devaient figurer des représentants de la « société civile » —, il a campé une journée entière près de son téléphone, attendant un appel de Matignon. En vain. Et le 27 juillet, il répond à un journaliste de *France-Soir* qui lui demande si la politique l'attire sérieusement : « Oui, c'est fascinant. J'y reviendrai. »

Entre son échec de juin et l'annulation par le Conseil constitutionnel, en novembre, il n'a pas remis les pieds dans la circonscription et s'est peu mêlé de politique marseillaise. Seule suite donnée à l'élection, une interview publiée par l'*Événement du jeudi,* le 7 juillet, dans laquelle il met en cause Guy Teissier, dénonçant les méthodes que le candidat UDF aurait utilisées pendant la campagne électorale.

Dans l'article de l'*Événement,* Bernard Tapie accuse trois inspecteurs de police du 9e arrondissement d'avoir établi des « procurations bidons » (ce que le Conseil constitutionnel retiendra pour annuler l'élection de juin) mais, emporté par sa faconde, il dénonce imprudemment son vainqueur :

« Teissier est pour l'apartheid. Lui, c'est une vraie crapule raciste. Et ça, maintenant je vais le dire ! Pendant la campagne, je n'avais pas voulu l'attaquer. Mais la 3ᵉ mi-temps va être redoutable ! » La menace fait décidément partie intégrante du style Tapie, en politique comme dans les autres secteurs d'activité où il évolue !

Ce mouvement d'humeur coûtera au patron de l'OM, et à l'*Événement du jeudi,* une condamnation pour diffamation par la 8ᵉ chambre du tribunal de grande instance de Marseille, le 16 décembre 1988.

Au début du mois de décembre, quelques jours après l'annulation, Tapie rencontre Michel Pezet à Paris. La gauche a besoin de lui. A trois mois des municipales, la gauche marseillaise doit impérativement stopper la spirale de la défaite. L'urgence oblige les clans divisés à serrer les coudes et Pezet, comme Tapie, sont contraints d'enterrer la hache de guerre. Dès le lendemain de la décision des juges, Robert Vigouroux a apporté son soutien au président de l'OM : « Bernard Tapie peut compter sur mon amitié et sur ma solidarité dans ce nouveau combat de la majorité présidentielle à Marseille. » Et le 30 novembre, Tapie lève l'hypothèque sur son éventuelle candidature à la mairie. Il déclare sur TF1, chez Christophe Dechavanne, qu'il n'est « pas tenté » et « ne figurera pas sur une liste », parce que « ce n'est pas son métier ». Sans prendre position entre Pezet et Vigouroux (il aura besoin des deux pour la législative partielle), il indique : « Probablement, j'aiderai ceux dont la conviction personnelle me ressemble ou me satisfait le plus. » Mais, ajoute-t-il, « ce n'est pas la peine d'être élu pour favoriser l'essor d'une ville » et il cite, à l'appui de son argument, le cas de l'action de Giovani Agnelli à Turin et de Silvio Berlusconi à Milan.

Le 8 décembre 1988, Bernard Tapie annonce officiellement sa candidature à l'élection partielle. Une fois sa décision prise, il veut mener sa campagne comme il l'entend, et le PS, qui n'a d'autre choix que de le soutenir, devra en passer par ses méthodes. Il choisit *Paris-Match* pour tracer les grandes lignes de sa prochaine campagne.

Battu par Teissier en juin, il ne passe plus son adversaire par profits et pertes. Il adopte le registre du mépris et de l'insulte, se livrant à une attaque *ad hominem* : « C'est triste à dire, mais je crois qu'à Marseille, ce n'est pas la faute qui choque mais bien plus le fait que Teissier se soit fait prendre. Les Marseillais se disent "Teissier a triché, bien évidemment, mais il s'est fait prendre, c'est un couillon !", ce en quoi ils n'ont pas tort, c'était tellement mal fait... » Propos exemplaire de la méthode Tapie. Alors qu'au soir du 12 juin, il accusait sans ambiguïté les « amis de Pezet », il joue sur la capacité d'oubli des électeurs. Bernard Tapie peut dire indifféremment une chose et son contraire. Il ne dit pas ce qu'il croit mais ce qui lui est utile à l'instant t, sans se soucier d'éventuelles contradictions ultérieures, convaincu que personne ne relèvera.

Et Tapie en rajoute dans l'insulte personnelle : « Lors de la première consultation, avant les élections, Teissier n'était connu que de sa femme. Il n'était rien. Mais ce "rien" a battu Tapie parce que nous sommes dans une circonscrip- tion où 60 % des gens votent à droite. Monsieur Emplâtré ou Monsieur Tarte-Molle auraient fait le même score » ! Contradiction encore... Dans la même interview, il affirme avoir été battu par la gauche et, dix lignes après, il attribue sa défaite à la composition de l'électorat !

Mais l'important pour lui est de rabaisser son adversaire (d'autant plus que celui-ci atteint désormais un taux de notoriété important dans le sondage mensuel du *Provençal* sur les personnalités marseillaises : 70 % ! On se fait connaître en affrontant une star, et Tapie ne veut pas valoriser son concurrent) pour démontrer que son combat

est ailleurs : contre le Front national. « Teissier ne représente rien sur l'échiquier politique marseillais. Les Pezet,
Gaudin, Vigouroux, San Marco (député PS) ou Maurice
Toja (chef de file du RPR local) sont les vraies stars, ainsi
que Domenech et Perdomo (représentants du Front
national)... C'est pour montrer sa force que le Front national
m'oppose, cette fois, un calibre. » Le « calibre » en question
s'appelle Ronald Perdomo, il n'a pas à Marseille un poids
politique équivalent à celui de Guy Teissier, mais Tapie a
besoin de valoriser le Front. Manière d'éliminer le vrai
adversaire, comme il le fera en privilégiant le débat contre
Le Pen aux élections régionales, pour minimiser Jean-
Claude Gaudin...

Une chose est certaine, Tapie apprend vite les ficelles
du métier politique. Il est indispensable à la gauche
marseillaise, il sait que l'étiquette socialiste est un véritable
boulet dans la circonscription. Aussi prend-il ses distances.
Non seulement, il n'appartient pas au PS, mais il ne partage
les idées de gauche que sur un point : le refus de Le Pen.
Il nie d'ailleurs tout lien avec le pouvoir. Contre toute
évidence, il prétend : « Pas plus que la première fois, où
j'ai été candidat, que maintenant, personne tant au PS que
dans l'entourage de François Mitterrand, personne ne m'a
jamais rien demandé, encore moins, n'a jamais rien exigé. »
Mieux, Tapie se présente comme le créancier des socialistes.
Ainsi, quand il affirme à propos de Gaston Defferre : « En
me faisant venir à Marseille, il a fait, en mars 1986, son
meilleur score aux législatives, alors que le parti socialiste,
là-bas, allait très mal. »

Pourquoi entrer en politique ? L'explication qu'il donne
est digne de la veillée des chaumières. Celui que l'on décrit
habituellement comme un « pilleur d'épaves », un « requin
de la finance », serait en réalité un parangon de dévouement.
Il part en campagne parce qu'il a « la sensation de pouvoir
mettre un certain savoir-faire au service de l'amélioration

des conditions de vie de [ses] concitoyens. Quand on considère que la société vous gâte — même si vous le montrez — il faut lui rendre ce qu'elle vous donne ». Le financier, réputé impitoyable, cacherait ainsi un abbé Pierre laïc...

Il y a quelque chose de touchant dans cette volonté de se rendre utile : « Dans leur domaine, les hommes politiques sont les meilleurs du monde (quelques années plus tard, il jugera que la classe politique est « un des milieux dont le niveau intellectuel est le plus faible » !), simplement, comme ils restent entre eux, ils ont une vision étroite de la société. » D'où le recours à des hommes de la société civile, de préférence à ses vedettes, dont la légitimité vient de la reconnaissance de l'opinion, « des hommes qui ont été choisis par le peuple ; à tort ou à raison, mais rarement à tort finalement ». Les valeurs de Bernard Tapie sont celles de la génération de l'audimat. Et sa candidature ne relèverait pas de l'ambition personnelle, mais de la pédagogie : « C'est à des gens comme moi qu'il incombe d'apporter [aux politiques] le complément d'information indispensable en créant ces fameuses passerelles entre la société dite civile et la société politique. » A l'entendre, il n'aurait pas d'autre motivation que le désir de servir. Bel exemple d'abnégation ! « En politique, rien ne me fascine. Pour découvrir des choses fascinantes, je préfère aller au musée du Louvre. » Et comme, plus c'est gros, mieux ça marche, Tapie explique comment, malgré ses nombreuses occupations, il accepte de se dévouer au service public : « Je dispose de plus de temps que la moyenne des gens car je ne dors que quatre heures par nuit. » En somme, un mélange de superman et de mère Thérésa...

Tout le talent de Tapie est là. L'important n'est pas ce qu'il dit — son discours est fonction des besoins du moment —, ce qui compte, c'est ce qu'il montre. Et l'interview de *Paris-Match* est, à cet égard, un modèle du genre. A côté de l'interview, on voit Tapie en famille, avec femme et enfants, chien et chat... Sur une photo, on voit le candidat embrasser tendrement son épouse. Avec de tels « reportages », plus besoin de tracts électoraux. Le titre de *Paris-Match* sent même le slogan à plein nez : « Sa devise et sa fierté : la famille et le football ».

Tapie utilise les medias comme personne. Ses relations avec TF1 sont au beau fixe, au point que le candidat aux législatives partielles de Marseille doit être l'invité de Patrick Sabatier, fin décembre, pour *Avis de recherche*. En pleine campagne électorale, c'est évidemment illégal. La CNCL le fait savoir à la direction de TF1, exigeant l'annulation de l'émission. Imperturbable, Tapie annonce qu'il a lui-même demandé le « report de l'émission ». La communication, c'est un métier !

Sur le terrain, Tapie ne fait pas une campagne idéologique. Il se présente comme celui qui peut améliorer la vie quotidienne des habitants de la circonscription. Dans un contexte politique et social bien plus défavorable à la gauche qu'en juin, au lendemain de la confortable élection de François Mitterrand, Tapie se présente comme celui qui sera le plus influent pour Marseille. Il promet de créer des emplois et assure être en mesure de résoudre deux problèmes qui perturbent la vie locale.

A la suite d'une faillite immobilière, un chantier a été interrompu et, depuis, les habitants du quartier doivent subir le « trou » de la Rouvière. Tapie annonce qu'il règlera le dossier. Certains électeurs du 9e arrondissement, situés dans une « zone d'ombre », reçoivent mal la télévision, Tapie promet de faire implanter — au besoin à ses frais — un émetteur. Pour le reste, le patron de l'OM reprend ses méthodes de juin : distribution de places au stade vélodrome et de ballons de football. Il perfectionne même la technique.

Le 23 janvier 1989, au lendemain du premier tour, le *Provençal* publie une page de publicité : « Bon anniversaire Bernard » (le président de l'OM est né le 23 janvier 1943). La page est signée Jean-Pierre Papin, Michel Hidalgo, Gérard Gili — nouvel entraîneur de l'équipe marseillaise — et Alain Giresse.

Le 22 janvier, Bernard Tapie obtient 13 489 voix (41,75 %), Guy Teissier 12 638 (39,11 %), Ronald Perdomo, le candidat du Front national, dont Bernard Tapie déclarait le 28 décembre qu'il était son seul véritable adversaire, le « calibre » du Front national obtient 3 213 voix (9,94 %), soit 5 924 de moins que le très inconnu M. Destrade, candidat en juin, qui avait atteint 22,29 %. Annick Boït, la candidate communiste, recueille pour sa part 7,92 % des voix.

Au deuxième tour, le 29 janvier, Bernard Tapie l'emporte avec 623 voix d'avance. 18 478 suffrages (50,85 %) contre 17 855 à Guy Teissier (49,14 %). Il est en tête dans 32 bureaux et Teissier dans 29 seulement. Le 9e arrondissement a voté Teissier (son ancien maire), le 10e et le 11e ont voté Tapie. Le candidat de la majorité présidentielle a surtout profité de la mobilisation des abstentionnistes qui passent de 48,39 %, au premier tour, à 40,88 % au second. Tapie améliore de 2 430 voix le total des voix de gauche du 22 janvier. Une enquête des Renseignements généraux montre, en outre, que deux tiers des électeurs du PCF ont voté Tapie, malgré les consignes d'abstention de la candidate communiste, alors que seulement un tiers des électeurs Front national s'est reporté sur Guy Teissier. Le danger d'extrême droite était à l'évidence moins grand que ne l'affirmait la gauche...

Pour la gauche, en proie aux « affaires », l'élection de Bernard Tapie est une véritable bouffée d'oxygène. Jack Lang tire immédiatement de l'élection d'un homme qui a refusé l'étiquette socialiste, la conclusion que « le peuple français n'accepte pas de se laisser intimider par l'odieuse campagne de dénigrement », sans préciser si cette « campagne » vise Tapie à Marseille ou bien plus généralement l'ensemble de la gauche et le président de la République... De son côté, le leader communiste, Guy Hermier, est amer mais préfère minimiser l'événement : « Un député de droite remplace un autre député de droite. C'est un peu plus d'affairisme dans la vie politique marseillaise. C'est un sombre jour pour Marseille. » Curieusement, le leader communiste marseillais se retrouve sur la même longueur d'ondes que Jacques Julliard, éditorialiste au *Nouvel Observateur,* qui écrit le 2 février, sous le titre *Le pétroleur de Marseille* : « Bernard Tapie incarne, avec éclat, les deux religions du monde moderne : l'argent et le spectacle... Bien entendu, il ne s'en tiendra pas là. Sa réduction à l'état parlementaire serait pour lui une régression, un tel déclassement social, que la chose n'est pas imaginable. Son ambition est de devenir maire de Marseille, ou ministre à titre de consolation, et président de la République au bout de la ligne droite... Du long banissement de ses industriels de la scène politique, le génie national tire aujourd'hui Bernard Tapie, l'OPA mania et (tandis que la classe politique se bousculait aux réceptions de Samir Traboulsi) l'affairisme. » Tapie est à peine élu député de base que la gauche vertueuse s'inquiète déjà. Mais comme Pierre Bergé le fera deux ans et demi plus tard, Jacques Julliard s'en prend à l'effet, pas à la cause. Tapie et « l'affairisme » sont des produits du mitterrandisme, mais Dieu ne peut être soupçonné... Au fond, l'élection de Bernard Tapie modifie peu le paysage politique. Elle peut avoir, en revanche, de sérieuses conséquences sur le fonctionnement de l'entreprise du nouveau député. Mais ses collaborateurs ne sont guère inquiets : l'expérience de la campagne électorale leur a montré que la présence du patron, avenue de Friedland, n'était pas indispensable. Gilbert Delhorbe, un des dirigeants du groupe Bernard Tapie, explique : « Il faisait le point tous les soirs au téléphone. Avec un télécopieur et un téléphone de voiture, ce n'est pas compliqué de gérer un groupe depuis Marseille, s'il s'établit là-bas, comme il a dit en avoir l'intention ; et puis, il a son avion, s'il a besoin de faire un saut rapide à Paris. » D'ailleurs, ajoute-t-il, « Tapie est seulement là pour donner l'impulsion ».

Municipales à Marseille : Tapie sur le banc de touche

La victoire de Tapie, si elle ne change pas grand chose au plan national — elle améliore toutefois légèrement la majorité relative de Michel Rocard à l'Assemblée nationale —, modifie sensiblement le climat politique marseillais. La défaite de Guy Teissier, dans une circonscription d'opposition, constitue le signe avant-coureur de celle de Jean-Claude Gaudin aux municipales de mars.

Après la partielle du 29 janvier, il est évident que la mairie de Marseille se jouera à gauche ; entre le maire sortant, « l'intérimaire » Robert Vigouroux, et le candidat officiel du parti socialiste, Michel Pezet. La seule inconnue qui demeure, à ce moment-là, est le rôle que jouera Bernard Tapie dans cette élection municipale.

Le nouveau député des Bouches-du-Rhône montre qu'il sait faire preuve de prudence. Il refuse de se prononcer dans la lutte fratricide qui oppose les héritiers de Gaston Defferre. Pour lui, il est un peu tôt pour se porter candidat. Et s'il n'aime pas Michel Pezet, dont il pense qu'il l'a fait perdre en juin 1988, il ne peut se heurter directement à Vigouroux, soutenu par Charles-Émile Loo, un des artisans

160

de son élection à l'Assemblée nationale. « Ce n'est ni à un non-Marseillais, ni à un non-socialiste, déclare-t-il, d'arbitrer entre deux socialistes marseillais. Je n'ai pas à participer à ce choix. »

Dans le *Provençal,* Ivan Levaï tire les justes conclusions politiques de cette élection législative. Sous le titre *Bonjour M. le Maire,* le directeur de la rédaction du premier journal de la région considère que le succès du candidat de la majorité présidentielle est « un signe particulièrement radieux pour le successeur de Gaston Defferre, Robert Vigouroux ». Jean-Claude Gaudin, de son côté, tente de se consoler, affirmant : « Bernard Tapie a fait 50 % des voix mais, aux municipales, il faudra diviser par deux puisqu'il y a deux candidats socialistes », et, pratiquant la méthode Coué, le candidat UDF refuse de croire à « une dynamique irrésistible » qui l'empêcherait de réaliser son rêve : devenir maire de Marseille.

Car si les socialistes sont effectivement divisés, les jeux entre Pezet et Vigouroux sont faits. Le maire ne doute pas d'ailleurs du résultat : « L'union, dit-il, s'est faite bien avant [l'élection de Tapie] autour de moi. Pas l'union des appareils, mais celle des idées. » Le nouveau député de la 6e circonscription des Bouches-du-Rhône espère cependant jouer un rôle dans l'élection municipale. Il propose ses services comme « Monsieur bons offices » entre Michel Pezet et Robert Vigouroux.

Mission de conciliation impossible. D'un côté, le maire sortant n'est pas prêt à donner une place à Bernard Tapie. Le professeur Vigouroux n'est pas partageur. Convaincu de l'emporter contre Pezet, il se soucie fort peu d'embarquer avec lui le président de l'OM, devenu député, qui tirerait immanquablement la couverture à lui. De l'autre, l'équipe de la fédération socialiste des Bouches-du-Rhône tient Tapie à bout de gaffe. Philippe San Marco, député PS de Marseille

— considéré un court moment comme le dauphin de Gaston Defferre — affirme au *Quotidien de Paris,* le 31 janvier 89 : « En aucun cas, Tapie ne dira : le meilleur, c'est Vigouroux. Il ne fera pas le jeu de la division. » Ecartant Tapie du camp Vigouroux, San Marco ne va pas jusqu'à souhaiter qu'il rejoigne les équipes de Michel Pezet : « La présence de Bernard Tapie empêcherait tout accord avec les communistes. » A peine élu, le nouveau député de la majorité présidentielle gêne déjà ses nouveaux « amis ».

En réalité, Tapie est récusé par les deux camps en présence. En janvier 89, les socialistes officiels, regroupés derrière Michel Pezet, ont soutenu à contrecœur cette star imposée par l'Élysée ; sans aller cette fois, comme en juin 88, jusqu'à saboter son élection. Dans la perspective des municipales, ils ont déjà beaucoup trop à faire avec le premier pour souhaiter voir le deuxième rentrer dans le jeu.

Pour Vigouroux, Marseille ne peut avoir qu'un seul patron et il entend être celui-là. Il ne peut cependant négliger l'impact du nouveau député de la 6e circonscription et surtout la popularité de l'homme qui a porté l'OM vers les sommets.

Très vite, la mission bons offices de Tapie entre Pezet et Vigouroux échouera. Il est néanmoins obligé de choisir son camp. Et c'est sans empressement qu'il se prononce finalement pour le maire sortant. Parce que Vigouroux est, comme lui, soutenu par l'Élysée et par le *Provençal.* Enfin, Charles-Émile Loo, qui a joué un si grand rôle dans l'élection de Tapie à la députation, est candidat sur la liste de Robert Vigouroux. Mais entre les deux hommes, il s'agit d'une entente de circonstance. Tapie a beau affirmer en toute occasion que la mairie ne l'intéresse pas, qu'il s'agit d'un « boulot à plein temps » qu'il n'a, ni le temps, ni l'envie d'assumer, Vigouroux le soupçonne quand même de guigner la place. Il propose à Tapie d'exercer une vague fonction d'ambassadeur extraordinaire de la ville. Moyen imparable de marginaliser le nouveau parlementaire. Assuré de la neutralité bienveillante de ce concurrent potentiel encombrant, le maire peut alors se consacrer à sa campagne municipale, qui va se révéler être un chef-d'œuvre de communication politique.

La métamorphose de Robert Vigouroux

Quand le premier cercle de Gaston Defferre choisit Vigouroux pour succéder à « Gaston », il s'agit pour Edmonde Charles-Roux (deuxième épouse et veuve de l'homme qui a régné 33 ans sur Marseille) de barrer la route à Michel Pezet. Aux yeux des proches de Gaston Defferre, le député, et premier secrétaire de la fédération socialiste des Bouches-du-Rhône, est responsable du décès de l'ancien ministre. Celui-ci est en effet mort foudroyé au sortir d'une réunion houleuse au cours de laquelle il a été mis en minorité par Michel Pezet. A partir de ce jour, toute la politique marseillaise est perturbée par la haine implacable vouée par les defferristes au « parricide ».

En 1986, ils choisissent le 13e adjoint au maire : Robert Vigouroux. Cet agrégé de médecine, neurochirurgien réputé, passe pour être effacé. Membre du parti socialiste, il ne compte pas parmi les leaders du PS local. La veuve de Gaston Defferre et ses amis, au premier rang desquels se trouve Charles-Émile Loo, peuvent penser qu'ils le manœuvreront sans difficulté. Porté à la mairie sans légitimité populaire, Vigouroux connaîtra trois années difficiles. Pierre Bonneric, son principal collaborateur, se souvient : « C'étaient trois années d'enfer. Chaque jour, les conseillers municipaux lui faisaient sentir qu'il n'était maire que grâce à leur bon vouloir. » En butte aux trahisons quasi quotidiennes, le maire réputé « intérimaire » se révèle. Pour Charles-Émile Loo, ce taiseux au caractère ombrageux et méfiant, Vigouroux compense sa difficulté à communiquer par de vraies qualités de gestionnaire : « C'est un scientifique, un homme de données, très intelligent. Il s'est mis au travail et il connaît la ville dans ses moindres recoins. Il pouvait faire tout seul le budget municipal. Même Defferre ne connaissait pas tout ça en détail. C'est un solitaire mais il est aussi plein d'humour et il adore rigoler. » Et si l'ancien bras droit de Gaston Defferre — qui s'était pourtant séparé de l'ancien maire en 1983 parce que celui-ci avait fait alliance avec les communistes — admet que Vigouroux ne délègue pas assez, il ajoute : « Il faut le comprendre, il ne pouvait avoir confiance en personne. » Loo, l'homme fort de la politique marseillaise, a choisi son camp. Il ne tarit pas d'éloges au sujet du remplaçant de Defferre (Deux ans plus tard, il n'a pas de mots assez durs pour dénoncer les méthodes de Robert Vigouroux...).

Outre les defferristes fidèles, Vigouroux peut compter sur le soutien sans faille du *Provençal,* dirigé alors par Ivan Levaï. A l'époque, la femme de ce dernier, Anne Sinclair, fait d'ailleurs carrément la publicité du maire dans son émission *7 sur 7,* interrogeant chaque fois qu'elle le peut ses invités pour leur faire dire tout le bien qu'ils pensent de Vigouroux...

Pourtant, même fort de ces appuis, Vigouroux ne fait pas peur à ses adversaires. Et ceux-ci vont commettre une série d'erreurs monumentales. Ils vont gravement sous-estimer l'homme choisi, en 1986, parce qu'il passait pour le moins ambitieux et le plus malléable des successeurs possibles... Pezet, Gaudin et Hermier font l'erreur de le tenir pour quantité négligeable. Pour eux, Vigouroux est un simple accident de l'histoire et, convaincus que la mairie se joue dans un combat gauche/droite classique, ils vont se déchirer, se laissant endormir par la campagne « dépoliti-sée » menée par Vigouroux. La gauche officielle et la droite s'étripent sans voir que celui que Jean-Claude Gaudin qualifie de « baudruche », et Guy Hermier — le leader du PC marseillais — de « soufflé qui va retomber », séduit la population en jouant sur sa réputation de modération et sur son image de gestionnaire qui refuse le « jeu politicien » et les « magouilles ». Les caciques n'ont tiré aucun enseignement de la victoire de Bernard Tapie. Ce dernier a certainement bénéficié de son capital de notoriété et de sa fonction de président de l'OM, mais ces atouts sont insuffisants pour expliquer à eux seuls son succès de janvier 1989. Et Vigouroux, comme Tapie, apparaît comme un homme éloigné des combinaisons politiciennes en dehors des appareils discrédités. Ce grand patron de l'hôpital de la Timone appartient à la société civile et proclame son apolitisme.

Pendant la campagne, Vigouroux inaugure des crèches, de minuscules jardins publics, le salon du prêt-à-porter... Il donne aux Marseillais le sentiment qu'il a pour seul souci l'amélioration de leur vie quotidienne. Comme le dit Pierre Bonneric : « Il ne parle pas beaucoup mais il écoute et ça plaît aux Marseillais. » Son mutisme sur les questions politiques tranche avec les polémiques entre les autres listes. Mais, s'il se place au-dessus de la mêlée, ses partisans se chargent de déstabiliser ses adversaires dans la coulisse. Et là, tous les coups sont permis. Michel Pezet perd aussi en cours de campagne électorale une pièce importante de son dispositif. Irma Rappuzzi, figure historique du defferrisme, premier adjoint au maire de 1977 à 1986, sénateur depuis 1955, renonce à mener la liste PS dans le troisième secteur, prétextant une blessure au pied... Reste à Pezet l'investiture socialiste. Mais même sur ce point, les amis de Robert Vigouroux parviennent à semer le doute. La rue de Solférino soutient bien son secrétaire fédéral, mais l'Élysée marque ostensiblement sa préférence pour Vigouroux. François Mitterrand respecte la mémoire de ses amis disparus.

Au contraire, Pierre Mauroy rappelle que le seul candidat du PS est Michel Pezet (Le patron du PS se souvient sans doute à ce moment qu'il doit son élection, comme premier secrétaire, à l'appui des Marseillais). Mais le ministre de l'Intérieur, Pierre Joxe, affirme que le premier secrétaire multiplie les bourdes. Pour faire bonne mesure, Roger Hanin, beau-frère de François Mitterrand, vient à Marseille pour apporter ostensiblement son soutien au maire sortant. Pezet, qui a fait exclure Vigouroux du PS au mois de janvier, obtient le 1er mars que la rue de Solférino étende cette sanction à tous les socialistes figurant sur les listes conduites par son adversaire. Mais Marcel Debarge, alors numéro deux du PS, secrétaire national aux élections, annonce la décision de telle manière qu'il en atténue la portée politique : « Le bureau exécutif a décidé, à l'unanimité, d'appliquer l'article 80 des statuts du parti aux socialistes se trouvant sur des listes différentes de celles conduites officiellement par Michel Pezet. On l'a fait sans joie, mais on l'a fait. »

La manœuvre politique est difficile à parer mais les amis politiques de Vigouroux ne s'en contentent pas. Ils n'hésitent pas à employer les moyens les moins ragoûtants. Et le *Provençal* publie, en plein cœur de la campagne électorale, un article d'Edmonde Charles-Roux particulièrement perfide, dans lequel elle souligne que, marié, père de famille, Robert Vigouroux est un homme, un vrai... et qu'on ne peut en dire autant de ses adversaires...

Début mars, les sondages tombent comme un couperet pour Jean-Claude Gaudin et Michel Pezet. Pour l'institut de sondage CSA, la liste Vigouroux est créditée de 36 % des intentions de vote au premier tour, devant la liste

LE DÉPUTÉ DE MARSEILLE

Gaudin avec 27,5 % et la liste Pezet avec 20 %. Pour BVA, l'avance du maire sortant est aussi nette. 38,5 % contre 31 % à Gaudin, et 20,5 % à Pezet. La cause est d'ores et déjà entendue. Et, au soir du 12 mars, Robert Vigouroux fait mieux que Gaston Defferre. Il obtient plus de 42 % des voix alors que Jean-Claude Gaudin réalise 24,6 % et que Michel Pezet s'effondre avec 16,1 %. Tous les partis classiques sont balayés. Même le Front national qui avait réalisé à Marseille son meilleur score à l'élection présidentielle : la liste FN, emmenée par Gabriel Domenech, ancien rédacteur en chef du *Méridional,* député de 1986 à 1988, tombe à 12,7 % (Jean-Marie Le Pen ayant réalisé 28 % en avril 1988). La déferlante Vigouroux emporte tout sur son passage. Même les beaux quartiers ont choisi le maire de gauche contre Gaudin. Dans le 8ᵉ arrondissement, où le président du groupe UDF à l'Assemblée nationale obtient habituellement des scores supérieurs à 60 %, il est devancé par la liste Vigouroux ; dans le 6ᵉ secteur, Jacques Rocca-Serra (41,72 %) humilie Michel Pezet (17,74 %). Et, dans le cinquième secteur, Guy Teissier, battu de justesse en janvier par Bernard Tapie, est devancé de 14 % par la liste du maire sortant, conduite par Charles-Émile Loo.

Entre les deux tours, la guerre socialo-socialiste se poursuit. Pezet refuse de se désister en faveur de Vigouroux. Le parti socialiste ne veut pas laisser les communistes seuls en face du vainqueur du premier tour, mais plus personne n'y croit. Témoin la déclaration de Pierre Mauroy qui équivaut à une acceptation de la défaite : « Ceux qui ont combattu ont droit à la dignité des combattants. » *De profundis...*

Le 19 mars, Robert Vigouroux fait aussi bien à Marseille que Jacques Chirac à Paris ou Michel Noir à Lyon : il réalise le grand chelem, l'emportant dans huit secteurs sur huit. Jean-Claude Gaudin ne sera jamais maire de Marseille. Son avenir politique ne peut plus être que régional, et il se replie sur son poste de président du conseil régional de Provence-Alpes-Côte d'Azur, qu'il est décidé à défendre bec et ongles. Michel Pezet est politiquement mort, et il ne peut espérer conserver son siège de député socialiste qu'en composant avec les nouveaux patrons de la ville. Au plan national, le triomphe du favori de l'Élysée pose davantage de problèmes qu'il n'en résout. Contrairement à 1983, où la victoire à l'arraché de Gaston Defferre avait psychologiquement sauvé les socialistes d'une déroute électorale historique, le succès de Robert Vigouroux souligne les difficultés de la gauche. Mitterrand gagne mais le parti socialiste perd. Le fossé entre le président de la République et son parti se creuse un peu plus.

Autre conséquence de ce raz-de-marée, Robert Vigouroux y gagne une assurance politique considérable. Et celui qui a fait mieux que Defferre a pris goût au pouvoir. Investi d'une nouvelle légitimité, il est libéré de ses parrains. Après la berezina de ses adversaires socialistes, il n'a plus à Marseille qu'un seul concurrent, le député Tapie, président de l'OM. Alliés le temps de leurs deux élections respectives, les deux hommes ont des profils personnels et politiques trop proches pour ne pas se heurter à l'avenir. Marseille est trop petit pour que ces deux représentants de la génération Mitterrand y cohabitent.

CHAPITRE 5

LE LOUP DANS LA BERGERIE

Guy Teissier, l'adversaire malheureux de Bernard Tapie en janvier 1989, le reconnaît lui-même : « Sa force, c'est qu'il est un marchand de rêves extraordinaire. » Beaucoup d'électeurs de la circonscription ont voté Tapie, convaincus que l'homme capable de faire un miracle, en propulsant l'Olympique de Marseille vers les sommets européens, serait en mesure de trouver une solution à tous les problèmes individuels des habitants des quartiers de la sixième circonscription de Marseille. Au moment de la campagne électorale, il n'était pas rare d'entendre : « Je vais voter Tapie parce qu'il va nous trouver un boulot. »

Deux ans et demi après son élection, Bernard Tapie n'a pas, loin s'en faut, répondu aux espoirs que la population avait placés en lui. Il suffit pour s'en convaincre de se rendre dans les parties les plus défavorisées de sa circonscription. Dans la cité Bel-Air — la mal nommée, tant l'endroit respire la désespérance —, quand on interrogeait les habitants au printemps 91, on percevait une réelle déception, allant parfois jusqu'à la violence verbale : « Si Tapie remet les pieds ici, on le fait brûler. » Même en faisant la part de l'outrance verbale propre aux Marseillais, il faut bien admettre que le député Tapie a déçu ses électeurs.

Le 17 juillet 1990, *Le Monde* publie sous la signature de Guy Porte, son correspondant à Marseille, un long article, titré : *M. Tapie est-il un bon député ?* Les témoignages recueillis par le journaliste sont accablants. « Où est-il mon député ? dit Antoine Saura, président des locataires de Château Saint-Loup. Je le cherche ; il n'est pas ici. Quand je l'ai reçu dans la cité pendant la campagne, je lui ai dit : "Je voterai pour vous, mais après, ne jouez pas les courants d'air". » Depuis lors, Antoine Saura affirme n'avoir « plus jamais revu » Bernard Tapie. Et Simone Hénin, déléguée d'un club du troisième âge, dans le quartier de la Pauline, se souvient d'avoir rencontré Tapie, mais « c'était avant les élections. Il nous avait invités à une belle fête au château des Fleurs et il nous avait dit qu'on pouvait compter sur lui ». En réalité, Bernard Tapie subit le contrecoup de la déception de ses électeurs comme n'importe quel élu. Tout candidat promet. Bien plus qu'il ne peut tenir. Et on imagine mal comment celui qui dirait à ses électeurs, « votez pour moi, mais soyez assurés que je ne pourrai rien pour vous », pourrait avoir une chance de l'emporter. Encore faut-il, pour éviter les lendemains qui déchantent, formuler des promesses suffisamment vagues ou anodines. Et Bernard Tapie, lui, n'y est pas allé de main morte.

« Si on travaille ensemble, avait-il affirmé pendant sa campagne électorale, avec les moyens que j'entends engager ici, tout le monde aura envie de venir y habiter. Et si je suis élu, je fournirai, d'ici à deux ans, un emploi à 1 000 mômes, aujourd'hui sans formation et au chômage. » De tels propos, tenus fin décembre 1989, ont pu faire croire aux habitants de la circonscription que le Père Noël était descendu dans la cheminée de leur HLM. D'autant plus que celui qui s'exprimait ainsi n'était pas un politicien quelconque, mais le chef d'entreprise le plus médiatique de France. Le plus efficace soutien de Bernard Tapie, Charles-Émile Loo, explique parfaitement le succès de son candidat, quand il parle de « sa différence » : « Lui, c'est un cas. Il donne du bonheur à ceux qui n'ont rien. » Le problème est que « ceux qui n'ont rien » n'ont pas forcément la mémoire courte. Les victoires de l'OM ne valent pas un emploi. Et, avec Tapie, la déception est proportionnelle aux espoirs qu'il a fait naître.

Pour Guy Teissier, « Tapie n'a créé qu'un seul emploi dans la circonscription : celui de son chauffeur-attaché parlementaire ». Assertion d'un adversaire rancunier ? Pas tout à fait. Si Tapie a bien contribué à créer quelques emplois à Marseille, c'est grâce à une école de formation à la vente pour jeunes chômeurs, organisée sur le modèle de ce qu'il avait déjà réalisé dans des villes comme Béziers ou Compiègne. Au total quelques dizaines de jeunes diplômés, dont à peine un tiers habitent la 6e circonscription des Bouches-du-Rhône. C'est mieux que rien, mais c'est sans commune mesure avec la promesse électorale de mille emplois pour des jeunes chômeurs.

Bernard Tapie s'engage facilement, mais il tient rarement. Sa promesse de résoudre la question du chômage des jeunes dans la circonscription n'est pas la seule à ne pas avoir été tenue. Il avait ainsi annoncé qu'il installerait le siège social de son groupe à Marseille. « Pour montrer l'exemple. » Trente-deux mois après son élection, le siège social du groupe est toujours installé 24 avenue de Friedland, à Paris.

Il s'était promis de mettre un terme au scandale du « trou de la Rouvière ». Au cœur de la circonscription, il existe un trou, consécutif à l'arrêt d'un chantier de construction. A l'endroit où devrait se dresser aujourd'hui un ensemble immobilier, la faillite du promoteur n'a laissé qu'une béance. Avant l'élection de janvier 1990, Tapie avait juré qu'il ferait en sorte que les travaux soient repris. Le « trou » est toujours à la même place, et Dominique Masson, membre du conseil syndical de la Rouvière, dit : « Il nous a bernés. »

Dernier dossier sensible pour la circonscription, celui de la « zone d'ombre de Faubrèges ». Au cours de sa campagne électorale, Bernard Tapie avait promis de faire installer le réémetteur de TDF qui aurait permis aux téléspectateurs de ce quartier de Marseille de recevoir convenablement la télévision. Au besoin à ses frais. L'implantation de ce réémetteur a donné lieu à des polémiques sans fin. Jusqu'au jour où il a finalement été implanté, en septembre 1991 ; Bernard Tapie affirme avoir payé de ses deniers le coût de cette installation. TDF a effectivement reçu un chèque de 800 000 francs, tiré sur la société S.I.B.T. Coup politique spectaculaire, capable de faire taire les détracteurs du député-fantôme. Opération d'autant plus rentable politiquement qu'elle survient au lendemain de l'annonce officielle de la candidature Tapie aux élections régionales.

Le bilan du député Tapie n'est guère brillant ? Jean-Claude Gaudin a certainement raison quand il dit : « Le seul endroit de Marseille où on peut voir M. Tapie, c'est le stade vélodrome et pas sa circonscription. » Mais que vaut l'argument ? Une victoire de l'OM, devant 35 000 spectateurs, ne pèse-t-elle pas, en termes électoraux, des dizaines de permanences à la mairie du 5e ou du 9e arrondissement. Et les électeurs de Bernard Tapie préfèrent sans doute, dans leur immense majorité, voir gagner leur équipe fanion, que de rencontrer leur député. Aussi longtemps que le président de l'OM parviendra à amener les bleus et blancs en phase finale de la coupe d'Europe de football, ils lui pardonneront de se faire représenter dans ses permanences par son chauffeur-garde du corps et attaché parlementaire, que ses adversaires présentent comme son « porte-flingue ». Ce genre d'attaque détruirait la carrière de n'importe quel parlementaire. Partout en France, sauf à Marseille.

Vigouroux/Tapie : le face à face

Aussi bien le vrai débat politique marseillais n'oppose-t-il plus Tapie à Gaudin ou à Teissier — en l'état actuel des choses, les deux hommes n'ont pas les moyens de lutter contre lui sur le terrain de la ville — mais Tapie à Vigouroux. Et le duel ouvert entre ces deux représentants de la majorité présidentielle est désormais sans pitié. Si Robert Vigouroux a soutenu Bernard Tapie aux élections législatives, et si celui-ci lui a rendu la pareille aux élections municipales, le maire de Marseille se méfie d'un homme dont la notoriété est égale sinon supérieure à la sienne, comme en témoigne le sondage publié, en septembre 1990, par le *Provençal.* Tapie y obtient 51,6 % de bonnes opinions contre 47,5 % pour Vigouroux, et 56,9 % de cote d'avenir contre 56,6 % au maire. Personne ne saura jamais ce que Tapie aurait pu accomplir comme ambassadeur extraordinaire de la ville. Depuis qu'il a emporté haut la main l'élection municipale de mars 1989, le maire n'a rien demandé au député. Les deux hommes ne s'adressent plus la parole et Vigouroux évite soigneusement de faire référence à Bernard Tapie.

Malgré les dénégations répétées de Bernard Tapie, Robert Vigouroux voit en lui un rival potentiel à la mairie. Le député de Marseille affirme pourtant, dans une interview au *Provençal,* le 11 juin 1990 : « Je ne pourrai pas être un bon maire, parce que je n'en ai pas le caractère. » Il réitère ses déclarations au cours de l'émission *Objections* sur France Inter, le 28 septembre de la même année. Il assure qu'il ne sera « jamais candidat à la mairie de Marseille » parce que « c'est un métier qui ne lui plairait pas ». Et il ajoute : « Je ne vois rien qui pourrait me faire changer d'avis. » Mais il en faut plus pour convaincre un homme aussi méfiant que Robert Vigouroux.

La rivalité entre les deux hommes est inéluctable. Du fait de leurs fonctions et de leurs responsabilités respectives sur Marseille. Il revient au maire la difficulté de gérer une cité en état de quasi-faillite. Pour Jean-Claude Gaudin, « Marseille est dans la spirale de la pauvreté, elle ne s'en sortira pas » (Pessimisme lucide qui n'avait pas empêché Gaudin de tenter, en 1983 et 1989, de prendre l'hôtel de ville...). Dans ces conditions, la position du député-président de l'OM est infiniment plus confortable que celle de Robert Vigouroux. Au maire, le Marseille qui perd ; à Bernard Tapie, le Marseille qui gagne. Vigouroux supporte le poids de toutes les images négatives attachées à la ville. Chômage, drogue, banditisme, immigration. Tapie engrange les succès sur le seul terrain où Marseille gagne, celui du stade vélodrome. Et, en prime, la charge de travail que représente la direction de l'OM est sans commune mesure avec celle de la conduite d'une agglomération de près d'un million d'habitants.

Cette confiscation par Bernard Tapie de la seule image positive de la ville fait bondir non seulement les amis du maire mais aussi ceux de Jean-Claude Gaudin. Les uns et les autres présentent les mêmes arguments pour expliquer que Marseille ne se réduit pas à l'OM. Ainsi, Christian Poitevin, troisième adjoint au maire — et fils d'André Poitevin, l'ancien bras droit de Defferre dans ses affaires de presse — trouve les mêmes accents que Michel Bassi, directeur du *Méridional,* pour parler de la dimension technologique et du haut niveau de la médecine marseillaise. Adjoint à la culture, Poitevin souligne par ailleurs que le théâtre de la Criée (le Théâtre national populaire de Marseille), dont Marcel Maréchal assure la direction depuis 1975, compte davantage d'abonnés que l'OM n'a de « socios » (les supporters réguliers de l'Olympique de Marseille).

Autre raison de l'animosité entre le maire et le député : ces deux élus de la majorité présidentielle ont été cornaqués par la même équipe. Mais les proches de Gaston Defferre, qui ont fabriqué Vigouroux en espérant être en mesure de le contrôler, sont aujourd'hui écartés des responsabilités de la mairie. La « marionnette », inventée pour être l'instrument de leur vengeance contre Michel Pezet, leur a échappé. Et ils font désormais flèche de tout bois contre le maire.

Dans ce nouvel épisode du feuilleton politique marseillais, qui ferait passer les scénaristes de *Dallas* ou de *Dynastie* pour des auteurs dépourvus d'imagination, l'attitude de Charles-Émile Loo est particulièrement significative. La victoire de Vigouroux contre le PS des Bouches-du-Rhône avait été le chef-d'œuvre de « Milou » Loo. Revanche personnelle d'autant plus suave que, déjà sous le règne de Gaston Defferre, « Milou » avait été écarté des principales responsabilités, comme si le maître de Marseille avait fini par trouver son ami de quarante ans un peu trop voyant et compromettant. Après avoir obtenu son bâton de maréchal en devenant, de 1973 à 1975, vice-président de l'Assemblée nationale, Loo n'a pu obtenir de Defferre qu'il lui accorde la consécration marseillaise dont il rêvait. En 1977, Defferre lui avait ainsi préféré Irma Rappuzzi au poste de premier adjoint au maire. Loo en avait conçu quelque amertume. En 1983, il s'était retiré de l'équipe municipale pour ne pas avoir à cautionner l'accord, passé par le ministre de l'Intérieur, de l'union de la gauche avec le parti communiste. Depuis ce moment, et jusqu'à la mort de Gaston Defferre, l'influence politique de « Milou » avait sensiblement diminué. La disparition du vieux parrain de la ville, et la guerre de succession qui s'en est suivie, lui a donné l'occasion de revenir dans le jeu local. Avec deux objectifs : contrôler la mairie par personne interposée et reprendre en mains le parti socialiste marseillais, dont il avait été exclu. S'il parviendra à ses fins, en septembre 1991, en ce qui concerne sa reconquête de l'appareil du PS marseillais, Robert Vigouroux ne le laissera pas réaliser son ambition de gouverner la ville en sous-main.

Quand Edmonde Charles-Roux et Charles-Émile Loo s'aperçoivent que le maire n'est pas aisément manipulable, ils entament contre lui une campagne de dénigrement systématique, dont Bernard Tapie se fera le relais en plusieurs occasions. Alors que les proches de Defferre ne tarissaient pas d'éloges sur Vigouroux au moment de l'élection municipale, ils lui découvrent tout à coup une multitude de défauts ; souvent ceux que Gaudin et Pezet avaient dénoncés pendant la campagne électorale... Celui dont ils avaient vanté la circonspection et la capacité d'écoute, se voit désormais reproché de n'avoir rien à dire. Il lui est surtout fait grief de se conduire en autocrate — critique qui ne manque pas de cocasserie dès lors qu'elle émane des fidèles de Gaston Defferre, qui n'avait pas l'habitude de partager le pouvoir. Vigouroux serait ainsi enfermé dans une tour d'ivoire. Et Loo, qui le pratique depuis 1971, découvre en 1991 que le maire de Marseille est « marqué par le mandarinat », que ce neurochirurgien serait, probablement à cause de sa profession, un « personnage composé ». Vigouroux, « c'est de la glace, jamais un geste, jamais un mot ». Bref le contraire du tempérament marseillais (Comme si Gaston Defferre, protestant cévenol, avait été un modèle d'exubérance pagnolesque...).

Aucune critique n'est assez dure pour abattre le maire. Il est ainsi accusé de ne pas respecter la parole donnée aux électeurs puisque, rappelle Charles-Émile Loo, « il avait inscrit en tête de sa brochure électorale la promesse d'être un maire de Marseille à plein temps ». Depuis lors, « il s'est présenté à toutes les élections ; il a voulu se porter candidat contre Le Pen, dans la huitième circonscription en juin 1988, et il s'est fait élire sénateur. Et, ajoute Loo, voilà qu'il annonce, en septembre 1991, qu'il sera "présent" dans l'élection régionale ! ». L'amertume de « Milou » est d'autant plus grande qu'il aurait probablement souhaité accéder au Sénat. A tout le moins, explique un des responsables de la fédération socialiste départementale, « il aurait apprécié être consulté sur la désignation des candidats de la mairie au Sénat. Milou tient par-dessus tout à apparaître comme le faiseur de rois de Marseille ». Au lieu de cela, Vigouroux s'est présenté lui-même et a désigné Jacques Rocca-Serra, animateur à la mairie du GAES (groupe d'action économique et sociale).

Les déconvenues de Loo expliquent la violence des propos qu'il tient aujourd'hui sur Vigouroux, n'hésitant pas à ironiser sur le caractère aléatoire de l'honnêteté de gestion, « promise par le maire en 1989 ». Mais quelques affaires marseillaises apportent de l'eau à son moulin ; depuis 1991, un de ses conseillers municipaux a été assassiné (Jean-Jacques Peschard) et un autre est en prison (Armand Gallo), accusé d'avoir commandité le meurtre de son collègue. Cela fait un peu désordre. Au lendemain de cette affaire, Vigouroux interviendra, en vain, auprès de Pierre Joxe, pour que le ministre de l'Intérieur use de son influence pour que l'élu incarcéré bénéficie d'un non-lieu. L'épisode est toutefois l'occasion d'un rapprochement fugitif entre Tapie et le maire. Le député déclare, le 28 janvier 1990, au *Journal du dimanche* : « Ceux qui font l'amalgame entre Robert [c'est la première fois que Tapie appelle Vigouroux par son seul prénom] et ce qui s'est passé sont des salopards. Chacun sait que le maire de Marseille n'y est pour rien... » Mais si le président de l'OM se donne le beau rôle, en prenant la défense du maire, il épingle au passage deux de ses principaux collaborateurs, « les deux pignoufs », Pierre Boneric, directeur de cabinet, et Michel Archine, un publicitaire qui a été le chef d'orchestre de la campagne municipale victorieuse. Malaise également, quand Vigouroux confie un poste de chargé de mission sur les questions de délinquance à Me Henri Juramy, candidat du Front national, dans la 6e circonscription de Marseille, en 1985. Cette nomination surprenante vaudra même un coup de téléphone de François Mitterrand au maire de Marseille... Il est vrai que Robert Vigouroux prête le flanc à la critique. Et les Marseillais notent que leur maire est bien souvent absent de la cité, qu'il a déjà fait trois fois le tour du monde depuis son élection ; et cela dans des conditions de luxe et de confort — chacun raconte à Marseille l'affaire de la suite ruineuse occupée par Vigouroux lors d'un voyage à Hong Kong. Faute psychologique de la part du maire, à un moment où la ville connaît de graves difficultés économiques et sociales ? D'autant plus qu'il a été contraint d'adopter des mesures d'économie draconiennes qui nuisent à sa popularité et contribuent à crédibiliser les attaques de ses adversaires. Ainsi, la mairie a-t-elle supprimé la carte cyclamen, qui permettait aux personnes âgées de circuler sur le réseau de transport public — métro et bus — à tarif réduit. Il a également annulé les crédits en faveur des centres aérés, où de nombreuses familles marseillaises, de condition modeste, envoyaient traditionnellement leurs enfants pendant les vacances.

Les erreurs de communication du maire, et les tirs de barrage dirigés contre lui, ont entamé son image. Et dans le jeu de ses adversaires, la carte Tapie est un joker non négligeable. Le député ne manque plus jamais une occasion de faire porter le chapeau de ses promesses non tenues à l'équipe municipale. Quand on lui reprochait de n'avoir pas fait installer le réémetteur de Faubrèges, Tapie expliquait que la mairie refusait d'acheter les terrains nécessaires à l'implantation. Lorsqu'on lui rappelle qu'il a fait miroiter la construction d'un stade de 70 000 places, il rejette la responsabilité du retard sur la mauvaise volonté de Vigouroux.

Dans la querelle qui oppose désormais les deux hommes,

les torts sont probablement partagés. Car, s'il est incontestable que Tapie s'est engagé bien au-delà de ce qu'il pouvait tenir, Vigouroux, peu soucieux de servir la carrière de celui qu'il considère, à juste titre, comme son principal concurrent local, ne fait rien pour lui venir en aide. Le ton monte entre le maire et le président de l'OM. Chacun dans son registre tente de déstabiliser l'autre. Robert Vigouroux choisit d'ignorer Tapie, de le traiter par le mépris, tout en lançant, chaque fois qu'il le peut, des initiatives susceptibles de gêner la progression du député. Le télégramme de félicitations adressé par Vigouroux à l'équipe de l'Olympique de Marseille, le 17 mai 1991, au soir du match victorieux contre l'AJ Auxerre, à l'issue duquel l'OM obtenait son troisième titre consécutif de champion de France de football, est particulièrement révélateur des sentiments du maire : « Tout Marseille, toute la France apprécient à sa juste valeur et glorifient l'Olympique de Marseille, joueurs et dirigeants. Vous êtes les meilleurs footballeurs. » Difficile de faire plus sobre. Tout Marseille attribue à Bernard Tapie le mérite principal des succès de son équipe, le maire, lui, ne cite même pas son nom. Pour cet élu, proche collaborateur de Robert Vigouroux à l'hôtel de ville, le maire réagit en « chirurgien du cerveau ; il observe l'agitation qui saisit son concurrent, mais il considère qu'il est encore trop tôt pour sortir le bistouri et ouvrir la boîte crânienne »...

De son côté, le patron de l'OM n'épargne pas le maire. A l'automne 1990, à un moment où son équipe traverse une mauvaise passe, consécutive notamment aux suspicions qui pèsent sur la gestion des dirigeants du club, Tapie donne une interview au journal *Le Soir* : « Pour toutes ces affaires, je réglerai mes comptes et personne ne sera épargné. Si on peut comprendre, à la rigueur, les attaques qui viennent de l'extérieur, on a beaucoup de mal à digérer celles qui viennent de Marseille. » Le député de la 6e circonscription des Bouches-du-Rhône a beau, théoriquement, appartenir à la même majorité présidentielle que le maire de Marseille, les deux hommes se détestent. Définitivement. Et dans leur conflit ouvert, chacun lutte avec ses armes et son tempérament. Le grand bourgeois, professeur de médecine, joue sur le registre du dédain. L'enfant de La Courneuve roule des mécaniques. L'intimidation, vague ou directe, fait partie du style Tapie. Il en use contre Robert Vigouroux. Ainsi, en septembre 1991, après que le maire a annoncé sa volonté d'être « présent » dans le débat électoral régional (et on imagine mal que le premier magistrat de la capitale régionale se désintéresse de cette compétition), Tapie réplique vertement, déclarant qu'il saura se souvenir, le moment venu, des « cadeaux » qui lui auront été faits. En clair, il menace Vigouroux de tout mettre en œuvre, en 1995, pour empêcher sa réélection à la mairie de Marseille. Sale ambiance !

Le fantôme du Palais Bourbon

Le député Tapie ne fait pas partie de ces parlementaires qui arpentent sans relâche leur circonscription. Il ne s'est pas fait élire pour être l'assistante sociale de ses électeurs, même s'il leur a promis d'améliorer notablement leur vie quotidienne. Mais s'il n'est pas le député de terrain que ses électeurs attendaient, il n'est pas davantage présent à l'Assemblée nationale.

Comme le dit un huissier du Palais-Bourbon : « Heureusement qu'on le connaît par la télévision, sinon, nous serions obligés de lui réclamer sa carte, les rares fois où il met les pieds à l'Assemblée. » Il n'occupe d'ailleurs jamais le bureau, qui lui est affecté, dans l'immeuble du 233 boulevard Saint-Germain. Mais s'il n'est pas présent, Tapie est serviable et il prête volontiers son local de parlementaire à ses collègues en manque de place. Certaines opérations menées par des élus de droite ont été ainsi organisées à partir du bureau de Tapie !

Pourquoi un homme, qui ne met les pieds ni dans sa circonscription, ni à l'Assemblée, décide-t-il de se présenter aux suffrages de ses concitoyens ? Bernard Tapie en fournit l'explication, dans l'interview qu'il donne à *Paris Match,* en décembre 1988, au moment où il se porte candidat à l'élection partielle de Marseille. Comparant sa situation à celle du professeur Léon Schwartzenberg, éphémère ministre de la Santé du gouvernement Rocard — il est demeuré en poste un jour de moins que Jean-Jacques Servan-Schreiber, l'étoile filante du gouvernement Chirac de 1974 —, « il a été choisi par les politiques. Il a été exclu par eux ! Pour avoir un poids réel, une vraie valeur politique, il faut passer par les mêmes critères de référence, donc être élu. Dès lors, on peut discuter à égalité avec la classe politique ». Bernard Tapie n'est pas député, pour ses électeurs, mais pour payer son ticket d'entrée dans la classe politique. Pour parler d'égal à égal avec les puissants et parce qu'il se sent investi de la mission de créer « des passerelles entre société civile et société politique ». Le moins orthodoxe des chefs d'entreprise français ne doute de rien. Une fois encore, il fait preuve d'un culot à toute épreuve. On pourrait imaginer que d'autres que lui sont mieux placés pour faire part aux politiques de leur expérience industrielle (un François Michelin, un Antoine Riboud, un Loïk Le Floch-Prigent ou un Jacques Calvet), mais la force de Tapie est précisément dans ce toupet de gosse naïf. Encore faudrait-il, pour avoir un minimum de crédibilité, respecter quelques règles du jeu. Et il en existe en politique comme ailleurs.

Un des trucs habituels de Bernard Tapie est d'affirmer

péremptoirement n'importe quoi, de préférence à la télévision, parce qu'il est convaincu que les paroles prononcées au journal de 20 heures de TF1 auront plus de poids que tous les démentis qui pourront lui être opposés ultérieurement. Peu lui importe de mentir effrontément du moment qu'il s'exprime devant des millions de téléspectateurs. Et il se soucie, comme d'une guigne, des rectificatifs documentés qui pourront être publiés le lendemain, dans la presse écrite.

Son absentéisme chronique va lui jouer des tours. Membre de la majorité présidentielle, il a laissé la clé de son pupitre, à l'Assemblée nationale, à la disposition du groupe socialiste. Cette pratique contestable, mais généralisée, va le pousser à la faute, au moment du vote de la loi sur le financement des partis politiques et des campagnes électorales, consécutive au scandale Urba Gracco. Les socialistes ont inséré dans le projet gouvernemental un amendement décrétant l'auto-amnistie des parlementaires. Cette disposition provoque un scandale énorme dans l'opinion publique. Tapie, qui sait prendre le vent, se désolidarise de ses amis socialistes. Invité par Patrick Poivre d'Arvor, au journal de TF1, le 29 novembre 1990, il déclare : « Écoutez Patrick, vous savez bien que le vrai problème est cette loi d'amnistie. Je suis à l'aise pour en parler. Elle a été votée par la gauche et une grande partie de la droite. Mais moi, je ne l'ai pas votée. » Ce disant, Tapie commet une inexactitude volontaire et profère un mensonge éhonté. Contrairement à ce qu'il prétend, la droite n'a pas voté l'amendement PS sur l'amnistie. Seuls Gérard Longuet pour l'UDF (ancien trésorier du Parti républicain, Longuet n'est pas homme à pratiquer l'hypocrisie), Éric Raoult pour le RPR et quatre députés de l'Union centriste (parmi lesquels Raymond Barre et Bruno Durieux qui ne font pas partie des adversaires les plus irréductibles du pouvoir socialiste) ont voté la loi d'amnistie. Mais Tapie n'a cure de proférer une telle contrevérité, du moment que cet amalgame, entre droite et gauche, le sert.

Mais surtout, il ment, sans vergogne, en prétendant avoir personnellement voté contre l'amnistie. La lecture du *Journal officiel* révèle, en effet, qu'il a au contraire approuvé l'amendement socialiste. Dès le lendemain de sa déclaration, la presse lui oppose le *Journal officiel* dans lequel son nom figure au nombre des parlementaires ayant voté l'amnistie. Jamais pris au dépourvu, le député de Marseille fait alors remarquer qu'il a demandé la modification de son vote, lors de la deuxième lecture du texte. Ce qui est exact. L'ennui, pour lui, est que le vote définitif n'a été acquis qu'au terme d'une troisième lecture et que, lors du scrutin final, il a bien voté avec le PS, sans penser à réclamer, cette fois-là, une modification de son vote. Le *Journal officiel,* daté du 21 décembre 1989, en fait foi. Pris en flagrant délit de mensonge, il ne se trouble pas pour autant. A nouveau invité au journal de TF1, il répète, le 29 novembre 1990 : « Ce fut une énorme connerie. Je le dis maintenant, et je le disais à l'époque, car, cette loi, je ne l'ai pas votée. » Dès lors que la vérité le gêne, Tapie s'assoit dessus...

L'épisode de la loi d'amnistie a révélé que le député de Marseille n'était pas un familier de la procédure parlementaire. Au moment de l'introduction en Bourse du groupe BTF (Bernard Tapie Finance), cette méconnaissance des règles de droit va le placer dans une situation délicate.

Pour placer les titres de son groupe, Tapie édite une brochure publicitaire dans laquelle il fait état de ses fonctions électives. Alors que l'article LO 146 du Code électoral précise que « sont incompatibles avec le mandat de parlementaire, les fonctions de chef d'entreprise, de président de conseil d'administration, exercées dans les sociétés ayant exclusivement un objet financier et faisant publiquement appel à l'épargne », et que l'article LO 150 dispose : « Il est interdit à tout député de faire ou de laisser figurer son nom, suivi de sa qualité, dans toute publicité relative à une entreprise financière, industrielle ou commerciale. » Or, l'objet de l'introduction en Bourse de BTF est précisément de faire appel à l'épargne, et la note de présentation éditée par BTF fait expressément référence à sa qualité de député, ajoutant même qu'il appartient à la commission des Finances de l'Assemblée nationale. L'infraction est donc établie et Bernard Pons, président du groupe RPR, saisit le bureau de l'Assemblée en demandant à Laurent Fabius de transmettre le dossier au Conseil constitutionnel.

Le dossier est également transmis au garde des Sceaux, Pierre Arpaillange. Celui-ci, qu'on a connu meilleur juriste avant qu'il n'entre au gouvernement, vole au secours du député de Marseille. La chancellerie fait en effet savoir qu'« après examen attentif des différents aspects de la situation de Bernard Tapie, au regard des prescriptions du Code électoral, il n'a pas été relevé de présomptions suffisantes que ce parlementaire ait méconnu les dispositions ». En somme, contrairement à n'importe quel citoyen, le député Tapie est autorisé à se moquer sans vergogne de la loi républicaine. Ce mépris de la règle de droit par l'autorité, chargée de le faire respecter, ne peut dès lors que renforcer le sentiment du député de Marseille qu'il est placé au-dessus des lois.

Mais il faut dire à sa décharge que ses collègues parlementaires ont tout fait pour le conforter dans cette idée. Le bureau de l'Assemblée refuse en effet de donner suite à la demande de Bernard Pons et enterre l'affaire sans la transmettre au Conseil constitutionnel, qui eût été contraint de constater l'infraction et d'invalider l'élection

LE LOUP DANS LA BERGERIE

LE LOUP DANS LA BERGERIE

de Bernard Tapie. Réuni le 30 novembre 1989, le bureau de l'Assemblée a estimé qu'il n'y avait pas lieu de déposer une requête sur le bureau du Conseil constitutionnel, dans la mesure où, pas plus dans les années passées qu'aujourd'hui, il ne se sentait en mesure de vérifier la matérialité des faits reprochés et d'évaluer l'intention de leur collègue de contrevenir aux dispositions du Code électoral.

Incroyable réaction corporatiste d'hommes qui, chargés de voter les lois, décident de la sorte qu'ils ne sont pas tenus de la respecter. Réflexe politique également. Car Tapie est ainsi absous non seulement par ses amis socialistes, mais aussi par les représentants de l'UDF et de l'Union centriste au bureau de l'Assemblée nationale. Quelques parlementaires RPR interviendront également, à sa demande, en faveur du député non inscrit des Bouches-du-Rhône. Ainsi, Jacques Toubon tentera-t-il de convaincre certains de ses collègues RPR de renoncer à chercher des poux dans la tête de Tapie. Étrange indulgence, de la part d'une partie des députés de l'opposition, qui relève chez certains de la courtoisie et de la « bonne camaraderie » (c'est le cas de Jacques Toubon), mais qui tient surtout du contexte politique de l'heure. Cette affaire se situe, en effet, au lendemain de l'élection législative partielle de Dreux qui a vu la victoire écrasante de Marie-France Stirbois, la candidate du Front national. Dans ce contexte, les amis de Bernard Tapie n'ont pas eu grand mal à convaincre une partie de la droite — et singulièrement l'UDF qui se trouverait exposée en cas de partielle dans la sixième circonscription des Bouches-du-Rhône. L'opposition a joué « courage fuyons ». Tapie peut dormir tranquille et cet épisode indigne le conforte dans son idée qu'en politique, comme dans les affaires, seuls comptent les rapports de force.

Les relations utiles de Bernard Tapie

Si Bernard Tapie honore peu l'hémicycle de sa présence, il sait se servir de la politique en nouant des relations profitables avec les gens qui comptent. Grâce à Jacques Pilhan et Jean-Louis Bianco, il est entré en relation avec François Mitterrand. Et ce dernier le consulte à l'occasion. Ainsi, au moment de la guerre du Golfe, Tapie est reçu à l'Élysée. Cela lui permet de se mettre en avant. Il soutient la position française comme l'immense majorité des parlementaires. Mais le député de Marseille n'aime pas l'anonymat. Dans une interview à *Paris-Match,* début février 1991, alors qu'il est au centre d'une mauvaise affaire, concernant sa gestion de l'OM, et qu'il vient d'être sanctionné par la commission de discipline de la Fédération française de football, il annonce : « Maintenant, je prépare un voyage au Maghreb. Combien de députés sont-ils capables, après avoir voté en faveur de la guerre, d'aller prendre la parole dans un pays arabe ? » Procédé exemplaire de la méthode Tapie. Chaque fois qu'il se trouve en difficulté, il détourne l'attention du public. Cette fois-ci, il enfile le costume de Zorro. Comment ne pas être admiratif devant un responsable politique assez « gonflé » pour aller défendre la position de la France dans le Maghreb, alors que des centaines de milliers de manifestants, à Alger et Tunis, conspuent le nom de François Mitterrand et s'en prennent aux intérêts français. Mais Tapie ne fera rien de tout cela. Quand il se rend dans le Maghreb, le député de Marseille va dans sa villa de Marrakech. Et s'il lui arrive de discuter des affaires du monde dans les jardins de la Palmeraie, c'est assurément sans risque. Tapie bluffe sur le rôle qu'il prétend jouer au moment de la crise du Golfe. Il exagère également, dans des proportions considérables, la réalité de ses rapports avec François Mitterrand. Car, s'il est exact qu'il a eu longtemps des relations privilégiées et suivies avec l'Élysée, son interlocuteur habituel était, le plus souvent, le secrétaire général de la présidence, Jean-Louis Bianco, et rarement le chef de l'État. Il existe au demeurant très peu de photographies où l'on voit Mitterrand et Tapie ensemble. Sauf au Parc des Princes... les jours de finale de coupe de France quand les deux hommes sont présents ès qualités.

Quand on est, comme le patron de l'OM, engagé dans les affaires, dans le sport et dans la politique, il n'est pas inutile de se constituer un portefeuille d'amis bien placés. L'homme d'affaires qui se vantait, en 1986, de ne rien devoir, ni à la droite, ni à la gauche, mais qui se plaignait dans le même temps de n'avoir pas reçu le soutien des pouvoirs publics dans certaines opérations financières, comme sa candidature au rachat du groupe Boussac, met à profit son appartenance à la majorité présidentielle. Et il sait placer son affection.

C'est ainsi qu'il se lie d'amitié avec le directeur de cabinet de Michel Rocard, Jean-Paul Huchon, et qu'il cultive Laurent Fabius, le « fils » préféré du président de la République. Il a deux atouts incontestables pour réussir dans ses entreprises de séduction. D'abord son charme personnel qui est indéniable. Ensuite, le football. Huchon est grand amateur de ce sport, et Fabius sait qu'il est bon, pour l'image d'un homme politique, de se montrer lors des grands événements sportifs. La France entière soutient l'OM dans sa campagne européenne. Il est donc valorisant pour des politiques en mal de notoriété de se faire voir lors des matchs importants de l'Olympique de Marseille. Et comme Tapie met à leur disposition son jet personnel à l'occasion des matchs disputés à l'extérieur, ces supporters d'un genre un peu particulier peuvent joindre l'utile à l'agréable. Pour chaque grande rencontre de l'OM, la loge de Bernard Tapie est un lieu où il convient de se montrer. Le président de l'OM joue ainsi du goût immodéré d'un certain nombre de leaders politiques pour la communication. Illustration de ce phénomène : l'intervention parfaitement incongrue de Michel Rocard au lendemain de l'élimination de l'OM en demi-finale de la coupe d'Europe des clubs champions en 1990. Le club marseillais est battu à Lisbonne par le Benfica. Cause de la défaite, un but portugais contestable. Le Premier ministre se fend immédiatement d'un télégramme à Tapie, dans lequel il lui indique qu'il va proposer une nouvelle réglementation en matière d'arbitrage. Immixtion surréaliste du pouvoir politique dans une affaire qui ne concerne que les autorités sportives compétentes. Mais la recherche systématique du coup de pub rend les politiques fous ; Tapie le sait et s'en sert au mieux de ses intérêts.

Il peut même aller encore plus loin et utiliser ses relations en haut lieu pour se sortir d'un mauvais pas. Quand l'état-major de l'OM est mis sur la sellette par la brigade financière de Marseille, il obtient, de son ami Jean-Paul Huchon, qu'il téléphone personnellement au procureur de la République de Marseille pour que ce dernier mette la pédale douce et épargne les dirigeants du club champion de France. Et, au printemps 1991, quand le procureur Dropet réclame des instructions à la chancellerie pour pouvoir entamer des poursuites contre l'OM — procédure qui pourrait entraîner l'inculpation de Jean-Pierre Bernès, vice-président, de Michel Hidalgo, manager général, d'Alain Laroche, directeur financier, et surtout, hors session parlementaire, de Bernard Tapie lui-même —, le garde des Sceaux, Henri Nallet, ne répond même pas au patron du parquet de Marseille. Fort de ses bonnes relations avec le gotha socialiste, Tapie est ainsi placé en dehors du champ de compétence des juges. Et encore préfére-t-on croire que cette complaisance est due au seul copinage, et pas au fait que le commissaire aux comptes, qui a certifié les comptes de la campagne électorale de Bernard Tapie, David Azoulay, a également certifié ceux de la campagne présidentielle de François Mitterrand, dont Henri Nallet était le trésorier.

Quand la faveur présidentielle est retirée à son ami Rocard, Tapie n'a pas d'état d'âme. Il saute dans le train Cresson, affirmant que celle-ci doit être « une Thatcher à la française ». Il est vrai que le nouveau Premier ministre utilise un langage qui n'est guère éloigné de celui qu'emploie habituellement le député des Bouches-du-Rhône. Il lui rend ainsi hommage, l'encourageant à persévérer dans son personnage fracassant. « Il faut à tout prix qu'elle gouverne comme les Français pensaient qu'elle allait gouverner, et non comme ses conseillers lui disent de le faire, quand ils lui conseillent d'éviter les "j'en ai rien à cirer de la Bourse". » Etonnante déclaration de la part d'un homme qui préside une société cotée au Palais Brongniart, et qui utilise justement les services de ces « conseillers » qui recommandent à Édith Cresson — sur instruction de l'Élysée — de mettre davantage de douceur et de modération dans ses propos publics. Mais Tapie, qui a perdu un de ses plus fidèles soutiens, en la personne de Michel Rocard, flatte Édith Cresson. D'autant plus que le nouveau Premier ministre n'a guère d'atomes crochus avec le député de Marseille et qu'elle est infiniment moins intéressée que son prédécesseur par le football...

Bernard Tapie sait soigner les ministres. Il compte également Michel Charasse au nombre de ses amis, ce qui lui permet d'évoquer, avec le ministre du Budget, la situation fiscale de son club — et celle de ses concurrents... —, mais il ne néglige pas pour autant de se ménager quelques appuis au sein de l'opposition. Le goût du football n'est pas le monopole de la gauche... C'est ainsi que lorsqu'il est sanctionné par la commission de discipline de la FFF, en janvier 1991, il fait état des soutiens qu'il a reçus de personnalités de l'opposition. Au journaliste qui lui demande si en consultant « le principal collaborateur du Premier ministre », il n'a pas voulu « donner une dimension politique à cette affaire », Tapie répond : « Non. Albin Chalandon m'a envoyé un mot en me disant : "Ami, je suis de tout cœur avec vous." Guy Drut m'a téléphoné pour me dire la même chose. Le seul endroit où personne ne pense à mon appartenance à la majorité présidentielle, c'est dans le stade. » Beau contre-pied...

Mais il serait faux de considérer que l'amitié, qui lie Tapie avec certains hommes politiques, est inspirée par le souci de servir ses intérêts. L'exemple de ses relations avec Guy Drut est à cet égard significatif. Le champion olympique du 110 mètres haies à Montréal ne rougit pas du tout de cette amitié et il témoigne en faveur de Tapie : « C'est un garçon qui ne m'est pas indifférent. Il a des qualités certaines, même s'il a aussi des défauts marquants. Je l'ai rencontré en 1982, à une époque où, pour moi, ce n'était pas terrible. On a failli travailler ensemble et je n'oublie pas ceux qui étaient prêts à m'aider. J'ai la reconnaissance du cœur. A titre individuel, on se voit, on déjeune de temps à autre et je lui dis ce que je pense. » Et quand Guy Drut dépose une proposition de loi réformant le statut des grands clubs sportifs, de manière à les faire passer du cadre de l'association de la loi de 1901, à celui de société de droit commun, le député non inscrit, majorité présidentielle, cosigne le texte de son collègue RPR. Bernard Tapie est un personnage plus complexe que ses adversaires ne le pensent généralement.

Les relations qu'il entretient avec Alain Madelin sont très

caractéristiques de la difficulté qu'il y a à classer Tapie dans des catégories préétablies. Madelin ne se souvient plus précisément de sa première rencontre avec lui. « C'était avant 1986, probablement sur le plateau d'une émission de télévision, à moins que nous ne nous soyons croisés dans un studio de radio. A l'époque, Tapie ne faisait pas de politique. » Le député UDF/PR d'Ille-et-Vilaine ne cache pas que Tapie l'a immédiatement séduit. « Je ne sais pas si Tapie est un entrepreneur, au sens traditionnel du terme, mais je suis sûr que c'est un entreprenant. » Alain Madelin ne cache pas que Tapie « l'amuse ». Une chose rapproche grandement les deux hommes. Ils sont, l'un et l'autre, fils d'ouvrier. Aucun des deux n'est né avec une cuiller d'argent dans la bouche. Et Madelin se rappelle avoir fait faire à Tapie « un bout de chemin avec les libéraux ». C'était avant les législatives de 1986. « Je l'ai connu, alors, sympathisant de nos idées » (On se souvient que, pendant la préparation du programme de gouvernement de la droite, Alain Madelin a été un des éléments de la radicalisation idéologique de la coalition RPR/UDF). « J'ai d'ailleurs failli le faire adhérer au PR... » Tapie et Madelin ne feront pas écurie politique commune. Mais le député de Redon reconnaît que Tapie n'est pas quelqu'un qui s'aligne aisément sur des positions toutes faites ; et cette indépendance d'esprit n'est pas faite pour lui déplaire.

Aujourd'hui encore, l'ancien ministre du gouvernement Chirac professe une certaine estime pour celui qui est devenu un des porte-drapeaux de la gauche. Il lui reconnaît un talent hors pair dans le domaine de la communication : « Son émission *Ambitions* était remarquable. » Au point que lorsqu'il était en charge du ministère de l'Industrie, il avait sérieusement envisagé de demander à Bernard Tapie de participer à des spots encourageant à la création d'entreprise. Si, à l'époque, il a renoncé à ce projet, ce n'est

191

pas par peur de compromettre son administration avec un personnage douteux (« Il y avait alors beaucoup de rumeur autour de sa personne. J'ai donc fait procéder à une enquête approfondie pour débusquer d'éventuelles casseroles... Et, malgré les moyens d'investigation puissants dont nous disposions rue de Grenelle, on n'a rien trouvé »), mais simplement parce que, si Tapie est bien symbolique de l'esprit d'entreprendre, il n'est pas vraiment un « créateur » d'entreprises. Autre raison pour Madelin, le libéral, de témoigner de l'estime pour Tapie, le fait que l'homme d'affaires ne soit jamais intervenu auprès de lui pendant la période où il a occupé des responsabilités ministérielles : « Je le connaissais bien. Il aurait pu me demander des accommodements ou des subventions... J'en ai vu pas mal d'autres défiler dans mon bureau... »

Mais si Madelin apprécie le personnage Tapie parce que, comme lui, il s'est toujours situé en dehors de l'establishment (« Moi non plus, dit Madelin, je n'éprouve aucune sympathie pour l'establishment »), cette proximité de comportement n'empêche pas le vice-président de l'UDF de combattre le démarche politique de Tapie. « Je ne crois pas que sa démarche actuelle implique une rupture dans sa pensée. Plus simplement, il a été séduit par François Mitterrand qui l'a bien traité. Mais le fait qu'il fasse désormais de la politique est un problème parce qu'on ne construit pas une politique sur l'esbroufe et la contrevérité. » Cependant, même lorsqu'il condamne l'adversaire politique, Madelin en veut moins à Tapie qu'à la gauche, préférant voir dans son enrôlement dans la majorité présidentielle, un signe d'affaiblissement des socialistes : « Ce qui est intéressant, c'est que la gauche ait besoin de lui pour récupérer un électorat populaire. C'est significatif de la coupure entre les socialistes et le peuple. »

L'analyse des rapports de Bernard Tapie avec certains

de ceux qui sont censés être ses adversaires montre que rien chez cet homme n'est tout à fait tout blanc ou tout noir. Il est rarement où on l'attend. Et l'histoire de sa croisade contre Jean-Marie Le Pen — la grande affaire de sa jeune carrière politique — illustre de manière éclatante le caractère insaisissable de ce squatter de la vie publique.

CHAPITRE 6

TAPIE-LE PEN. LE CHOC POPULISTE.

A quel moment Bernard Tapie prend-il conscience du danger représenté par Jean-Marie Le Pen ? Les premières manifestations de son aversion pour le Front national sont tardives. Il faut attendre 1988, quand l'Élysée décide d'envoyer Tapie aux législatives à Marseille, pour l'entendre exprimer ses premiers propos publics hostiles à l'égard du leader du Front national. Le 17 mai, il lâche devant des proches : « Je vais me faire le borgne aux poings, en direct. » A ce moment-là, il croit que le PS va le désigner pour affronter directement Le Pen, dans la circonscription que ce dernier a choisi (la 8ᵉ des Bouches-du-Rhône). Mais, pas plus que le PS n'a accepté de désigner Fabius pour remplacer Jospin, comme premier secrétaire, il ne laissera au nouveau chouchou de l'Élysée le mérite d'avoir battu Le Pen, dans une circonscription traditionnellement socialiste. Et la croisade de Bernard Tapie contre le Front national commencera dans une circonscription législative où le danger Le Pen est inexistant.

Pourquoi l'Élysée choisit-il de lancer Tapie dans l'arène ? Probablement, parce que l'opération SOS Racisme a épuisé ses effets. Lancée en 1984, à la suite de plusieurs bavures indiquant une inquiétante dérive xénophobe dans certaines régions de France, et surtout après les premiers succès électoraux significatifs du Front national (Dreux), l'association des « potes » (par référence au slogan « Touches pas à mon pote », qui a fait un véritable triomphe dans les établissements scolaires et auprès des médias) occupait le créneau antiraciste et anti-Le Pen. Ses promoteurs avaient réussi, au départ, la performance de recruter des parrains dans toutes les formations politiques. Et, si beaucoup de personnalités de gauche avaient naturellement adhéré à SOS Racisme, l'association avait également reçu le soutien d'hommes comme Jacques Toubon, au RPR (la première fête des potes, le 14 juin 1985, place de la Concorde, n'aurait pu avoir lieu sans l'appui de la mairie de Paris), cette association n'était en fait qu'un faux-nez du parti socialiste. Ses vrais promoteurs, Julien Dray, Jacques Pilhan et Jean-Louis Bianco, avaient pour seul objectif d'amener, par ce biais, de nouveaux électeurs à la majorité présidentielle et à François Mitterrand. Opération parfaitement réussie au moment de la présidentielle de mai 1988. Au nom du combat antiraciste, Harlem Désir et SOS Racisme ont appelé à voter pour le président sortant. Ils ont ainsi contribué à la réélection de Mitterrand, mais ils ont aussi révélé leur vraie nature de sous-marin élyséen (cf *L'histoire secrète de SOS-Racisme,* de Serge Malik, éditions Albin Michel, 1990). Après cet engagement qui compromet la couverture de neutralité des potes, il sera difficile de leur faire rejouer le même rôle (En tout cas aussi longtemps que SOS ne se sera pas refait une virginité politique, ce à quoi les dirigeants de l'association s'emploieront au moment de l'affaire du foulard islamique). Mais si SOS-Racisme ne peut plus rendre les mêmes services à la gauche, l'opération a si bien marché que les conseillers du président envisage de la relancer sous une autre forme. Ils pensent que Bernard Tapie peut succéder à Harlem Désir dans le rôle du porte-parole anti-Le Pen. En choisissant de confier cette mission au patron de l'OM, ils renouvellent le genre. La première phase de l'opération avait permis la mobilisation de l'intelligentsia et d'une très grande partie de la jeunesse. Avec Tapie, la deuxième phase va consister à chasser cette fois directement sur les terres électorales du patron du Front national.

Si on comprend facilement les raisons qui poussent les conseillers de l'Elysée à lancer un nouveau produit anti-Le Pen — comme les publicitaires lanceraient une nouvelle marque de détergent —, les motivations de Bernard Tapie sont plus complexes. On a vu que l'homme d'affaires avait flirté avec la politique en fréquentant, avant 1986, les libéraux. Sa notoriété médiatique lui a valu, en outre, de figurer dans certains sondages parmi les Premier-ministrables, voire parmi les présidentiables, à des rangs plutôt flatteurs. L'homme qui veut « mettre ses doigts dans tous les pots de confiture » en a formé quelque ambition.

Deux autres éléments ont contribué à faire sauter le pas politique à Tapie. Même s'il n'a pas de convictions partisanes fortement ancrées, il s'inscrit plutôt dans une tradition « de gauche ». Au départ de sa carrière de repreneur d'affaires, il a joué à plusieurs reprises sur sa connivence avec les communistes et la CGT. Il évoquera d'ailleurs, de temps à autre, la mémoire de son grand-père paternel pour justifier son engagement contre le Front national. Ainsi, le 10 juin 1990, il déclare au *Journal du dimanche* : « Mon grand-père avait au moins autant de qualités que moi, mais au lieu de les mettre à son profit, il les a mises au service des autres. Mon grand-père, il était responsable syndicaliste SNCF au Blanc-Mesnil. Quand je lui explique que je suis obligé de fermer une usine pour être concurrent avec Duracel, il comprend pas. Mais quand je fous sur la gueule de Le Pen, là, il est fier de moi. » Émouvante explication que ce désir d'être en accord avec son grand-père paternel. Elle serait cependant plus convaincante si elle ne sentait pas l'effet de tribune, le truc. Car ce n'est pas la première fois que Tapie fait ainsi valoir son désir de se réhabiliter par rapport à l'aïeul. Le 18 avril 1990, lors d'une réunion à Cahors, où il était venu soutenir le député MRG, Bernard Charles, lors d'une élection municipale partielle, Tapie avait déclaré « [comme entrepreneur] j'ai parfois du mal à me regarder dans la glace, le soir. » Ses pensées vont alors vers son « grand-père syndicaliste qui savait faire les choses sans profit et sans gloire avec des amis paumés et prolos ». « J'ai trouvé un moyen de me déculpabiliser, ajoutait-il alors, c'est mon combat contre Le Pen. C'est le seul moment où je réconcilie le chef d'entreprise et mon grand-père. » Personnage exceptionnel, que ce grand-père paternel... Il change en effet de métier au fur et à mesure que son petit-fils fait référence à lui. Bernard Tapie le présente tantôt comme un « syndicaliste SNCF du Blanc-Mesnil » et tantôt comme un « responsable CGT du Bourget ». Et, surtout, pour rendre son histoire la plus émouvante possible, Tapie n'hésite pas à le ressusciter de temps à autre. Quand il parle de lui à Cahors, il évoque sa mémoire au passé — ce qui est compréhensible puisque ce grand-père est décédé —, mais dans l'interview au *Journal du dimanche,* deux mois plus tard, il n'hésite pas à parler de son aïeul au présent. Ce diable d'homme fait même tourner les tables....

Comme toujours, Bernard Tapie force le trait. Il enjolive. Pour lui le message est plus important que la vérité historique. Et si un grand-père militant CGT peut aider à séduire une partie de l'électorat de gauche, il n'hésite pas à le mettre en scène de la manière la plus avantageuse possible. Pourtant, les libertés qu'il prend avec son histoire familiale n'impliquent pas qu'on doive mettre en doute sa sincérité concernant les problèmes de racisme. On peut simplement douter que la découverte du danger Le Pen ait été pour lui l'illumination, à partir de laquelle il se serait senti investi d'une mission morale. Et l'on peut gager que chez ce boulimique d'action, de notoriété et de pouvoir, la curiosité devant la politique, considérée au départ comme un nouveau jouet, a été une motivation bien plus forte de son engagement, et de sa candidature.

Qui plus est, Bernard Tapie a une curieuse conception du combat contre Le Pen. Difficile, en effet, de prétendre mener une croisade quand on sollicite, comme il l'a fait, l'adversaire présumé. Au cours de la campagne électorale de juin 1988, le candidat de la majorité présidentielle appelle le président du Front national dans sa voiture. Il lui demande d'accepter un débat public avec lui. Le Pen, surpris du coup de fil, refuse : « Non, vous ne représentez rien. » Tapie insiste : « Allez, soyez chic ! Qu'est-ce que ça vous coûte ? » Le leader du Front national conclut la conversation : « Non seulement, vous n'êtes pas représentatif mais, en plus, il n'y a aucune raison que je fasse votre pub... »

Battu en juin 1988, dans la 6e circonscription de Marseille, Tapie paraît d'ailleurs dégoûté de la politique.Et l'annulation de l'élection de Guy Teissier par le Conseil constitutionnel ne le réjouit pas. Il l'emportera, cependant, au deuxième tour de l'élection partielle, le 29 janvier 1989 (voir chapitre 4). Dans les mois qui suivent son entrée à l'Assemblée nationale, Bernard Tapie donnera le sentiment qu'il s'est fourvoyé en politique. Écarté du débat marseillais par Robert Vigouroux, il n'a pratiquement pas la parole comme député non inscrit. Bref, Tapie s'ennuie. Et la politique se révèle à ses yeux un passe-temps beaucoup moins excitant que le sport ou les affaires. Jusqu'au jour où la majorité va avoir besoin de lui et faire de lui une personnalité politique d'envergure nationale, en une heure d'émission télévisée.

Le 3 décembre 1989, Marie-France Stirbois, veuve de Jean-Pierre Stirbois, ancien secrétaire général du Front national, est élue député d'Eure-et-Loire avec 62 % des suffrages au deuxième tour. Ce succès du parti de Jean-Marie Le Pen, dans une circonscription où il n'avait enregistré que son 167e meilleur score en 1988, retentit comme un véritable coup de tonnerre dans la classe politique. Les médias décident alors d'organiser des débats entre Le Pen et ses adversaires. Si le leader du FN accepte, bien évidemment, toute forme de confrontation avec ceux qu'il qualifie de « représentants de la bande des quatre », les responsables politiques traditionnels se défilent les uns après les autres. Tous craignent d'affronter Le Pen en direct. Et, le 5 décembre, à 13 heures, dans l'émission *Duel sur la Cinq*, l'incident, qui oppose Lionel Stoléru à Jean-Marie Le Pen, renforce les représentants des partis politiques traditionnels dans leur conviction que le débat avec Le Pen est un trop grand risque à prendre (au cours de cette émission, Le Pen a essayé de faire dire au secrétaire d'État au Plan du gouvernement Rocard, qu'il aurait la double nationalité « française et « israélienne »). Au lendemain de Dreux — et de Marseille, où Jean-François Mattéi, UDF/PR, a succédé à Jean-Claude Gaudin, devenu sénateur, avec une très faible avance sur le candidat du Front national — personne n'a très envie de se frotter à Jean-Marie Le Pen.

Les socialistes annoncent, le 5 décembre, que la direction du PS a décidé de ne plus jamais débattre avec le président du Front national. TF1 lance pourtant une invitation, à tous les leaders des formations politiques, pour un débat sur l'immigration, qui doit avoir lieu le 7 décembre 1989.

Le 6 décembre, Pierre Mauroy, qui a préalablement consulté Georges Marchais, déclare au bureau exécutif du PS : « Je ne veux pas y aller, je pense que personne ne doit y aller. » Et Louis Mermaz résume bien l'état d'esprit des responsables socialistes, quand il dit : « Nous vivons dans un sale climat. Cela rappelle l'état de l'opinion publique en 40. On se ruine à en dire trop et à en faire pas assez. » Le mercredi 6 au soir, Mauroy — qui a demandé à Robert Vigouroux, pressenti par la chaîne, de ne pas y aller — fait porter sa lettre de refus à la direction de TF1 : « Je décline l'invitation. Le PS ne sera pas représenté à ce débat. Nous n'entendons pas, en effet, par notre présence, offrir à M. Le Pen une caution pour répandre son idéologie indigne de la France. » Sottise plus lâcheté sont les éternelles mamelles de notre classe politique... En abandonnant ainsi le terrain à un adversaire diabolisé, le PS le valorise Il laisse croire, en outre, qu'il n'a aucune réponse à apporter aux Français et au Front national — dont Laurent Fabius disait pourtant qu'il « apporte de mauvaises réponses à une bonne question ». Un seul socialiste accepte de relever le défi. Invité de Patrick Poivre d'Arvor, au journal de 20 heures, le ministre de l'Intérieur accepte le principe d'une confrontation avec le président du Front national (la date en est même fixée au mois de janvier). Pierre Joxe a sans doute plus de sens politique que le troupeau des « éléphants » socialistes. Il sait, lui, que le débat public est, en démocratie, la seule façon cohérente de répondre aux préoccupations des gens (pourtant, le débat Joxe/Le Pen n'aura pas lieu ; parce qu'entre-temps, la prestation de Bernard Tapie aura modifié les choses à gauche et que, lorsque Le Pen souhaitera le débat, après la profanation de Carpentras, le ministre de l'Intérieur aura oublié ses bonnes résolutions).

TF1 n'a pas invité que la gauche au débat du 7 décembre. Alain Juppé, François Léotard et Pierre Méhaignerie ont également été sollicités. RPR, CDS et PR se concertent dans le but d'adopter une position commune. Juppé se laisserait le plus aisément tenter, tandis que François Léotard est le plus réticent (élu du Var, le député-maire de Fréjus pratique le double langage. Il dénonce les dangers de l'immigration dans sa circonscription, en termes parfois violents ; et il se présente à Paris comme le rempart contre la montée du FN). Comme toujours, en pareille circonstance, le président du CDS cherche une échappatoire. Il propose, à ses deux partenaires, un texte qui est un chef-d'œuvre de jésuitisme : « Les conditions ne sont pas réunies aujourd'hui pour débattre de façon digne et sérieuse du problème de l'immigration ». Profitant de l'incident survenu entre Le Pen et Stoléru, les représentants de l'opposition relèvent « les propos marqués par un antisémitisme prononcé », et refusent tout débat avec Le Pen « tant qu'il ne sera pas revenu publiquement sur ses déclarations ». Pour faire bonne mesure, les trois signataires ajoutent : « L'absence de tout représentant officiel de la majorité gouvernementale prive de tout intérêt l'émission envisagée. » Ce qui n'empêche pas Léotard, Méhaignerie et Juppé de conclure leur réponse à TF1 en se déclarant « cependant, disponibles pour un vrai débat ». La gauche n'a pas le monopole de la mauvaise foi, ni celui de la « lâcheté », pour reprendre l'expression de l'article anti-Giscard, publié par le président d'honneur du PR, dans *Le Monde* du 24 septembre 1991, article qui révèle un incontestable talent littéraire... à défaut de cohérence politique.

Tous les responsables politiques ne sont pas aussi aveugles que les chefs de partis, qu'ils appartiennent à la majorité ou à l'opposition. Jean-Paul Huchon, le directeur de cabinet de Michel Rocard, perçoit le danger politique qu'il y aurait à abandonner le terrain médiatique à Jean-Marie Le Pen. Et c'est lui qui a l'idée de demander à Bernard Tapie de se faire inviter sur le plateau de TF1. « A TF1, se souvient

Patrick Poivre d'Arvor, ce n'était pas ce qu'on désirait initialement ; puis, on a pensé que ce serait formidable. »

L'émission, diffusée à 22 h 30, le jeudi 7 décembre 1989, a été enregistrée en début d'après-midi. Jean-Marie Le Pen doit, en effet, subir une intervention chirurgicale sur son œil valide. Deux ans après, il a le sentiment que Tapie, en « cherchant la bagarre », en lui lançant un « défi physique », a voulu profiter de cette situation particulière. Toujours est-il que la France qui connaissait Tapie, l'homme des médias, Tapie, le président de l'Olympique de Marseille, découvre ce soir-là un politicien instinctif, animal : en une heure et demi, le député de Marseille gagne ses galons de leader national.

Quand Bernard Tapie pénètre sur le plateau de TF1, sur lequel doit se dérouler le débat, « l'immigration en question », le député de Marseille, pourtant habitué des caméras, est tendu. Il a sa mine renfrognée des mauvais jours. S'adressant à Patrick Poivre d'Arvor, animateur de l'émission : « T'es prévenu, je ne ferai pas comme Stoléru. » Quand Le Pen rentre à son tour dans le studio, Tapie n'a pas un regard pour lui. Il continue à s'adresser au seul PPDA : « Ce Monsieur a le talent incroyable de faire prendre des vessies pour des lanternes. Quand il demande à Stoléru s'il a la nationalité juive, ce dernier devient blanc, K.O. Moi, si je suis Stoléru, caméra ou pas, je me lève et je lui rendre dedans. » Ambiance ! Un journaliste de la chaîne note : « On a oublié le sparadrap ! »

Le débat s'engage dans cette atmosphère tendue à l'extrême. PPDA explique que la chaîne avait décidé d'entrecouper l'émission par des reportages et de rassembler, sur le plateau, un panel de témoins « pour éviter la foire d'empoigne ; mais, malgré cela, la tension était très forte. En partie à cause du décor et des fauteuils mal commodes, sur lesquels ils étaient installés, et qui ressemblaient à des sièges de tracteur ; ce qui a contribué à donner le sentiment que les deux protagonistes voulaient se précipiter l'un vers l'autre. Les regards, les jeux de mâchoires, tout participait, de part et d'autre, d'un véritable jeu d'intimidation ». C'est Jean-Marie Le Pen qui attaque le premier. Le président du Front national donne l'impression qu'il veut « dégonfler la baudruche Tapie ». Mal lui en prend ! « Je propose un vrai duel au cador, que vous prétendez être : démissionnez à Marseille et je vous écrase aux élections. » D'emblée, les deux hommes adoptent le registre de l'affrontement physique. Et, à ce jeu-là, Tapie est au moins aussi bon que Le Pen. Sans jeter un regard à Le Pen, s'adressant toujours à Poivre d'Arvor, il réplique : « Je suis député, il ne l'est pas ; il n'est pas non plus maire de Marseille. Alors, ce n'est pas parce que vous avez une grande gueule que ce que vous dites est vrai. D'ailleurs 85 % du peuple vous déteste. » Jean-Marie Le Pen, contré pour la première fois avec des méthodes qui sont généralement les siennes, encaisse difficilement. Poivre d'Arvor, qui considère que « Tapie n'a pas écrasé Le Pen », ajoute néanmoins : « Le Pen me jetait des regards muets qui semblaient dire : quand cela va-t-il se terminer ? Il n'a jamais pu respirer à son habitude. »

« Vous êtes un hâbleur, lance Le Pen à Tapie, un pitre grotesque, un matamore, un tartarin à peine capable de jeter quelques onomatopées à la télévision. » A partir de ce moment-là, le débat sur un thème politique se transforme en pancrace. Les deux protagonistes se conduisent comme sur un ring. « Ne me menacez pas physiquement, lance Tapie, M. Le Pen, vous voulez sortir ? ». Et le président du Front national plonge : « Ah, oui, vous verriez ce qu'est un boxeur poids lourd ! » Lorsque Bernard Tapie réitère sa proposition de régler le différend à mains nues, d'homme à homme, sans le recours à ceux qu'il appelle « l'équipe de gros bras » de Le Pen, ce dernier roule une fois encore des mécaniques : « Il vous en cuirait ! » Plus jeune, incontestablement plus sportif, Tapie a alors beau jeu de rétorquer : « Regardez-moi, et regardez-vous ! » Et c'est ainsi que le député de Marseille est sorti vainqueur du plus pitoyable débat politique qui soit. Même si, en l'occurrence, il n'était pas inutile d'adopter, face à Le Pen, le style populiste et vulgaire qui lui avait si bien réussi jusque-là.

Ce jour-là, le président du Front national passe un bien mauvais moment, non seulement face à Bernard Tapie, mais aussi dans la confrontation avec les témoins invités (« panel trafiqué », dit-il aujourd'hui). Et le cardiologue, Salem Kacet — ce maire-adjoint de Roubaix, Français musulman, a participé aux travaux de la commission présidée par Marceau Long sur le Code de la nationalité — assène le coup de grâce médiatique au leader d'extrême droite, quand il l'interpelle : « M. Le Punk », « Le Pen », rectifie le patron du FN. Et Salem Kacet met les rieurs de son côté : « Excusez-moi, je croyais que vous étiez amateur de boutades (allusion au jeu de mots « Durafour-crématoire ») et, comme mes enfants vous appellent Monsieur Le Punk... » Contrairement à l'habitude, c'est Jean-Marie Le Pen qui se fait balader par ses contradicteurs. L'événement politique tient, exclusivement, au ton de l'émission. Pour le reste, ni Le Pen, ni Tapie ne délivrent le moindre message sur le fond. Et d'ailleurs, le député de Marseille n'est pas si éloigné qu'il y paraît des thèses du FN. Ainsi, lorsqu'il dit : « Il y a un nombre incroyable de clandestins, c'est plus supportable. Il ne faut plus en fabriquer et il faut les arrêter, même si c'est pas simple. » Interrogé sur le projet de la mairie de Marseille de faire construire une mosquée, le député se désolidarise : « Ce n'est pas une priorité. Vigouroux est un copain. Mais, il a été maladroit sur ce coup-là. »

205

BERNARD TAPIE

Le lendemain, la gauche ne retiendra que l'aspect show-business de la prestation de Bernard Tapie. Personne ne s'arrête alors au fait que sur la question de l'immigration, le président de l'OM tient un discours qui n'est pas franchement éloigné de celui des partisans de Le Pen. Ce qui compte pour la plupart des observateurs, c'est que Tapie a fait voler en éclat le mythe qui s'installait de l'invincibilité médiatique du leader FN. Chacun a en mémoire, en effet, les nombreuses prestations des journalistes qui avaient jusque-là tenté de « coincer » Le Pen, et n'avaient abouti qu'à le valoriser (l'exemple de Jean-Louis Servan-Schreiber, pulvérisé par Le Pen, au cours d'une *Heure de vérité*, est exemplaire à cet égard). Fabien-Roland Lévy illustre bien, dans *Libération*, le 8 décembre, la divine surprise qu'a été, pour les adversaires de Le Pen, l'affrontement de TF1 : « Il faut débattre avec Le Pen. L'émission d'hier soir en a fait la démonstration à ceux qui, comme les socialistes, se posent encore la question. On peut, face au président du Front national, jouer un autre rôle que celui de faire-valoir. Le débat s'est joué, loin du discours technocratique, avec les armes de Le Pen et sur son terrain : le culot, la présence physique, les arguments frappeurs. De quoi troubler l'imagination de la clientèle du Front national. » Analyse impeccable, mais qui pêche par une lacune. Combien de responsables politiques sont capables de réaliser la performance de Bernard Tapie ? Et c'est justement parce qu'il est le seul capable de lutter avec Le Pen à armes égales, sur le terrain populiste et démagogique, que le député de Marseille devient, à compter de ce débat, un des personnages clés de la scène politique française. Il est devenu une star politique. Comme le confirme le coup de téléphone que François Mitterrand lui passe après l'émission : « On ne m'épate pas souvent en politique. Mais pour ce que vous venez de faire, chapeau ! »

« Je vais ramener Le Pen à moins de 10 % »

Au cours de l'émission de TF1, *L'immigration en question*, Bernard Tapie a lancé une petite phrase, passée inaperçue sur le moment : « Il n'y a pas un problème d'intégration, mais 400 problèmes à traiter d'urgence. Il y faut des moyens et du talent. » Sur cette base, pragmatique et modeste, le député de Marseille va essayer de capitaliser son succès médiatique sur Jean-Marie Le Pen. Ce sera le Forum des citoyens.

La prestation de Bernard Tapie contre Le Pen a modifié son statut politique. Jusqu'au duel télévisé contre le président du Front national, le député de Marseille n'était qu'un gadget dans la stratégie du pouvoir. Après le 7 décembre, il devient un personnage politique important. Une partie des socialistes pense avoir enfin trouvé l'antidote au lepénisme. Et Tapie va assumer son nouveau rôle politique avec une habileté de vieux briscard ; car, s'il accepte de prendre la tête de la croisade contre l'extrême droite, il va se garder de se laisser enfermer dans ce seul registre. Il va même, chaque fois qu'il le pourra, se démarquer de la majorité et du gouvernement. Alors que le pouvoir compte se servir de lui pour enrayer la poussée Le Pen — que François Mitterrand a largement contribué à encourager —, Tapie est décidé à jouer la partie pour son propre compte ; le cas échéant, contre les socialistes ; ce qui ne manquera pas de provoquer des frictions, parfois rudes, entre la rue de Solférino et le député non inscrit.

Pour beaucoup de socialistes, sincèrement inquiets de la progression du Front national, la performance de Bernard Tapie en face de l'épouvantail Le Pen a été un réel soulagement. Ils vont désormais solliciter ses conseils pour tenter d'éradiquer la poussée de l'extrême droite. Pour une fois d'accord, l'Élysée et Matignon encouragent Bernard

Tapie à aller plus loin, à transformer l'essai. C'est ainsi que, le 11 avril 1990, le député de Marseille est invité à plancher à Matignon, devant les collaborateurs du Premier ministre, sur les problèmes posés par la résurgence du racisme. Ce jour-là, Tapie fait une forte impression sur ses interlocuteurs. Pourtant, ce parlementaire de la majorité présidentielle ne mâche pas ses mots ; il ne flatte pas son ami Rocard. Pour lui, en effet, « le gouvernement a tout faux ». Ces propos sont particulièrement bien reçus par les collaborateurs de l'inventeur du « parler-vrai ».

Décidé à appuyer sa nouvelle carrière politique sur le dossier de l'immigration, et la croisade anti-Le Pen, Bernard Tapie fait preuve d'un flair remarquable. Il combat les thèses du Front national mais ne donne pas quitus au pouvoir. Au contraire, il crédibilise son discours en dénonçant les erreurs commises par ses amis socialistes. Invité, le 20 avril 1990, à l'émission *Objections* de France-Inter, il reproche au gouvernement de jouer sur les deux tableaux : « On a joué sur un premier registre qui consiste à dire : il faut arrêter l'immigration. Il faut les refoutre à la frontière, que ce soit irrégulier ou non, il faut appeler un chat un chat » (Contrairement à la plupart des membres de la majorité présidentielle, le député des Bouches-du-Rhône n'hésite pas à développer des arguments que ne renierait pas un Charles Pasqua). « Deuxième solution, on essaie de convaincre qu'on peut faire autrement, c'est-à-dire qu'il y a une vraie politique d'intégration à mener. Moi, je fais partie de ceux qui pensent que c'est un bien, si on arrive à intégrer une population qui n'est pas la nôtre, avec des règles du jeu très strictes et une rigueur dans nos relations qui fassent qu'il n'y aura pas de dérive sans qu'il y ait de sanction. » Le nouveau porte-parole de la gauche ne fait pas dans l'angélisme. C'est sans doute la raison pour laquelle il a des chances d'être entendu. Sa franchise gêne bien quelques belles consciences de gauche. Mais, comme le dit un proche de Michel Rocard : « Quand il faut faire flèche de tout bois, tout bois transformé en flèche est bon. »

Le 12 juin, Bernard Tapie est invité de François-Henri de Virieu à *L'Heure de vérité*. Avec *7 sur 7* — dont il est le pensionnaire attitré —, cette émission est le véritable ticket d'entrée dans l'establishment politique. La formule de l'émission ne permet pas de jouer sur le seul registre affectif. C'est pourquoi Tapie prépare soigneusement son passage. Il sait que la classe politique l'attend au tournant. Il décide donc de présenter un plan de réduction des difficultés liées à l'immigration. Ce sera le Forum des citoyens.

L'ambition qu'il affiche sur le plateau de *L'Heure de vérité* est de taille. Il annonce qu'il prend le pari de « ramener le Front national au-dessous de 10 % en moins de 18 mois ». Zorro est arrivé... Pour y parvenir, il a défini une méthode (pour préparer l'émission il a rencontré beaucoup de militants de l'intégration, parmi lesquels Arezki Dahmani, animateur de France Plus) : contrairement à ce qui a été fait jusque-là, il entend prendre le problème à la base, le traiter sur le terrain, en mobilisant les élus pour « travailler individuellement les 350 à 400 points de friction ou de cohabitation difficile ». Exemple typique de la méthode Tapie : effet d'annonce ; parler-vrai ; pragmatisme. Pour crédibiliser son affaire, il n'hésite pas à fixer un calendrier. Il affirme que ce Forum des citoyens sera opérationnel le 1er novembre 1990. Et il propose à toutes les bonnes volontés de s'associer au projet, s'adressant à « tous ceux qui ont envie de lever leur derrière ». Mais le public, qui a retenu l'objectif de ramener le FN sous la barre des 10 %, pense que Tapie, après avoir parlé de 350 à 400 points chauds, va mettre en œuvre un plan qui résoudra les difficultés de toutes les zones à problème.

Contrairement aux pratiques habituelles de l'intelligentsia

de gauche, qui diabolise Le Pen, en niant la réalité des problèmes dont le Front national se fait l'écho, Tapie ratisse large. Pour lui, il ne faut pas que Le Pen soit « le seul à défendre la France et son drapeau, alors qu'il n'y a pas un homme au monde qui dise autant de mal de la France et des Français que lui, qui est sans arrêt en train de nous dire qu'on est des tordus, des ratés, et il prétend aimer la France ! Moi, ce qui me fait plaisir, c'est quand, finalement, on se retrouve à aimer de nouveau la France ». A l'inverse des politiciens chevronnés, Bernard Tapie parle aux Français un langage simple et payant. En refusant de laisser Le Pen confisquer les thèmes patriotiques, il renforce ses chances d'être entendu. Pour beaucoup de responsables de gauche, ce discours sent la démagogie. Et, bientôt, le député de Marseille va devenir encombrant pour une partie de ceux qui sont censés appartenir au même camp que lui. La gauche socialiste veut bien le laisser se colleter avec Le Pen, mais elle ne souhaite pas qu'il en profite à titre personnel.

Pourtant faute d'avoir été capable d'endiguer la progression du Front national, la gauche est contrainte de s'en remettre, bon gré mal gré, au savoir-faire d'un électron libre. Elle met la lutte contre le racisme en location-gérance. Ainsi que l'écrit Philippe Tesson, dans le *Quotidien de Paris* du 14 juin : « Les temps changent, ce n'est pas que Tapie soit devenu plus respectable, c'est que la politique l'est devenue moins. On ne peut écrire à longueur de colonnes que le discours politique traditionnel ne passe plus, que les dirigeants des partis sont dévalués, que le système est grippé, et en même temps prendre Tapie avec des pincettes... La politique est en faillite, Tapie reprend la politique comme il reprend une affaire en faillite. » Pourtant, avant de se résoudre à accepter de se ranger sous la bannière du député de Marseille, le PS va essayer de minimiser la portée de son action, en lui mettant bien des bâtons dans les roues.

Le 14 juin, sur TF1, Bernard Tapie annonce que la première expérience du Forum des citoyens sera lancée à l'automne, dans la ville de Villeurbanne. Il en précise les modalités de fonctionnement : « Tous les deux mois, il y aura une mise au courant du public de l'avancement des travaux qu'on aura faits, grâce à deux indices. Est-ce que vous vivez mieux qu'il y a deux mois ? Est-ce qu'en cas d'élection, demain, vous voteriez toujours pour le Front national ? » Cette méthode simple, Tapie entend la mettre en œuvre à Villeurbanne parce que c'est « un des points où on retrouve tous les ingrédients qui sont le ferment même de tous les gens mécontents qui vivent mal ». Mais, si cette cité de la banlieue lyonnaise est effectivement un bon choix, Tapie a négligé le fait qu'il s'agit d'un fief électoral socialiste, tenu pendant des années par Charles Hernu, et dont le député, Jean-Jack Queyranne, est le porte-parole national du PS. En désignant Villeurbanne comme le point chaud le plus symbolique de France, Tapie se livre, aux yeux des socialistes, à une véritable provocation. Et, ils vont tout faire pour casser son projet.

Piqué au vif, Queyranne affirme que « Villeurbanne n'a pas besoin d'un super-Zorro ». Il donne le signal de la révolte des socialistes contre un donneur de leçons qui, même s'il appartient à la majorité, n'est pas des leurs. L'agacement du PS est relayé par la presse de gauche. Et le *Nouvel Observateur* publie, sous la plume de Robert Schneider, un article minimisant l'impact et le rôle du chouchou de l'Élysée. Sous le titre *Peut-on se passer de Tapie ?*, on lit : « Des hommes travaillent depuis 1983, depuis le lancement par l'architecte Roland Castro de Banlieues 89, une mission interministérielle a été confiée, en 1981, à Yves Daugé, pour coordonner les initiatives urbaines. Le résultat politique ne s'est pas fait attendre : à taux égal d'immigration, le vote Le Pen est en moyenne inférieur de 4 ou 5 points, dans les quatre-vingt-dix villes ou quartiers, où « Banlieues 89 » est intervenu. » Et, le chef du service politique de l'hebdomadaire précise le rôle, modeste, dans lequel la gauche institutionnelle entend confiner Tapie, le gêneur : « Tapie peut devenir le bras armé d'une politique, dont on connaît les mérites et les limites, si elle n'est pas considérée comme une priorité nationale. Mais les armes mêmes qui lui ont permis de triompher de Le Pen — sa capacité à forcer le trait, sa propension à la démagogie et à la vulgarité — sont précisément celles qui entretiennent la méfiance. » Moins sévère, Roland Castro n'en atténue pas moins, lui aussi, le rôle éventuel de Tapie : « A priori, je fais confiance à Tapie : il sait faire passer la rampe à un projet. » Ainsi, alors que Bernard Tapie propose une méthode concrète pour réduire les tensions, qui sont la source principale de la montée du Front national dans les banlieues, la gauche installée aimerait limiter son action à celle d'un simple agent publicitaire. Surtout, elle ne souhaite pas qu'un éventuel succès du député de Marseille, sur le terrain, lui soit exclusivement attribué. Cette attitude méfiante et négative fait bondir Bernard Tapie. Il réplique, le 18 juin, dans le *Quotidien de Paris*, déclarant à François Raoux : « Personne n'aurait jamais osé dire un truc comme ça sur Harlem Désir. » La comparaison avec le porte-parole de SOS Racisme touche juste. Mais, même si une partie du PS vit mal son intervention, Tapie ne renonce pas et, surtout, il n'est pas disposé à changer de style et de méthode.

Comme toujours, lorsqu'il est agressé, Tapie menace : « Je suis ingérable. Mais, au moins, mon action aura un intérêt, c'est qu'elle va permettre de dénoncer les faux-culs. Ceux que je vais gêner, ce sont ceux, à gauche comme à droite, qui veulent se servir de Le Pen... » Exaspéré par les réticences de ses « amis » socialistes, il n'hésite pas à reprendre à son compte les critiques de l'opposition : « Quand SOS Racisme et Harlem Désir ont commencé, Le Pen était à 4, 5 % ; aujourd'hui, il est à 20 %. Moi, quand j'ai pris l'OM, ils étaient 17e au championnat de France et en faillite. Aujourd'hui, on est premier et les caisses sont pleines... » Avec infiniment plus de sens politique que les responsables du PS, Tapie ne cherche pas à monopoliser le combat anti-Le Pen. Il accepte au contraire les coups de main d'où qu'ils viennent ; comme lorsqu'il salue l'attitude d'Alain Carignon, après que le maire de Grenoble a appelé à voter socialiste, au deuxième tour d'une partielle, pour faire barrage à un candidat du FN : « Alain Carignon avait mon amitié, il a mon admiration. » Contrairement au PS, il est volontairement iconoclaste : « J'ai déjà dit que je préférais une France gouvernée, à droite, avec un Front national à 5 %, car il s'agit encore, là, d'une France démocratique où il fait bon vivre, qu'une France gouvernée, à gauche, avec un Front national à 20 %. »

Attaqué sur sa gauche, il se couvre à droite, assénant aux professionnels de l'antiracisme une leçon de bon sens populaire, qui en dit long sur ses véritables sentiments : « Ceux qui ne sont pas racistes — comme moi — peuvent très bien accepter qu'une jolie métisse, comme celle de l'affiche de SOS Racisme, s'adresse à eux [Consulté, par l'intermédiaire de Jacques Séguéla et Maurice Benassayag, sur la campagne publicitaire de l'association de Harlem Désir, il avait fait part de sa réticence à y voir figurer une Noire] ; en revanche, ceux qui votent Front national, n'ont pas forcément envie qu'une Mexicaine ou qu'un Arezki Dahmani, qu'un Harlem Désir leur donne des leçons de morale. Il vaut peut-être mieux que ce soit moi qui leur parle. » La stratégie anti-Le Pen de Tapie passe aussi par l'élimination des concurrents. Il est décidé à en faire son fond de commerce, et souhaite se retrouver en situation de monopole. Pour que les socialistes comprennent bien son message, il s'en prend directement à son propre camp : « Moi, avec mon action, mon Forum des citoyens, je peux faire baisser Le Pen, au pire, le faire stagner. Si c'est ça qui gêne Queyranne, il faudra qu'il le dise. Je ne vais pas le lâcher. Il faudra qu'il s'explique... »

Conscient d'être allé un peu trop loin ou sermonné par l'Élysée et Matignon, qui se soucient peu d'ouvrir un nouveau contentieux avec le Parti socialiste, Tapie fait machine arrière, dans le *Figaro* du 19 juin ; après avoir tapé sur la gauche, il s'en prend à l'opposition : « Si le Front national disparaît, la droite est sûre de revenir au pouvoir. Ceux qui doivent brûler des cierges tous les matins pour qu'il y ait quarante Tapie en France, qui réduisent à chaque fois le Front national d'un demi %, ce sont le RPR et l'UDF. Or, paradoxalement, ils ne veulent pas qu'on réussisse. » Pour apaiser les craintes de certains socialistes, qui ne souhaitent pas que l'opposition tire les marrons du feu de la croisade anti-Le Pen, Tapie précise : « Mais pas question de construire un front républicain avec la droite. Il faut seulement une stratégie commune, avec des accords sur les objectifs, sur le terrain. » Voilà les sponsors politiques du député de Marseille rassurés, même s'il fait au passage un reproche, justifié, aux bonnes consciences de la gauche : « Celui de faire croire, ou tu es raciste, ou tu es socialiste, ça c'est nul. Nul et pas crédible. » Bernard Tapie est à peine entré en politique depuis une année, et il a parfaitement assimilé les règles du jeu. Tant pis pour ses partenaires d'un moment qui ne comprennent pas que ce « gagneur » joue « perso ».

Malgré sa marche arrière et ses attaques contre l'opposition, le PS ne le tient pas quitte. Dans un communiqué, la rue de Solférino fait savoir, le 22 juin : « Il n'est pas question de sous-traiter, à l'activisme médiatique de Bernard

Tapie, la lutte contre le Front national. » Pierre Mauroy, premier secrétaire du Parti socialiste, affirme : « Faire croire que rien ne se fait, tenter d'accréditer l'idée qu'il s'agit de découvrir aujourd'hui une politique de l'intégration, est une injure pour tous ceux qui travaillent depuis des mois et des années. » Pour contrer l'opération Forum des citoyens, le PS a donc « décidé de rassembler tous ceux qui agissent quotidiennement sur le terrain ». Le bureau exécutif du Parti socialiste annonce une mobilisation générale des maires concernés — le 15 juillet, se tiendra une réunion spéciale du BE, élargie à une quinzaine de maires de grandes villes, confrontés aux problèmes de l'immigration. Les socialistes prévoient un effort accru, dans les 400 quartiers à problèmes, recensés par la mission interministérielle présidée par Yves Daugé, et la création d'un observatoire sur le FN, ainsi que la publication d'un « livre blanc », dans un délai de six mois, qui présentera le catalogue de tout ce qui a été fait par les municipalités socialistes, depuis 1982, en matière de politique des quartiers. En réalité, cette soudaine prise de conscience n'a qu'un objectif : court-circuiter le Forum des citoyens de Tapie, parce que, dit-on dans l'entourage de Pierre Mauroy : « Pourquoi laisserions-nous, à d'autres, le loisir d'empocher le bénéfice de plusieurs années de travail, sur le terrain ? »

Le 24 juin, Bernard Tapie est devant les clubs Espaces 89, présidés par Maurice Benassayag, un proche de François Mitterrand (co-animés par Françoise Castro, la femme de Laurent Fabius). Ce soir-là, Tapie reproche aux militants socialistes de ne pas être présents sur le terrain, alors que « Jean-Marie Le Pen est en train de former une armée nombreuse ». Marcel Debarge, fabiusien, alors n° 2 du PS, défend les militants PS mais concède, au député des Bouches-du-Rhône, que son action contre l'extrême droite est « complémentaire » et « fort bien venue ».

Mais l'heure de la trêve n'est pas venue, et Jean-Jack Queyranne attaque encore Tapie, le 25 juin : « L'action contre le Front national ne se résume pas à un coup de baguette magique. Cela demande du temps, de l'engagement sur le terrain, et pas seulement des actions médiatiques. Le Forum des citoyens, on le fait déjà au quotidien. » Et Tapie a beau rétorquer : « C'est complétement nul de vouloir me mettre sur la touche, c'est de l'archaïsme de dire, il n'est pas des nôtres », le député de Villeurbanne — ville où l'action des socialistes, en faveur de l'intégration des immigrés, n'est pas vraiment apparente — n'en démord pas. Pour lui, c'est « touche pas à mon fief ».

Quelques parlementaires socialistes, qui avaient vu sans plaisir l'Élysée pousser Bernard Tapie à Marseille, surenchérissent contre leur collègue non inscrit. Christian Pierret, député des Vosges, se souvient d'une « déclaration de Bernard Tapie, en 1987, qui annonçait 7 000 emplois dans le Var. Je ne suis pas sûr qu'on en soit arrivé là ». Pour André Labarrère, député des Pyrénées-Atlantiques, « de façon générale, je n'aime pas beaucoup les coups médiatiques et je reste tout à fait sceptique quant au résultat de celui-ci ». Et Bernard Poignant, député maire de Quimper, résume bien le sentiment dominant au PS : « si on dit que l'argent trop facile peut encourager le vote extrémiste, Tapie est-il le mieux placé pour espérer le réduire ? » Déjà affaibli par la révélation des « affaires », des fausses factures d'Urba aux scandales Péchiney et Société Générale, les socialistes redoutent la cohabitation avec un allié aussi voyant.

Montfermeil : force et faiblesse de la méthode Tapie

L'acharnement du PS à contrecarrer le lancement du Forum des citoyens, mais aussi la totale impréparation avec laquelle Tapie s'est engagé dans l'opération, vont retarder son démarrage effectif. Annoncé initialement pour le mois d'octobre à Villeurbanne, le Forum des citoyens n'entre dans sa phase active qu'en décembre 1990. Ce sera Montfermeil, une commune de 27 000 habitants de la Seine Saint-Denis, dirigée par un maire divers droite, Pierre Bernard, et dont le député, Éric Raoult, est RPR. Le choix de Montfermeil — plutôt que Marseille, où les problèmes liés à l'immigration sont légions — a d'autant plus de quoi surprendre que la mise en œuvre d'un programme d'aide à l'intégration de la population immigrée, nécessite évidemment la collaboration du maire. Avec Pierre Bernard, qui s'est « illustré » en refusant l'inscription en maternelle d'enfants de familles immigrées, la chose ne va pas *a priori* de soi.

Montfermeil n'est pas un cas isolé, mais il est exemplaire de la montée des problèmes liés à l'urbanisation sans frein des années 60 et au développement dans les années 80 de l'immigration clandestine. Jusqu'en 1961, Montfermeil est une petite bourgade tranquille — dans *Les Misérables*, Victor Hugo y a situé la ferme où Jean Valjean arrache Cosette aux Thénardier. Elle va changer de dimensions avec la mise en œuvre du plan Delouvrier et la construction de quatre barres d'immeubles HLM. Bâtie entre 1960 et 1962, la cité des Bosquets (1 800 logements) accueille au départ des employés, des cadres moyens et des ouvriers qualifiés. La cité est immédiatement prise en main par le parti communiste, qui y loge bon nombre de ses cadres.

Tenue depuis 1947 par le PC, la mairie bascule à droite en 1983. A l'époque, Pierre Bernard, ancien militaire colonial, reconverti comme directeur d'une agence bancaire à Fontenay-sous-Bois, l'emporte à la tête d'une liste où les militants politiques sont en minorité (un tiers RPR). Le changement municipal est moins lié à des raisons politiques qu'à la volonté de la population de protester contre un tracé d'autoroute, qui bouleverse l'équilibre et la vie de la commune.

Progressivement, la cité des Bosquets a changé d'aspect et de population. Les premiers occupants — généralement propriétaires de leur logement — ont déménagé et loué à de nouveaux arrivants. Le plus souvent, des travailleurs étrangers, portugais ou espagnols dans un premier temps, puis maghrébins. Les immeubles de la cité n'entrant pas dans les structures d'attribution du parc des logements sociaux, ni la mairie, ni le département ne sont en mesure de maîtriser cette évolution. De location en sous-location, en cascades, la cité s'appauvrit jusqu'à être occupée par une myriade de quarante-trois nationalités, où l'on trouve aussi bien des Africains que des Tamouls ou des Sri-Lankais. Signes clairs de cette paupérisation et de sa transformation en ghetto, les Bosquets ne comptent plus qu'un bureau de vote, contre huit dans les années qui ont suivi la construction, soit 480 électeurs inscrits pour une population recensée de 7 000 habitants... Mais, la consommation d'électricité indique que le chiffre réel est probablement supérieur à 11 000.

A la fin des années 80, la cité des Bosquets est devenue une « cité interdite ». Le contrôle sanitaire est désormais inexistant. Elle attire, chaque jour, davantage d'irréguliers, venant de toute la région parisienne et même du nord de la France. Sur cent naissances, une quarantaine de nouveaux-nés sont des enfants d'immigrés clandestins. La cité est située hors des circuits administratifs et les services de l'état civil sont incapables d'y exercer la moindre vérification.

Dès 1985, des difficultés sérieuses apparaissent en matière scolaire, et le maire de Montfermeil attire, à plusieurs reprises, l'attention du préfet sur la situation dramatique d'écoles, où les effectifs changent de 30 % en cours d'année. Par porosité, la commune de Clichy-sous-Bois connaît les mêmes problèmes. Ceci explique le rapprochement progressif entre son maire — encore communiste — et Pierre Bernard, étiqueté divers droite. Le maire de Montfermeil ne reçoit aucune réponse des services officiels. Pour éviter que la dégradation ne continue — plus de la moitié des élèves sont non-francophones, les parents viennent à la cantine avec leurs enfants —, Pierre Bernard prend deux décisions spectaculaires (et illégales). En 1987, il refuse l'inscription en maternelle de onze enfants d'immigrés clandestins zaïrois et, en 1988, de trente-quatre nouveaux enfants d'irréguliers. Passant outre à cette interdiction municipale, les directrices inscrivent néanmoins les enfants. Le maire menace alors de couper l'électricité. Réélu entre-temps au premier tour des municipales de 89 (son collègue, Deschamps, exclu du PC, le sera, lui aussi, à Clichy-sous-Bois, après deux annulations), il fait l'objet de deux plaintes pour « incitation à la haine raciale ».

Montfermeil devient, dès lors, un abcès de fixation, politiquement exploité contre l'opposition par SOS Racisme et par l'Élysée (Isabelle Thomas, ancienne dirigeante de la coordination lycéenne des manifestations de 1986, et chargée de mission au secrétariat général de la présidence de la République, a été candidate PS dans la circonscription, aux élections législatives de 1988). Sur place, la situation se tend chaque jour davantage, prenant un tour violent. Trois autobus à étages sont brûlés à Bobigny, à l'occasion d'un concert de rock, par des jeunes de la cité des Bosquets. La fille du docteur Vignon, chirurgien-dentiste de Montfermeil, est égorgée. Un employé municipal est poignardé alors qu'il va chercher ses enfants à l'école. Le maire fait lui-même l'objet de deux agressions : une première fois, sa femme est pourchassée — et le pare-brise de sa voiture vole en éclats —, un jour qu'elle va chercher sa fille à la sortie de son cours de solfège ; puis son pavillon manque d'être incendié. Par ailleurs, l'armurier prévient Pierre Bernard que de plus en plus d'habitants de la commune achètent des armes. C'est dans ce contexte que le maire de Montfermeil contacte Bernard Tapie, qui a dû renoncer à Villeurbanne (malgré le score de 37 % que le Front national y enregistre). Et le député des Bouches-du-Rhône décide de lancer, en Seine-Saint-Denis, l'expérience-pilote de son Forum des citoyens.

Il l'annonce officiellement, le 25 novembre 1990, au Club de la presse Europe1/Libération, et convoque, pour le 6 décembre, une conférence de presse conjointe avec le maire Pierre Bernard.

Le Tapie, qui expose son projet devant les journalistes, est moins tonitruant que celui qui se proposait, six mois auparavant, de réduire le Front national à 10 %. Il est venu à Montfermeil pour travailler. Il ne se présente pas comme le concurrent de la délégation interministérielle à la ville. Son action sur Montfermeil — « malheureusement élue comme symbolique du problème des ghettos » — se fixe des objectifs limités géographiquement, ce qui ne signifie pas qu'ils sont dépourvus d'ambition : « Si, dans un an, toute la population est fière d'habiter Montfermeil », le député des Bouches-du-Rhône pourrait envisager d'étendre l'expérience. Peut-être à Marseille, la ville où, d'après lui, il a « suscité un tir de barrage de ceux qui ne partagent pas ses convictions ; où il me semble impossible de régler un problème, de cette importance, sans l'adhésion de tout le monde. [Or], on ne peut avoir l'adhésion de tout le monde, quand on est engagé politiquement » (Ce disant, il ne vise à l'évidence que le sénateur-maire de Marseille, qui appartient, pourtant, comme lui, à la majorité présidentielle).

Tapie choisit une ville dirigée par un élu si à droite qu'il passe pour proche des idées du Front national (le mouvement de Jean-Marie Le Pen ayant choisi de ne pas présenter de liste contre lui aux municipales de 89 !). Pierre Bernard prend, dès le départ, quelques précautions : Tapie, et ses collaborateurs du Forum des citoyens, prennent l'engagement de ne pas participer, dans les cinq années à venir, à une consultation électorale à Montfermeil.

Pour une fois adepte de la langue de bois, il définit son forum comme « devant devenir une structure de formation, d'occupation, d'amélioration du savoir, permettant aux citoyens de mieux se connaître ». Inutile d'avoir fait l'ENA pour parler un langage abscons. Il proclame, présence à ses côtés du maire oblige, sa volonté de « non-ingérence politique », affirmant que le Forum serait géré par les habitants de Montfermeil, et par eux seuls. Sur ce point, certains de ses amis politiques sont d'un tout autre avis. Isabelle Thomas considère, de son côté, que « tout le monde a le sentiment que la présence de Tapie va débloquer la situation pourrie, créée par un maire raciste et déjà condamné pour ça ».

Au départ, Pierre Bernard ne fait pas l'unanimité dans la commune. Il plaide qu'il faut « détendre l'atmosphère ». Et, lorsqu'en avril 1991, il fait voter son conseil municipal sur la venue de Tapie, il recueille vingt voix en faveur de son initiative, et six contre (dont le RPR). Pour mettre tous les atouts dans sa manche, Bernard Tapie prend, de son côté, contact avec les responsables politiques d'opposition du département. Sur les conseils de son ami Guy Drut, il fait passer un mot à Éric Raoult, député RPR de la circonscription, à l'occasion d'une séance de questions d'actualité : « Guy m'a dit que t'étais pas trop con. Je voudrais t'avoir au téléphone. » Les deux hommes prennent langue, et Tapie explique à Raoult qu'il n'a pas d'autre ambition que de réussir son Forum, sur un terrain particulièrement difficile, et qu'il ne présente pas localement de danger politique. Au contraire, ajoute-t-il, « je peux être utile à Pierre Bernard en faisant retirer les plaintes contre lui », et encore : « Je fais descendre le Front national, je me tire après. »

Pour sa première visite à Montfermeil, Tapie vient avec une caméra de TF1 et des représentants de SOS Racisme. De fin avril à début mai, ses collaborateurs — Noëlle Bellonne, secrétaire général du groupe, pilote les opérations sur le terrain — écoutent les habitants. Tapie supervise, intervenant notamment pour apaiser le conflit entre le maire et les pouvoirs publics. Il lui fait ainsi accepter de signer le dossier de développement social des quartiers (DSQ), sur lequel il était en conflit ouvert avec le préfet de Seine-Saint-Denis, Raymond Le Bris. Pour faire baisser la tension, Tapie et son équipe multiplient les promesses, allant de la formation des jeunes chômeurs à la création d'une équipe de football, en passant par la mise à disposition des adolescents de la cité des Bosquets, d'une « salle pour faire de la guitare », et l'organisation d'un charter pour le marathon de New York, auquel deux cents jeunes de Montfermeil devaient participer, aux frais du député-homme d'affaires.

Les premières initiatives du Forum des citoyens vont intéresser l'opinion publique locale, même si beaucoup demeurent dubitatifs. En tout cas, Bernard Tapie ne ménage pas sa peine pour obtenir une modification des états d'esprit. Il prend d'ailleurs violemment à partie les sceptiques qui trouvent son opération trop floue : « Il y aura toujours des gens dubitatifs. Il y en a qui se nourrissent de la merde. »

Le 18 avril, il annonce son plan à la population, conviée au gymnase Colette Besson, « chez les riches du centre ville ». Mille cinq cents personnes sont massées pour écouter la star et le maire, Pierre Bernard. Accueilli par les huées de quelques centaines de jeunes, Tapie retourne la salle avec un art consommé du débat public. Il sortira, deux heures plus tard, sous les ovations. Ce jour-là, le député de Marseille dresse un catalogue de 38 mesures « pour changer la vie ». Après que le maire a ouvert la séance, par une intervention musclée (« Il faut couper le robinet de l'immigration. Expulser de la ville les délinquants et les clandestins ») qui lui vaut une bordée d'injures (« Dégage ! Raciste ! Menteur ! »), Tapie prend la parole dans une ambiance tendue à l'extrême. Les cris hostiles fusent : « Arrête l'anesthésie, c'est que de la tchatche ! » Occasion pour Bernard Tapie de stigmatiser les « ânes qui gueulent anonymement » et, pour faire bonne mesure, la presse qui se repaît de ce genre de manifestations.

Le ton ainsi donné, Tapie entame un dialogue avec la salle. A un professeur de gymnastique qui lui reproche de « n'avoir rien fait depuis quatre mois », Tapie répond : « Je ne suis pas discret et plutôt mal élevé, alors, ceux qui se sont engagés à me soutenir ont plus qu'intérêt à le faire. » Face à ces gosses paumés des banlieues, il trouve le ton qui convient : « Je viens du même endroit que vous, vous ne pouvez pas me la faire au cinéma. » Et la salle, retournée en sa faveur, dévorant des yeux la brochette de vedettes mobilisées pour l'occasion (Tapie s'est fait accompagner de Michel Hidalgo, du boxeur Christophe Tiozzo et de Daniel Sangouma, recordman du monde du relais 4 fois 100 mètres), l'écoute. Les initiatives du Forum des citoyens se répartissent en quatre grands chapitres, le sport, les activités sociales, culturelles et l'économie. Peu de concret, sinon l'annonce d'une école de football dépendante de l'Olympique de Marseille, d'une télévision câblée et d'une radio locale. En dehors de cela, les 38 mesures relèvent plutôt du catalogue de vœux pieux : un club de chefs d'entreprise pour évaluer les besoins, une mission locale pour l'emploi... Pas de miracle, mais l'affirmation du désir d'agir. Ce soir-là, les habitants de Montfermeil s'en contenteront. D'ailleurs, Tapie s'en prend à tous ceux qui doutent de la faisabilité de son programme. Descendu de la scène, il interpelle, ainsi, à la fin de la réunion, une commerçante de la rue principale de Montfermeil qui a posé trop de questions, à son goût : « Eh, la grosse, si je vous ai dit qu'on pourrait emmener les mômes africains ou maghrébins, en avion, à New York, le petit Black, là-bas, vous l'aimeriez pas dans votre lit ? » Dans le cocktail Tapie, l'ingrédient de la vulgarité a toujours un goût entêtant. Ce n'est pourtant pas suffisant pour surmonter les méfiances, comme celles de ce jeune, de la cité des Bosquets, qui dit, en quittant le gymnase Colette Besson : « Si on peut décrocher des boulots, gagner du blé et se barrer d'ici, et bien, moi, je dirai bravo Tapie, sinon je dirai que c'est bidon, qu'on s'est foutu de notre gueule. »

A l'automne 1991, on est en mesure de donner un bilan partiel du Forum des citoyens à Montfermeil. Quelques points sont à porter au crédit de Bernard Tapie. Il est parvenu à faire travailler ensemble des personnalités de bords politiques opposés. Il faut dire qu'il n'a pas lésiné sur les relations publiques avec les élus. En les faisant rêver. Comment, en effet, un maire — dont la rémunération avoisine les huit mille francs mensuels — n'aurait-il pas été séduit par un homme qui le reçoit, en ami, dans son luxueux hôtel particulier de la rue des Saint-Pères. Avec quelques attentions de milliardaire, il a mis dans sa poche la municipalité : ceux qui ont pris l'avion pour Bari, afin d'assister à la finale de la coupe d'Europe de football ; et Rosine Bellanger, adjointe à la santé, qui, passant ses vacances au Lavandou, a été invitée à passer une journée en mer sur le « Phocéa »... Tapie ne résout peut-être pas les crises sociétales, mais il connaît la recette de « Reine d'un jour ». Il n'empêche que son intervention à Montfermeil a contribué à éviter, à la commune, « l'été brûlant » auquel elle paraissait inéluctablement condamnée au début 91.

La question est de savoir s'il n'a pas contribué à exaspérer les frustrations par des promesses imprudentes, et non encore tenues. Ombre au tableau, la déception de beaucoup de bénévoles qui faisaient — avant sa venue — de l'animation dans la commune. Ainsi, Daniel Campredon, président d'un club de football, dont les adhérents ont rejoint les équipes de Tapie, attirés par la notoriété et le parrainage prestigieux de l'OM. Pour cet animateur social, la méthode Tapie, c'est « du strass, du pipo », car le Forum des citoyens a systématiquement aidé les adolescents qui semaient le désordre. Recrutés dans le club dirigé par le commissaire D'Andréa — ancien responsable de la police du métro —, les casseurs d'hier tiennent désormais le haut du pavé, tandis que ceux qui se tenaient tranquilles, pratiquaient le sport, dans les équipes modestes des animateurs locaux, sont laissés sur le carreau. (Le commissaire Gérard d'Andréa mène le même combat que Tapie. Mais il aura la surprise de recevoir, le 12 juin 1991, une facture de 10 674 F pour 75 paires de chaussures Adidas présumées "offertes" aux jeunes de Montfermeil, *Le Canard Enchaîné,* 3 juillet 1991...) Même sentiment de frustration chez Fatuite Totime, un animateur zaïrois, qui dénonce la pratique d'intimidation systématique contre ceux qui ne se coulent pas dans le moule Tapie : on est avec lui ou contre lui ; et, si l'on ne se place pas dans sa mouvance, il menace de faire exclure les réfractaires à ses méthodes de l'équipe DSQ (ce qui reviendrait à les priver de toute subvention). Pour sa part, Moredine Zenatti, champion du monde de karaté, reproche à Bernard Tapie de n'avoir tenu aucune de ses promesses concernant l'emploi. Il a bien fait venir quelques chefs d'entreprise à Montfermeil, mais cela a simplement donné lieu à un cocktail et à quelques photos que les patrons ont mis dans leur book... Exemple de la consistance des engagements de Tapie : il a assuré être en mesure d'aider les jeunes chômeurs de la commune de trouver des jobs à Euro Disneyland. Certains y sont allés et n'ont pas été engagés : « Il ne s'en est pas occupé. »

Inquiétude aussi chez les adolescents, qui se sont entraînés tout l'été, en vue du marathon de New York. A la mi-octobre, ils n'ont encore pas vu la couleur du billet d'avion pour se rendre à une compétition qui a lieu en novembre. Certains s'y rendront peut-être, mais qui paiera ? Tapie, comme il l'a promis, ou le ministère de la Jeunesse et des Sports qui utiliserait ainsi des crédits publics — au détriment d'autres opérations — dans le seul but d'honorer un contrat moral passé par un autre...

En réalité, Bernard Tapie a suscité un espoir qu'il n'a pas les moyens de concrétiser. Il a tiré, de l'opération Montfermeil, un bénéfice d'image personnel ; mais il appartient à l'État et aux collectivités locales de dégager les sommes nécessaires pour mettre en œuvre les remèdes de fond. Michel Delebarre, le ministre d'État chargé de la Ville, commence d'ailleurs à être sérieusement exaspéré par la prétention du député de Marseille à tirer la couverture à lui. Pendant que les pouvoirs publics travaillent sur 399 quartiers, comparables à Montfermeil, l'opération Forum des citoyens focalise l'attention des médias, alors que ce qui est fait, sur place, mobilise l'argent public. Les élus socialistes du département, Claude Bartolone et Gilbert Bonnemaison partagent les réticences et les agacements du ministre, mais ils demeurent prudents ; Tapie est craint, « il a des réseaux qu'on ne soupçonne pas ».

Début septembre, Michel Delebarre reprend pourtant la direction des opérations sur Montfermeil. Il vient, dans la commune, annoncer des mesures concrètes : le déblocage de 35 millions de francs pour abattre une des barres d'immeubles de la cité des Bosquets, un projet d'aménagement et de désenclavement, touchant à la fois Montfermeil et Clichy-sous-Bois. Ce jour-là, le ministre remercie Bernard Tapie pour son intervention, mais il salue également l'action de Robert Pandraud et d'Éric Raoult, les deux députés RPR du département. Manière claire de signifier au député de Marseille qu'il est temps d'éteindre les projecteurs et que les choses sérieuses doivent commencer à Montfermeil.

CHAPITRE 7

LE PARI RÉGIONAL

Bernard Tapie a su se faire une place à part sur l'échiquier politique, en se présentant comme le général de la guerre contre Jean-Marie Le Pen. En modifiant le style du débat avec le leader du Front national, en acceptant de l'affronter directement devant les caméras de télévision, il a confisqué à son profit, au grand dam de ses alliés socialistes, le thème de la défense des idées républicaines contre le danger raciste et fasciste. En termes d'action concrète et de résultat, son bilan est portant bien modeste. Il a d'ores et déjà perdu son pari de ramener le Front national à moins de 10 %. Il le reconnaît lui-même, persuadé que ce qui est effectivement accompli a beaucoup moins d'impact que ce qui est dit.

Tapie n'a pas atteint ses objectifs annoncés à grands renforts de publicité. Mais ces deux ans et demi d'expérience politique ont éveillé chez lui un formidable appétit de pouvoir. Après avoir pratiquement tout gagné au plan sportif, il a acquis le droit de siéger, parmi les grands de la finance et des affaires, depuis qu'il s'est porté acquéreur d'Adidas, mais il s'amuse de moins en moins avec ses anciens jouets. Il a contracté le virus politique. Et, qu'il l'avoue à demi-mot ou qu'il s'en défende, il est clair qu'il vise le sommet de la hiérarchie. L'homme qui déclare à *L'Expansion*, le 3 octobre 1991 : « Je sais bien analyser une situation, écarter l'important de l'essentiel, j'adore les situations très difficiles et très complexes. Après quoi, j'ai assez de culot et d'imagination pour me fixer des objectifs fous, en apparence seulement, pour retrousser mes manches et faire bosser les autres. Ça marche dans les affaires, comme dans le sport et la politique », cet homme-là ne poursuit pas un objectif de gagne-petit. Parce qu'il croit, comme Tocqueville, « qu'il ne faut pas avoir d'ambitions médiocres parce que ce sont les plus difficiles à satisfaire », il s'est fait le pari le plus insensé, le plus « fou » : conquérir un jour l'Élysée. Si possible, le plus vite possible, même si, dans la même interview, il prétend qu'en 1995, il n'aurait « rien à apporter au débat ». Aujourd'hui le député non inscrit de la sixième circonscription des Bouches-du-Rhône se prépare à toute éventualité.

Mais sa fonction politique actuelle ne lui permet pas de plonger dans le grand bain. Sa candidature à la présidence de la région Provence-Alpes-Côte d'Azur est la première étape de sa marche, qu'il espère courte, vers la présidence de la République.

Valse-hésitation pour une candidature

Qui aurait pu prévoir que, cinq années après la disparition du seigneur socialiste féodal qu'était Gaston Defferre, la tête de liste PS dans la région, longtemps tenue par l'ancien maire de Marseille, serait offerte à un homme politique marginal, même pas provençal et surtout pas socialiste ? C'est pourtant la performance réalisée par Bernard Tapie. Il réussit même le tour de force d'avoir été désigné, comme leader de la gauche, dans la région PACA, par des militants dont beaucoup l'ont vigoureusement combattu, lorsqu'il a commencé sa carrière politique locale, voici à peine deux ans et demi.

Les élections régionales sont programmées pour le mois de mars 1992. L'enjeu de ce scrutin est certes important, puisque le pouvoir des conseils régionaux a été sensiblement accru, depuis le vote de la loi Defferre de décentralisation en 1982. Mais dans la plupart des vingt-deux régions françaises, elles ne suscitent, au mieux, qu'un intérêt poli. D'abord parce que, presque partout, le résultat est quasiment acquis d'avance ; ensuite parce que l'enjeu politique de ces élections n'est pas tel qu'il remette en cause les grands équilibres nationaux. La gauche socialiste, déjà mal lotie — elle ne détient que deux présidences de région, dans le Nord-Pas-de-Calais, et en Limousin —, essuiera sans doute un nouveau recul. Les formations non représentées à l'Assemblée nationale — les Verts et le Front national — gagneront des points, mais le gouvernement, habitué à perdre les élections intermédiaires, demeurera en place. Rien, *a priori*, ne devrait soulever la passion des électeurs. Sauf en région PACA, où la présence de Bernard Tapie et celle de Jean-Marie Le Pen déchaînent les passions et mobilisent l'intérêt des observateurs politiques.

Il faut dire que, en PACA, les manœuvres pré-électorales ont commencé très tôt. Deux ans avant l'échéance, on a commencé de s'interroger sur l'éventualité de la candidature de Bernard Tapie. Dès le printemps 1990, le bruit circule à Marseille que le député de la sixième circonscription pourrait mener la liste socialiste. La fédération PS des Bouches-du-Rhône est dans un état de complète décomposition. Après quatre années de jeu de massacre, elle ne dispose plus d'un leader crédible. Michel Pezet et Philippe San Marco ont été mis sur la touche. Écrasé aux élections municipales à Marseille, Pezet, qui avait choisi Mauroy contre Fabius, a perdu le contrôle de la fédération départementale (la deuxième en importance théorique au sein du Parti socialiste ; mais les fausses cartes ou les adhésions alimentaires y sont si nombreuses qu'il est impossible d'en apprécier le poids réel). Les amis de Laurent Fabius ont acquis la majorité, après avoir enrôlé dans leur courant une partie des anciens fidèles de Michel Pezet, comme François Bernardini, maire-adjoint d'Istres, nouveau secrétaire fédéral. En plus, Pezet et San Marco ont été compromis dans l'affaire des fausses factures de la Sormae. Personne ne doute d'ailleurs, à Marseille, que ce scandale n'a été révélé que pour précipiter la chute du « fils maudit » de Gaston Defferre. Dans cette région, où apparemment tous les coups sont permis, les meilleurs connaisseurs de la politique locale prétendent que les noms de quelques élus de droite — le RPR Jean-Pierre Roux en Avignon et l'UDF Jean-Pierre Peretti della Rocca à Aix-en-Provence — n'ont été donnés en pâture à l'opinion que pour camoufler l'opération anti-Pezet. A l'appui de cette thèse, on a pu constater que, une fois Michel Pezet définitivement à terre, les socialistes ont tout mis en œuvre pour étouffer l'affaire. Et il a fallu l'entêtement d'un inspecteur de police incorruptible, Antoine Gaudino, pour que le scandale éclate au niveau national (*L'Enquête impossible*, éditions Albin Michel, 1990).

Le PS est si affaibli, en région PACA, que les vrais leaders de la gauche se situent délibérément en dehors de lui. Robert Vigouroux, le maire de Marseille, a été exclu du parti. Et Bernard Tapie appartient à la majorité présidentielle, sans être membre du PS. Il ne manque d'ailleurs jamais une occasion de marquer sa différence. Ces deux hommes sont pourtant les deux personnalités les plus populaires de Marseille et de la région. La seule chance des socialistes de figurer honorablement aux élections régionales, serait d'accrocher ses wagons à une de ces deux locomotives. Or

Vigouroux ne peut être ce leader. L'intensité de la guerre municipale a laissé des traces trop profondes. Reste Tapie. Et son nom est évoqué avec insistance.

Le 17 juin 1990, le député de Marseille précise sa position dans *Le Monde* : « J'ai seulement dit que j'allais m'occuper de la région. Je souhaite vraiment lui apporter mon concours concret, économique et éventuellement politique. Pas dans deux ans. Si ceux qui sont en place actuellement me le demandent, je le ferai dès maintenant. Je veux travailler avec tout le monde, sauf avec le Front national et ses associés. » Propos pour le moins ambigus, puisque « ceux qui sont en place » dans la région, c'est Jean-Claude Gaudin et son équipe... Mais, en précisant qu'il exclut ceux qui sont « associés » avec le FN, Tapie se réserve de condamner le moment venu le président de PACA, qui, pour diriger la région, a débauché des élus du Front. « Sous quelle forme ? Avec qui ? A quelle place ?, ajoute Tapie, c'est autre chose. Je n'ai pas d'ambition de poste et je ne cherche pas de boulot. Si les gens de ma sensibilité peuvent gagner sans moi, je n'y vais pas du tout et je bosse avec eux. Si on a besoin de moi, j'irai, et, s'il faut prendre la tête de liste pour gagner, je la prendrai. Mais dans l'ordre de préférence, c'est j'y vais pas et je fais gagner. » Prise de position particulièrement habile !

En réalité, Tapie sait pertinemment que les socialistes n'ont aucune chance de conquérir la région sous leur drapeau. Parce qu'ils sont incapables de refaire l'unité dans les Bouches-du-Rhône, où leur fédération n'est que décombres — c'était le département dans lequel ils étaient les plus forts traditionnellement. Mais surtout parce que l'ensemble PACA est très ancré à droite. Au premier tour de l'élection présidentielle de 1988, l'addition Chirac/Barre/Le Pen atteignait 60 % des suffrages. La gauche officielle, étiquetée, ne peut y faire que de la figuration. En prétendant n'avoir aucune ambition personnelle, Tapie place ses partenaires de la majorité présidentielle en situation de demandeurs. Ayant bien évalué les rapports de force, il lui reste à attendre que l'on vienne le chercher.

Jean-Claude Gaudin, le président de PACA, ne se trompe pas sur les véritables intentions de Tapie. Il prend les devants et attaque le député de Marseille. Le 5 juillet 1990, il lui reproche d'être un « hercule de foire, un bonimenteur et un tricheur ». Gaudin a, dès ce moment-là, le souci de ne pas se laisser coincer entre Tapie et Le Pen. En bon professionnel de la politique, il ne doute pas que le président du Front national sera candidat dans la région où il a réalisé, et de loin, ses meilleurs scores à l'élection présidentielle. Il sait que si Tapie entre en piste, il axera sa campagne sur la dénonciation d'une « complicité Gaudin/Le Pen ». Il écarte par avance l'argument, affirmant : « Qu'on arrête de me casser les pieds avec ça ! » Et il précise sa stratégie par rapport au FN : « Avec la désertion de la droite modérée, les électeurs UDF et RPR rejoignent le FN par dépit, ou se réfugient dans l'abstention, ce qui fait le jeu de la gauche. Alors, c'est clair, je suis de droite et je le reste. » Défenseur d'une « droite libérale sans complexe », il refuse d'être taxé de complaisance à l'égard de Le Pen. A ses yeux, la stratégie qu'il a adoptée au conseil régional, est la seule possible. Il rappelle que le Front avait obtenu vingt-cinq élus régionaux en 1986, et que, grâce à sa politique de débauchage, il en a détaché dix pour les faire adhérer à sa majorité. Pour lui, ceux qui attaquent frontalement le FN font en réalité son jeu. Aussi se présente-t-il comme le seul rempart efficace contre le lepénisme. Ce sera le thème politique central de sa campagne. Le 13 septembre 1991, il précisera, ainsi : « Si nous étions une droite centriste, Le Pen serait déjà à 40 %. » Mais, cette défense d'une « droite libérale sans complexe » se heurte au sentiment dominant, véhiculé par les médias. Et Gaudin aura les plus grandes difficultés à faire passer son message.

L'ancien président du groupe UDF à l'Assemblée nationale a politiquement et intellectuellement raison ; il est évident que l'affaiblissement de la droite libérale constitue la seule chance de Le Pen de gagner son pari régional. Tapie est le faire-valoir de Le Pen, et Gaudin son véritable concurrent. Pourtant le poids du show Le Pen/Tapie occultera immanquablement la parole du président sortant de PACA. Au moins au niveau national. Lui, espère que les électeurs de la région réagiront différemment. Le pari n'est pas gagné d'avance.

Tandis que Jean-Claude Gaudin tente de rappeler qu'il est en position de faire la course en tête, la candidature de Bernard Tapie se précise. Le gouvernement dispose, en effet, de sondages concordants qui démontrent qu'une liste PS pur sucre n'aurait aucune chance de reprendre la région perdue en 1986 (Gaston Defferre en avait assuré la présidence jusqu'en 1981, et Michel Pezet, de 1981 à 1986, avant l'adoption du suffrage universel pour les élections régionales). Le 18 juillet, Bernard Pigamo, proche lieutenant de Michel Pezet, confie ainsi à Guy Porte, le correspondant du *Monde*, à Marseille : « Si je distribue aujourd'hui des tracts PS dans les rues, je rencontre deux sortes de gens ; les gentils qui me rient au nez, et les méchants qui me crachent à la figure. » Le moins qu'on puisse dire est que le moral des socialistes marseillais n'est pas au beau fixe.

L'éventualité de l'appel à Bernard Tapie est dans tous les esprits. Début juillet, Michel Pezet a d'ailleurs inscrit la question à l'ordre du jour d'une réunion du groupe PS du conseil régional ; « faute de temps », le problème n'a pu être examiné. Plus probablement, il est encore trop tôt pour que Pezet et ses amis, qui ont des relations difficiles avec Tapie depuis l'élection législative de 1988 (rapports encore détériorés au moment de l'élection municipale de mars 1989, quand Tapie a soutenu Vigouroux), acceptent d'aller à Canossa. Le problème est renvoyé au mois de septembre, Pezet s'engageant à « tout mettre, alors, sur la table ».

Pendant que les socialistes s'interrogent, un homme travaille en coulisse à placer Tapie sur orbite régionale. Charles-Émile Loo pense que « le problème des régionales, avec Tapie, est le même que celui de Vigouroux aux municipales ; sans lui, Marseille revenait à Gaudin et au Front national. Pour les régionales, ce sera encore plus grave car, cette fois-ci, le Front national sera devant Gaudin ». A vingt mois des élections, les amis de Tapie développent déjà l'argument massue et unique de la prochaine campagne : Gaudin n'existe pas. Au mieux, il ne serait que le prête-nom, le fourrier de Le Pen. Et seul Bernard Tapie est en mesure d'empêcher le président du Front national de conquérir la deuxième région française. A ceux qui se méfient du président de l'OM, qui le trouvent un peu trop faisandé et surtout pas assez socialiste, Loo réplique, par référence à son passé de résistant : « Pendant la guerre, on ne regardait pas celui qui faisait passer les seaux d'eau pour éteindre les incendies. Aujourd'hui, l'incendie, c'est le Front national. »

Les choses ne sont cependant pas complètement acquises pour Tapie. La région comprend six départements (Bouches-du-Rhône, Alpes maritimes, Var, Vaucluse, Alpes de Haute-Provence et Hautes-Alpes) et, s'il est certain que la présence du patron de l'Olympique de Marseille est un plus incontestable dans les Bouches-du-Rhône, les socialistes des autres départements n'ont aucune envie de se ranger sous la bannière de ce marginal. Robert de Caumont, le maire rocardien de Briançon, conseiller régional élu des Hautes-

Alpes, lève l'étendard de la révolte contre ce candidat imposé par Paris : « On ne préside pas une région par procuration avec un attaché parlementaire ou un fondé de pouvoir d'Adidas. » Claude Domeizel (élu jospiniste des Alpes de Haute-Provence) se méfie, quant à lui, « des hommes providentiels » ; Rubens Crémieux, conseiller régional du Vaucluse, craint de son côté la fin du socialisme traditionnel : « Moi, je fais partie de deux races en voie de disparition, agriculteur et socialiste. Dans quelques années, il faudra m'exhiber sur la place du village pour rappeler ce que c'était. »

L'hostilité à Bernard Tapie n'est pas générale. L'argument de l'efficacité électorale convainc certains élus socialistes de la région, qui n'ont pourtant pas *a priori* d'atomes crochus avec l'homme d'affaires ; ainsi Jean-Pierre Pradié, conseiller régional chevènementiste du Var, admet-il que « dans le moindre village de notre région, on connaît Bernard Tapie. Il vaut mieux un cheval qui avance que des sous-chefs qui reculent... Tapie, comme Le Pen, joue sur l'irrationnel. En ce moment, c'est ça qui marche et c'est ça que les socialistes doivent jouer, quitte à perdre un peu de leurs illusions ». Résignation réaliste, qui est aussi celle de François Bernardini, le nouveau premier secrétaire fédéral des Bouches-du-Rhône, fabiusien : « La candidature Tapie, si on regarde notre culture politique et notre histoire, ce n'est pas satisfaisant. Mais, si on regarde notre électorat, on ouvre un œil ; si on regarde les résultats, on ouvre les deux. On ne peut pas se payer le luxe des divisions. Le pouvoir aujourd'hui est dans un rassemblement de la gauche, pas seulement du PS. » En apparence, le raisonnement est politiquement cohérent avec la pratique de l'ouverture au plan national. Il existe pourtant une différence de taille : dans le pâté d'alouette de la « France unie », façon mitterrandienne, les socialistes entrent dans la composition du pâté pour un demi-cheval et les centristes, de type Soisson, pour une demi-alouette. En région PACA, cela risque d'être un demi-cheval de Tapie et une demi-alouette de socialisme...

Certains socialistes contestent d'autant plus vigoureusement la candidature de Bernard Tapie qu'ils considèrent que le président de l'OM n'a pas, loin s'en faut, le monopole de la lutte anti-Front national. A leurs yeux, les déclarations de Tapie relèvent de l'esbroufe. Ainsi, Bernard Pigamo rappelle-t-il : « Le Pen et tous les caciques du FN, c'est nous qui les avons battus, en 1988, aux législatives. Il ne faudrait tout de même pas l'oublier ! » De fait, c'est Marius Masse, et non Tapie, qui a barré à Jean-Marie Le Pen la route de l'Assemblée nationale. Et ce sont des députés socialistes orthodoxes qui ont gagné tous les duels contre les principaux leaders du FN, alors candidats dans les Bouches-du-Rhône.

Curieusement, les frères ennemis du socialisme marseillais, les membres de la fédération départementale du PS et les amis de Robert Vigouroux se retrouvent, à ce sujet, sur la même longueur d'ondes. Christian Poitevin, adjoint au maire de Marseille, très proche de Vigouroux, note : « Le maire a fait bien plus que Bernard Tapie pour réduire le Front national à Marseille. Aux municipales, nous l'avons fait diminuer de moitié. Dans mon secteur, qui est pourtant composé de quartiers populaires, comme celui de la Joliette, il n'y a pas eu un seul élu Front national. Et, pendant la guerre du Golfe, alors que l'on avait toutes les raisons de craindre des affrontements entre la communauté maghrébine et la communauté juive — toutes deux très importantes à Marseille —, il n'y a pas eu la moindre bagarre, pas la plus petite altercation. Le mérite en revient au seul Robert Vigouroux. En revanche, il y a eu trente blessés et trente arrestations à l'issue du match de coupe d'Europe

OM/Spartak de Moscou. » Au moment où Christian Poitevin s'exprime de la sorte, le 17 mai 1991, le maire de Marseille n'a pas encore indiqué ce qu'il ferait aux élections régionales, mais une chose est déjà avérée : la rupture entre Tapie et Vigouroux est consommée. Simplement, à l'époque, les amis du maire se contentent de distiller quelques confidences. Ce soir-là, l'OM vient d'engranger son troisième titre consécutif de champion de France de football, et l'équipe s'apprête à disputer, le 29 mai à Bari, la finale de la coupe d'Europe. La résistance contre Tapie ne peut être alors menée que dans la clandestinité...

Même si beaucoup de socialistes, et les partisans de Robert Vigouroux, trouvent Bernard Tapie très encombrant ; le sondage réalisé pour *Le Provençal* le place, en septembre 1990, en tête de toutes les personnalités locales en termes de bonnes opinions et de cote d'avenir. C'est le moment choisi par Tapie pour préciser ses intentions, en vue des élections régionales. Le 25 septembre, il déclare au micro d'Europe 1 : « D'une façon ou d'une autre, j'irai. » Il ne dit pas encore qu'il revendique la tête de liste, mais il fait un grand pas dans cette direction. Pour expliquer sa nouvelle détermination, il met en avant deux arguments. Ce seront les deux thèmes majeurs de sa future campagne : « Si on ne va pas dans ce combat, Gaudin va mettre Le Pen à la tête du conseil régional. » Et, s'en prenant pour la première fois personnellement au président de PACA, il n'y va pas avec le dos de la cuiller. Aux yeux de Tapie, Jean-Claude Gaudin est « un nul » qui a fait de PACA « une région en faillite ». Cette fois-ci, Tapie est bien entré dans l'arène, et l'on peut d'ores et déjà pressentir que le combat électoral ne se déroulera pas à fleurets mouchetés. Le président de l'OM ne se placera pas sur le terrain du programme. Il n'a aucunement l'intention de contester, point par point, le bilan de Gaudin. Comme un boxeur poids lourd, il veut assommer son adversaire ; pas question, pour lui, de laisser à son concurrent le choix des armes. D'entrée de jeu, il cherche le K.O., convaincu, sans doute à juste titre, que l'injure ne choquera pas les électeurs marseillais. Le dirigeant sportif qui entend, à chaque match de son équipe, les supporters du stade vélodrome traiter l'arbitre « d'enculé » connaît son public.

En utilisant l'invective, Bernard Tapie place Jean-Claude Gaudin en situation délicate. Le sénateur des Bouches-du-Rhône est le contraire d'un bateleur d'estrade. Il a mené toute sa carrière politique avec un souci constant de courtoisie à l'égard de ses adversaires. Il ne pratique pas les coups bas ; et c'est probablement ce qui explique qu'il n'est jamais parvenu à réaliser son rêve de conquérir la mairie de Marseille. Defferre, jadis, n'avait pas ce genre de scrupules. Il n'a jamais hésité à user de méthodes de voyous. Un Tapie, aujourd'hui — assisté dans son entreprise politique par Milou Loo — est prêt à user de tous les moyens capables de déstabiliser l'adversaire, même les coups défendus.

Charles-Émile Loo, qui proclame son « amitié pour Jean-Claude », sait pertinemment que, pour l'emporter, Tapie devra se placer sur le terrain affectif, prendre les électeurs aux tripes. Persuadé que, sur ce registre, il n'y aura pas de match, il se donne même les gants de reconnaître les grandes qualités du président sortant de la région. Lui, ne dit pas, comme Tapie, que Gaudin est « nul ». Il reconnaît même les aspects positifs de six ans de gestion par la droite libérale. Allant jusqu'à affirmer (le 1er septembre 1991) que Gaudin, en s'appuyant sur son bilan, était en mesure de mener une « campagne remarquable, techniquement parlant ». Et c'est bien sur ce terrain que Jean-Claude Gaudin entend se tenir. Celui du bilan. Il veut mettre en avant les réalisations de six années de mandat à la tête de la région. « Un milliard de francs pour l'éducation sur 3,5 milliards de budget. La création d'une université de haute technologie autour de six pôles, répartis sur toute la région. Des crédits pour les routes et les autoroutes. 347 millions de francs pour la formation, 70 000 stagiaires et 1 400 cycles annuels de formation. » Ces chiffres et ces réalisations ne sont pas contestables — ils ont d'ailleurs pratiquement toujours fait l'objet d'un consensus unanime de tous les élus régionaux —, mais une élection ne se gagne pratiquement jamais sur un bilan, si bon soit-il (Elle peut en revanche se perdre sur un bilan désastreux.) Face au tintamarre médiatique des deux stars que sont Le Pen et Tapie, Gaudin éprouvera les plus grandes difficultés à faire entendre sa voix. Sa musique de chambre sera couverte par le son des tambours et des trompettes de ses deux adversaires. D'autant plus que les enjeux régionaux sont posés en termes politiques et pas en termes de gestion. Et Charles-Émile Loo a raison de souligner que « Gaudin sera dépendant de la politique nationale ». Pour le stratège de Bernard Tapie, « le véritable affrontement oppose Le Pen à Gaudin. L'agressivité du FN contre Gaudin sera considérable — d'ailleurs, ils ont envoyé dans la région toute leur cavalerie, de Le Pen à Le Chevallier Jean-Marie en passant par Mégret — et Gaudin sera pris dans la tenaille : passer un accord avec le Front pour se sauver ou risquer, comme l'indiquent les sondages, de passer derrière lui ». Dans tous les cas de figure, Loo ne doute pas que la situation profitera à Bernard Tapie.

Pour sortir de ce piège politique, il faudrait à Jean-Claude Gaudin forcer sa nature ; faire preuve d'une plus grande agressivité. Le président de la région s'y essaie de temps à autre, comme lorsqu'il « refuse la fatalité d'une image Marseille = Naples, Marseille = Tapie ». Mais il doit se battre sur deux fronts, et son discours modéré, à l'encontre du FN, accrédite auprès de bon nombre d'électeurs l'idée d'une connivence. Pour le plus grand profit d'un Bernard Tapie, qui peut attirer à lui des électeurs de droite, mais républicains, puisqu'il n'appartient pas au Parti socialiste. Ceux-là préféreront sans doute la méthode de l'éradication, préconisée par Tapie, à celle de la réduction progressive de l'influence lepéniste telle que Gaudin la pratique avec succès depuis 1986.

Toute la stratégie de campagne du député de Marseille consiste ainsi à grossir le danger Le Pen pour éliminer le troisième larron. Invité de France Inter, le 28 septembre 1990, Tapie enfonce le clou, avant même d'avoir confirmé sa candidature : « Des sondages montrent que, dans cette région, la droite est majoritaire, et qu'à l'intérieur de la droite, c'est le Front national qui est majoritaire. Je n'accepte pas l'idée de voir un jour Le Pen président de cette région. Si cela change, si la droite et la gauche classiques peuvent faire, seules, leur affaire, alors je n'irai pas à l'élection. S'il n'y a pas moyen comme ça, alors je serai candidat, mais à la place la plus faible qui me permettra de le battre. C'est-à-dire que je ne serai pas spécialement en tête de liste, mais que je pourrais me présenter derrière celui qui incarnerait le mieux la possibilité de gagner contre Le Pen. » Ce disant, Tapie joue sur du velours. Il sait pertinemment que le seul fédérateur possible de la gauche, en dehors de lui, ne pourrait être que Robert Vigouroux. Et si, au cours de cette émission *Objections*, il réitère son jugement sur Gaudin, « nul, vraiment nul », il ménage le maire de Marseille qui « jusqu'à preuve du contraire est à classer dans la catégorie des bons ». Touchante et payante modestie, cet hommage, proféré du bout des lèvres, ne lui coûte rien. Les relations entre le PS local et le maire de Marseille sont si conflictuelles que l'hypothèse d'une liste conduite par Robert Vigouroux, sur laquelle figureraient des socialistes, est absolument exclue.

L'annonce de la candidature Tapie, comme tête de liste de la gauche non communiste, est cependant encore prématurée. Parce que toutes les cicatrices socialistes ne sont pas encore fermées. Et aussi, parce que le député de Marseille a, sur le moment, d'autres chats à fouetter. Il vient en effet d'acquérir Adidas. Et même pour un homme qui affirme ne « dormir que quatre heures par nuit », une opération de cette envergure mérite qu'on y consacre tout son temps. Au plan politique, il se contente donc de continuer à occuper le terrain sans s'engager complètement, mais suffisamment pour que personne ne vienne prendre la place qu'il vise. Il doit aussi attendre que les socialistes régionaux se fassent à l'idée qu'ils devront se ranger sous sa bannière. Pour bon nombre d'entre eux, cela consiste à accomplir une véritable révolution culturelle ; et Tapie a besoin que ses soutiens parisiens convainquent leurs amis provençaux.

La candidature de Bernard Tapie va subir un retard à l'allumage. Au début de l'année 1991, sa gestion de l'OM est mise en cause. Ses collaborateurs, et lui-même, sont entendus par la brigade financière de Marseille. Difficile, à ce moment, pour le PS de s'engager trop ouvertement en sa faveur. Les dirigeants socialistes nationaux laissent passer l'orage. C'est seulement à la fin du mois de mars qu'ils apportent leur soutien officiel au patron d'Adidas.

Laurent Fabius lance l'opération le 29 mars, au micro de France Inter. Il déclare qu'il « encourage la candidature de Bernard Tapie en région PACA ». Le président de l'Assemblée nationale précise que le député de Marseille « a eu la gentillesse de venir me voir, il y a quelques semaines. Je l'ai encouragé parce que je pense qu'il a le dynamisme qu'il faut pour conduire un bon combat.

Maintenant, c'est aux militants de décider, mais je crois qu'avec un rassemblement des socialistes et une candidature choc, on peut faire du bon travail ». Les militants socialistes ont bon dos. La direction du PS ne va pas leur demander leur avis.

Le soir même de l'intervention de Fabius, Pierre Mauroy est à Marseille. Les militants PS sont conviés à un meeting au parc Chenot. Ce soir-là, on joue le grand air de la réconciliation entre les ennemis de la veille, devant une salle comble (près de deux mille personnes) où ceux qui sont restés dans la fédération et les amis de Charles-Émile Loo — regroupés dans l'association Carrefour socialiste — sont réunis pour la première fois depuis les élections municipales. François Bernardini, le premier fédéral annonce la couleur : « Ce soir, c'est le coup de sifflet final d'une séparation trop longue. La guerre est bien finie. » Charles-Émile Loo affiche, de son côté, sa « joie » de retrouver son bercail politique. C'est dans cette ambiance de fête familiale, que Pierre Mauroy désigne Bernard Tapie comme « le meilleur candidat que nous puissions avoir pour gagner la région PACA ». Le tour est joué. Après la réunion, le premier secrétaire du PS livre quelques confidences aux journalistes : « Tapie s'apparente à la gauche par bien des aspects. Il a beaucoup de qualités. Même si son parcours personnel est original. S'il le décide, ce sera un excellent candidat ; le meilleur que l'on puisse avoir et surtout le seul qui puisse gagner. Je pense donc qu'il sera très certainement un très bon président de région. » Fin de la partie, les socialistes reconnaissent leur incapacité à trouver, dans leurs rangs, un candidat crédible. Ils se livrent, pieds et poings liés, à Bernard Tapie. Celui-ci pourra agir à sa guise, sans avoir à se soucier des états d'âme de ses partenaires. Il ne s'en privera pas.

Pour Charles-Émile Loo, l'adoubement de Tapie est un

triomphe personnel. Il confie sa satisfaction à Sylvie Wormus, journaliste à l'ACP, dans une interview publiée le 30 mars par le *Quotidien de Paris* : « S'ouvre aujourd'hui mon combat, le dernier. J'ai terriblement souffert de la sanction prise contre moi. Mais, si c'était à refaire, je le referais, uniquement parce que le danger du Front national et de la droite était réel [aux municipales]. Si j'avais eu la certitude que la gauche pouvait gagner, je me serais abstenu. » A propos de la candidature de Bernard Tapie aux élections régionales, le vieux compagnon de Gaston Defferre précise : « J'en suis l'initiateur. La région PACA est la seule où le FN peut gagner. Avant la guerre du Golfe, déjà, j'ai demandé à Bernard Tapie : "pourquoi ne serais-tu pas candidat, puisque tu peux faire barrage au Front national ? Tu as là le combat de ta vie à mener." Bernard Tapie peut être la locomotive dans cette affaire, avec le parti et la majorité présidentielle. »

Le coup est joué en faveur de Tapie, mais une inconnue demeure, l'attitude de Robert Vigouroux. Pierre Mauroy s'en est expliqué la veille, lors du meeting du parc Chenot. Interrogé sur l'éventualité d'une réconciliation entre les socialistes et le maire de Marseille, il a indiqué : « Compte tenu des conditions dans lesquelles il a été élu maire, je pense que, pendant l'exercice de son mandat, il ne reviendra pas au Parti. Mais c'est un socialiste. » De son côté, Milou Loo se montre plus sévère à l'égard de Robert Vigouroux : « C'est moi qui suis allé le chercher. Il avait 27 ans, il était chirurgien. Je voterai le budget municipal, je ne ferai pas défaut. Cela ne m'empêchera pas de dire ce que j'ai à dire. Vigouroux, qui devrait revenir au bercail, va se rendre compte que le parti existe. » En clair, le maire est fermement invité à se contenter de ce qu'il a. « Faiseur de rois », Loo n'apprécie pas que ses « créatures » veuillent exister par elles-mêmes. Et si, d'aventure, le sénateur-maire de Marseille avait des velléités de perturber la compétition régionale, il est prévenu qu'il trouvera Charles-Émile Loo sur sa route.

Bernard Tapie, ainsi investi par le Parti socialiste, ne se précipite pas pour confirmer sa candidature. Car s'il n'a aucune chance de bien figurer, sans l'appui du PS, il ne tient pas à paraître trop lié à une formation qui n'a pas précisément le vent en poupe dans l'opinion. Il poursuit son objectif de ratisser large, bien au-delà de la clientèle fidèle à la gauche. Il fait néanmoins un pas en avant dans une interview qu'il accorde au *Provençal,* le 21 avril 1991. « Quand j'aurai décidé d'y aller, rien ne m'arrêtera. » Mais il ne fait aucunement référence à l'investiture que lui a accordée la direction nationale du PS. S'il se décide à y aller, ce sera uniquement pour combattre Le Pen : « Il a assez dit qu'entre Marseille et lui, c'était une histoire d'amour. Et puis, c'est à Marseille qu'il fait le plus de voix. » Pour étayer sa démonstration, Tapie ajoute même : « Enfin, il m'a provoqué... Donc, nous allons voir si c'est un vrai homme, s'il a plus de courage dans cette affaire que dans la guerre du Golfe. » Étonnante confidence. Car jusque-là, si un des deux hommes a « provoqué » l'autre, c'est Tapie. Et s'il l'a personnellement affronté une fois, le 7 décembre 1989, sur TF1, il n'a livré aucun combat électoral direct contre le président du Front national. Rodomontade et double jeu font partie intégrante de la méthode Tapie.

Liste Tapie : un accouchement difficile

Il faut attendre la fin du mois de juin pour que Bernard Tapie annonce enfin officiellement sa candidature aux élections régionales. Il se déclare le jeudi 27 juin, au journal de Guillaume Durand, sur la Cinq. A ce moment-là, il ne peut plus avoir de doute sur la décision de Jean-Marie Le Pen. Tapie confirme sa décision, dans une interview publiée par *Libération,* le 28 juin. « Je serai candidat parce qu'il le sera lui-même. Il ne peut plus reculer à présent. Il est trop engagé et la région PACA lui est favorable. Il y fait ses meilleurs scores, il y a des attaches. Jacques Médecin lui a plus ou moins fait cadeau de sa ville, et il l'aidera dans sa campagne. Quant à moi, je ne lui lance pas un défi, je veux simplement écarter un danger et je crois être bien placé pour l'empêcher de devenir président de la région. Nous avons de sérieuses raisons de penser qu'une liste, conduite par moi, dans les Bouches-du-Rhône, ferait environ 10 % de plus qu'une liste conduite par un socialiste. » Candidat, pour quoi faire ? « Je ne sais pas tout faire, mais il y a une chose que je sais faire : traiter les problèmes du chômage, de la formation et de la jeunesse qui souffre. Deux mille jeunes sortent chaque année de nos écoles, où on transforme des ados, sans formation, en travailleurs munis d'un emploi. C'est vrai, je ne suis pas encore sûr de savoir régler les problèmes des ghettos. Je suis en train de tester une méthode à Montfermeil, dans la banlieue parisienne ; les premiers résultats sont encourageants. La région PACA souffre de ces deux maux majeurs, le chômage et l'immigration. Si je gagne les élections, je me fais fort d'améliorer la situation dans la région... De toute façon, si je ne parviens pas à améliorer les ghettos et l'emploi des jeunes, dans cette région, ce n'est pas Le Pen ou Gaudin qui y arriveront. Ils ne savent pas ce que c'est, ils n'ont jamais travaillé ! »

Fantastique mélange de forfanterie et de modestie, que ces déclarations à *Libération.* Talent incomparable également pour la pirouette, quand il est interrogé sur les choix personnels qu'il pourrait être amené à faire, s'il devait devenir président de la région. Alors qu'il vient de tenter, en reprenant Adidas, le plus gros pari financier de sa carrière, Tapie répond : « On ne peut pas être président d'une région et chef d'une entreprise comme Adidas. Dans ce cas de figure, j'ai pris les dispositions qui me permettent d'être en état de faire de la politique. Cela revient à faire en sorte que le management d'Adidas ait 10 % du capital. Je céderai 35 % du capital, de manière à ce que Bernard Tapie Finances soit complétement désendetté, et que je puisse faire gérer par une sorte de management intégré. » En réalité Tapie est en grande difficulté sur Adidas ; endetté jusqu'au cou, il est contraint de partager le pouvoir, voire de passer la main (cf. chapitre 3). Mais il a l'extraordinaire faculté de vendre, au bagout, une contrevérité de plus. Avec lui, c'est toujours, « puisque ces événements nous dépassent, feignons d'en être les organisateurs ».

Définitivement candidat, il reste à Bernard Tapie à déterminer dans quel département de la région Provence-Alpes-Côte d'Azur, il se présentera.

En choisissant Nice, Le Pen poursuit deux objectifs. Réaliser un bon score aux régionales, dans un département où le Front national obtient traditionnellement des scores importants, et se placer dans la course à la succession de Jacques Médecin, le maire de Nice, poursuivi pour fraude fiscale, qui vient de se réfugier en Uruguay. Le successeur de Médecin, le sénateur RPR Honoré Bailet, est lui-même menacé d'être déclaré comptable de fait, dans une affaire de renégociation des dettes de la ville. Si tel devait être le cas, et compte tenu des démissions provoquées à l'initiative du député RPR Christian Estrosi, désireux d'accéder au fauteuil de maire, le gouvernement se verrait dans l'obligation de prononcer la dissolution de la municipalité. Fort du soutien — ambigu — de « son ami » Jacques Médecin, Jean-Marie Le Pen espère s'emparer de la mairie de la cinquième ville de France. Pour y parvenir, le président du Front national a acquis un appartement à Nice (s'est marié en deuxième noce avec une niçoise.)

Le Pen candidat dans les Alpes maritimes, cela pourrait pousser Tapie à se présenter, lui aussi. Ce serait, en tout cas, conforme à la logique de combat singulier que le député de Marseille affirme vouloir livrer contre le président du Front national. Le fait qu'il ait, lui aussi, loué un appartement à Nice, nourrit la rumeur (Tapie est locataire d'un appartement de trois pièces, situé au 20 rue Verdi, dans le centre ville). Le 24 avril 1991, il la dément pourtant, la qualifiant de « ridicule ». Il n'empêche qu'un ex-militant socialiste, Jacques Randon, conseiller municipal d'opposition, a créé un comité de soutien à la candidature Tapie aux régionales. Et, le 27 avril, un communiqué de la fédération socialiste des Alpes maritimes indique qu'elle est « prête à organiser, le moment venu, dans le département, le rassemblement de la majorité présidentielle. Dans ce cadre, l'éventuelle candidature de M. Tapie est à considérer avec intérêt ».

Malgré les dénégations de Tapie, il a certainement envisagé de se porter candidat dans les Alpes maritimes. Pour son ami Milou Loo, « il aurait eu fortement envie d'aller affronter Le Pen à Nice » ; mais les sondages ont démontré qu'il était infiniment plus rentable, pour sa future liste, qu'il se présente dans les Bouches-du-Rhône. Le capital électoral personnel du président de l'OM est, en effet, irremplaçable et non transmissible. Au printemps dernier, circulaient à Marseille les résultats d'une enquête d'opinion, indiquant qu'une liste, emmenée par Bernard Tapie, arriverait largement en tête avec 34 % des intentions de vote, alors qu'une liste socialiste, sans Tapie, ne réaliserait que 23 %. La cause est alors entendue, c'est bien à Marseille que Tapie sera candidat. Michel Vauzelle, député PS, président de la commission des affaires étrangères à l'Assemblée nationale, devra rengainer ses ambitions.

Ce proché de François Mitterrand — il a été quelques années le porte-parole de l'Élysée, avant de se faire élire député en 1986 — se serait volontiers dévoué pour assumer la tête de liste dans les Bouches-du-Rhône. Surtout, après la constitution du gouvernement Cresson, dans lequel il avait espéré figurer. Et son suppléant, François Bernardini, s'est empressé d'accréditer l'hypothèse d'une candidature Vauzelle dans le département, affirmant le 19 mai (Tapie n'ayant toujours pas franchi le Rubicon) : « Il n'y a aucune certitude quant à la candidature Tapie. Si celle-ci devait être abandonnée, la victoire deviendrait plus problématique. Il se pose la question, j'y vais ou j'y vais pas. Mais, si ce n'est pas Bernard Tapie, ce sera Michel Vauzelle. » Faute d'obtenir ce lot de consolation, le député de Camargue, plus connu dans les salons parisiens et dans les chancelleries étrangères que dans sa région (où il a déjà échoué dans sa tentative de prendre la mairie d'Arles au sénateur RPR Jean-Pierre Camoin), manifestera son amertume en déclarant : « J'ai été choqué par la façon dont M. Mauroy a investi M. Tapie, en dehors de toute procédure démocratique. »

Tapie sera donc le leader de gauche dans la région PACA, malgré les états d'âme de certains et bien qu'il proclame, à l'envi, son refus d'être assimilé au Parti socialiste. L'Élysée a imposé son choix, la nécessité et la crainte d'une déroute électorale ont fait le reste. Le député/homme d'affaires/dirigeant sportif n'est pas décidé à être, pour le PS, un partenaire commode. Avant même la confirmation de sa candidature, il a lancé un avertissement aux socialistes. Invité le 21 avril à *7 sur 7,* par Anne Sinclair, il annonce qu'il entend mettre sur pied une « équipe capable de réussir une grande région prospère et dynamique ». Pour y parvenir, il repousse par avance l'idée de constituer « une liste millefeuille. Un Paul, un Jacques, ce n'est pas ma tasse de thé. Ce qui comptera pour fixer mon choix, ce ne sera pas l'opinion (des uns ou des autres) mais la garantie de l'efficacité pour gérer après l'élection. Être élu avec une équipe de bras cassés ne m'intéresse pas ». Les socialistes ne pourront pas prétendre qu'ils n'ont pas été prévenus.

La manière dont le PS a fait de Bernard Tapie son candidat, lui interdit pratiquement d'avoir son mot à dire dans la composition de la liste, telle que la décidera « l'homme providentiel ». Pourtant deux difficultés vont naître entre le pouvoir et Tapie.

La première tient au mode de scrutin. Changer les règles du jeu des élections, à quelques mois des échéances, est devenu pour les socialistes une seconde nature. A l'approche des élections régionales de 1992, le pouvoir s'affole. Il a beau faire tourner et retourner ses ordinateurs, les résultats prévisibles, compte tenu des sondages et des scores enregistrés par les candidats de la majorité, dimanche après dimanche, dans les partielles, laissent entrevoir le pire. Seule solution pour sortir de ce mauvais pas : inventer un mode de scrutin capable de gêner suffisamment l'opposition, à défaut de faire gagner le Parti socialiste. A l'impossible, nul n'est tenu. Pour trouver cette pierre philosophale, susceptible de transformer un effondrement électoral en défaite honorable, les socialistes s'adressent à leur meilleur expert. Gérard Legall, jospiniste, membre suppléant du comité directeur du PS, est un des plus remarquables spécialistes électoraux en France. L'expérience lui a appris à ne pas être victime de ses engagements militants, lorsqu'il analyse des données politiques. Personnellement partisan du système majoritaire, cet ancien collaborateur apprécié de Gaston Defferre, au ministère de l'Intérieur, est convaincu que la qualité d'un mode de scrutin se mesure à sa capacité de fournir des majorités cohérentes. Il va concocter, pour les élections régionales, un projet qui s'apparente à la loi Defferre, « PLM », (Paris-Lyon-Marseille), texte qui a conduit à dégager, dans les trois premières villes de France, des majorités municipales solides — et, accessoirement, permis à Gaston Defferre, de voler la victoire municipale à Jean-Claude Gaudin en 1983. Il propose l'introduction pour les régionales d'un scrutin à deux tours. Moyen imparable pour piéger la droite libérale en la contraignant à choisir entre la défaite, sans alliance avec les listes du Front national, et l'opprobre, probablement assortie d'une défaite non moins inéluctable, en cas d'accord avec le parti de Jean-Marie Le Pen. Si elle était adoptée, cette loi gênerait, sans doute possible, l'opposition dans un grand nombre de régions, comme le Nord-Pas de Calais — où elle peut espérer conquérir la présidence contre les socialistes —, l'Aquitaine où elle ne conserve le contrôle de la région que grâce à l'habileté légendaire de Jacques Chaban Delmas, l'Ile de France où le RPR et l'UDF gouvernent depuis 1986 par le jeu de majorités relatives, et surtout la région PACA où la question des alliances de deuxième tour ferait exploser l'union UDF/RPR. Pour Bernard Tapie, en revanche, l'adoption de la proposition Legall serait un fameux coup de pouce. De la même manière que la loi PLM avait pu être qualifiée de « loi Defferre », l'adoption de cette réforme du mode de scrutin régional aurait mérité l'appellation de « loi Tapie ».

Le député de Marseille espère donc que le gouvernement fera voter ce projet. Faute de temps, et pour cause de mise à pied anticipée, son ami Michel Rocard — chaud partisan du scrutin majoritaire et très réticent à l'égard de la proportionnelle, comme il l'avait montré en démissionnant en 1985, au moment où le gouvernement Fabius avait introduit la proportionnelle, en vue des législatives de 1986

LE PARI RÉGIONAL

— ne présente pas le texte au Parlement. Tapie reporte alors ses espoirs sur la bonne volonté d'Édith Cresson. Mais celle-ci renonce, à son tour, à demander la modification de la règle du jeu régional. D'abord, parce que l'opération est politiquement risquée. Comme son prédécesseur, Madame Cresson ne dispose à l'Assemblée nationale que d'une majorité relative : elle doit compter avec le soutien alternatif du groupe communiste ou d'une poignée de parlementaires centristes ; en cas de renonciation à la proportionnelle départementale pour les régionales, les communistes ont prévenu qu'ils étaient prêts à voter la censure. Ensuite, parce que le maintien de ce mode de scrutin, pour les élections régionales, fournit au pouvoir un argument de poids pour revenir au même type de scrutin, à l'occasion des prochaines élections législatives. Il leur sera, en effet, possible de plaider la cohérence. Et l'opposition, qui s'est mobilisée contre la réforme de la loi électorale pour les élections régionales, aura quelque mal à prétendre qu'un scrutin est juste, quand il l'arrange, et antidémocratique quand il la dessert.

Pour Bernard Tapie la renonciation d'Édith Cresson est un coup dur. Il le fait savoir sans ménagement. Lorsqu'il apprend la reculade du Premier ministre — elle a indiqué qu'il ne lui paraissait pas conforme à l'esprit des institutions de procéder à une modification de la loi électorale à l'aide du 49/3 —, il menace de renoncer à conduire la liste de la majorité présidentielle. Le 30 août, il fait part de sa colère dans les colonnes du *Provençal.* « Ce sont les électeurs qui doivent choisir leur président de région, comme on choisit son député ou son président de la République. Le président de région est désigné par des grands électeurs après des marchandages incroyables... [là, Tapie force le trait, puisque le président du conseil régional n'est pas désigné par "des grands électeurs" mais par les conseillers régionaux, comme c'est la règle dans toutes les assemblées représentatives], c'est combines et compagnie. Avec ce système, personne ne peut avoir de majorité. A gauche, on est obligé de faire avec le PC. A droite, ils sont obligés de passer par le Front national. » Emporté par sa colère, Tapie en arrive à regretter l'obligation dans laquelle Gaudin se trouverait de devoir composer avec le Front national, alors qu'il fonde tout son discours électoral sur la dénonciation de cette « complicité » objective... « Si les socialistes ne changent pas le mode de scrutin, c'est le signe qu'on commence à vouloir recentraliser depuis Paris, et moi je ne suis plus d'accord avec eux. » On ne peut qu'admirer ce *passing-shot* de revers le long de la ligne, expédié par celui qui doit justement la tête de liste de la majorité présidentielle, en Provence, à la volonté expresse de Paris. Et Tapie conclut sa diatribe contre ses amis socialistes en annonçant : « Si la gauche n'a pas le courage d'aller au bout, qu'elle se débrouille seule, sans moi. » Super-Zorro n'est pas à l'abri d'un coup de *spleen*. Mais, dans ce cas, la colère est mauvaise conseillère. Lui, qui n'hésite jamais à mettre en doute la virilité et le courage de ses adversaires, a laissé paraître sa crainte. Ses adversaires foncent dans la brèche ainsi ouverte.

Pour Hervé Fabre-Aubrespy, secrétaire national aux élections du RPR, patron du mouvement de Jacques Chirac à Marseille : « Bernard Tapie méprise la démocratie. Jusqu'à présent, il avait fait semblant de s'intéresser aux problèmes de cette région, en évoquant sa possible candidature. Il montre aujourd'hui que seul son avenir personnel l'intéresse, et qu'il ne livre pas de bataille politique s'il n'est pas assuré de la victoire. » Jean-Marie Le Pen en profite, de son côté, pour stigmatiser la pusillanimité de son concurrent, affirmant, à Beaune où le Front national tient son université d'été, que Bernard Tapie « a sauté sur l'occasion pour justifier son absence dans la compétition électorale ». Fidèle à son tempérament, Jean-Claude Gaudin fait un commentaire modéré, rappelant, au député de la sixième circonscription des Bouches-du-Rhône, que la loi électorale régionale « a été votée en 1985, par les socialistes », faisant par ailleurs observer à son adversaire déçu « qu'une loi électorale n'est pas un kleenex qui ne sert qu'une fois ». Même quand il se retrouve en situation de force, le président de la région PACA ne se laisse jamais aller à la tentation d'accabler un adversaire imprudent. L'ancien professeur croit aux vertus de la pédagogie.

La colère de Tapie est un vrai faux-pas politique. Mais comme d'habitude, il ne mettra pas sa menace à exécution. Et même privé de la loi électorale, qui aurait incontestablement renforcé ses chances de succès, il ne renonce pas à la candidature. L'Élysée a sans doute trouvé les arguments qui le font revenir sur sa décision de plaquer là la majorité présidentielle. Le Tapie, homme d'affaires et président de l'Olympique de Marseille, n'a probablement pas les moyens de se brouiller avec son puissant sponsor. On ne peut, en outre, exclure que Tapie, rentré en politique par hasard et un peu par effraction, ait pris goût à ce challenge d'un type nouveau pour lui. En d'autres circonstances et dans d'autres activités, il a montré sa capacité à se plier aux événements. Ce fort en gueule sait, quand il le faut, faire preuve de souplesse.

Si Bernard Tapie ne peut pas grand-chose contre l'arithmétique parlementaire, qui interdit à Édith Cresson de prendre le risque de faire passer en force la réforme du scrutin régional, il peut en revanche imposer dans une large mesure ses vues quant à la composition de sa liste. Là encore, il va choisir la méthode de l'assaut frontal, mais avec infiniment plus de succès.

La composition d'une liste, en vue des élections régionales, est un exercice d'une difficulté extrême. Il faut beaucoup de doigté et un sens politique à toute épreuve pour arbitrer entre le souhaitable et le possible, pour recruter les meilleurs candidats — qui ne sont pas nécessairement les meilleurs élus — et pour résister aux ambitions, plus ou moins légitimes, des uns et des autres. Dans le cas de la liste Tapie, le Parti socialiste a de nombreuses exigences à faire valoir. Mais, aidé par Charles Émile Loo, le député de Marseille va parvenir à contrôler le processus de composition de sa liste. Il joue habilement des rivalités internes du PS et, s'appuyant sur la présidence de la République contre la rue de Solférino, Tapie va obtenir une liste selon ses vœux ou presque.

Dans sa négociation avec ses partenaires, Tapie dispose d'un atout majeur. Après avoir fait planer le doute le plus longtemps possible sur sa candidature, il a laissé les socialistes le désigner, sans avoir rien eu à solliciter. Il a les coudées d'autant plus franches que, lui, ne s'est pas placé en situation de demandeur. Pour se donner le maximum de chances de l'emporter, il refuse de s'encombrer d'une noria d'apparatchiks socialistes. Il souhaite recruter des candidats médiatiquement porteurs. Ainsi fait-il appel au professeur Léon Schwartzenberg pour les Alpes maritimes. Il tente également de convaincre l'avocat Paul Lombard de prendre la tête de sa liste dans le Var. Cette vedette du barreau lorgne depuis longtemps la mairie de Saint-Tropez. Un moment tenté, Lombard finira par renoncer. Au demeurant, ce choix aurait pu se révéler plus gênant qu'utile, au moment où s'ouvre le procès Canson, dans lequel l'avocat peut être amené à témoigner dans des conditions qui pourraient desservir une cause politique.

Mais si Bernard Tapie parvient à imposer quelques personnalités issues, comme lui, de la société civile, le vivier n'est pas si grand qu'il puisse multiplier les candidatures-gadgets. Il entend cependant affirmer qu'il est le seul maître à bord. Il va même beaucoup plus loin, en annonçant, le

11 septembre, dans une interview, à *Nice Matin,* qu'il refusera jusqu'au label « majorité présidentielle ». Il affirme que les listes seront « les siennes », dans chacun des six départements de la région, et qu'il ne recrutera pas ses colistiers « en fonction de l'appartenance politique de tel ou tel candidat, mais de ses compétences civiles ». Cette véritable déclaration de guerre à l'état-major socialiste ne pouvait rester sans réponse. Au cours du bureau exécutif du PS, le mercredi 11 septembre, Pierre Mauroy assure que « Tapie ne fera pas la loi au Parti socialiste », ajoutant que la composition des listes devrait respecter les procédures internes du PS. Le landernau socialiste vit alors un mercredi après-midi et un jeudi très chauds. Personne ne souhaite vraiment une rupture dans laquelle chacun se couvrirait de ridicule.

Charles-Émile Loo se charge de raccommoder les bidons entre Tapie et la rue de Solférino. Il a, depuis la veille, un poids politique renforcé, après avoir été élu, à l'unanimité, président du comité-ville PS de Marseille (c'est-à-dire avec les voix de ses ennemis d'hier, tels Michel Pezet, Philippe San Marco et Lucien Weygand, le président du conseil général des Bouches-du-Rhône). Il accourt à Paris, où il rencontre successivement Laurent Fabius, Pierre Joxe, Pierre Mauroy et Bernard Tapie. Le conseiller politique du député de Marseille affirme ne pas croire à l'hypothèse de « six têtes de liste baladeuses, issues de la société civile ». Il est convaincu — et a certainement persuadé Tapie de la justesse de son raisonnement — qu'il faut, en tout état de cause, « doubler les têtes de listes médiatiques par des politiques de terrain ». Il parvient sans mal à convaincre les hiérarques socialistes. Grâce aux bons offices de Milou, l'incident est rapidement clos. Et le jeudi matin, le *Provençal* publie une interview apaisante de Tapie : « Je préfère concentrer toute mon énergie sur la bataille contre Le Pen.

Dans ce combat, je conduirai des listes, dont les noms et la composition seront sans ambiguïté sur la volonté de faire triompher tous ceux qui se reconnaissent dans la majorité présidentielle. » François Bernardini, le patron de l'appareil socialiste des Bouches-du-Rhône, déclare : « Je me sens bien au Parti socialiste, et aussi bien aux côtés de Bernard Tapie. » Et dans son euphorie œcuménique, il ajoute que tout ce petit monde est « satisfait que Robert Vigouroux, sénateur-maire de Marseille, veuille être présent dans cette bataille, pour la région, qui rassemblera toutes les forces de la majorité présidentielle ».

Mais là, le premier fédéral des Bouche-du-Rhône prend ses désirs pour des réalités. En annonçant, dans une de ces déclarations sibyllines dont il a le secret, qu'il sera « présent » dans la compétition électorale, Robert Vigouroux a, en effet, lancé un fameux pavé dans la mare déjà passablement agitée de la majorité présidentielle régionale. Ce n'est désormais un secret pour personne que le maire ne supporte pas Tapie. Sentiment tout à fait réciproque. Les relations PS/Vigouroux sont carrément désastreuses. Et si le successeur de Gaston Defferre décide de se lancer dans la bataille, ce ne peut être pour aider son principal concurrent « de gauche » dans la région. Il pourrait même être tenté de donner un coup de main à Jean-Claude Gaudin, avec lequel il entretient les meilleures relations, depuis que le président du conseil régional a tiré un trait sur ses ambitions municipales.

Tapie, lui, ne se trompe pas sur les arrière-pensées de Vigouroux et il a, une fois de plus, recours à sa méthode habituelle, affirmant qu'il a de la mémoire et qu'il se souvient toujours « des cadeaux » qu'on lui fait ; dans le cas de Vigouroux, il promet qu'il lui rendra la monnaie de sa pièce en 1995 ! Le message est à peine codé, Tapie signifie à Vigouroux que si ce dernier essaie de lui mettre des bâtons dans les roues aux élections régionales, il mettra tout en œuvre — y compris en se portant lui-même candidat — pour lui faire perdre la mairie de Marseille. La majorité présidentielle est décidément une grande famille... A la façon des Atrides. Pourtant, malgré tous les efforts de Tapie et de Loo, le maire de Marseille ne restera pas « inerte ». Pour l'instant (25 octobre 1991), il attend son heure. Mais il ne laissera pas le champ libre à son rival. D'une manière ou d'une autre, il le marquera. En étant présent sur la liste de la majorité présidentielle des Bouches-du-Rhône (il revendique la première place) ou en patronnant une liste Vigouroux qui affaiblirait la liste Tapie.

A l'heure des négociations sur la composition des listes « Tapie », les exaspérations de Pierre Mauroy, et les menées obscures de Robert Vigouroux, sont peu de choses comparées au casse-tête que provoque la révolte des socialistes dans trois départements de la région. Dans les Hautes-Alpes, le rocardien Robert de Caumont refuse toujours de courir sous la bannière Tapie. Et il faudra que le député de Marseille use de tout son pouvoir de persuasion, auprès de son ami Michel Rocard, pour faire entendre raison au maire de Briançon. Comme le dit Charles-Émile Loo : « De Caumont nous emmerde un peu, mais, avec Rocard, on le tiendra. »

La situation est plus difficile encore dans les Alpes de Haute-Provence. Dans ce département, l'Élysée entend imposer le nouveau ministre des Affaires sociales comme tête de liste. Tapie doit beaucoup à Bianco. Mais les élus locaux ne l'entendent pas de cette oreille. Dans un département où, dans le meilleur des cas, la gauche peut espérer emporter deux sièges sur cinq, le parachutage de Jean-Louis Bianco ruine les espoirs d'un militant local — parachutage d'ailleurs relatif dans la mesure où Bianco a vécu un long moment dans le département. Deux d'entre eux, au moins, sont particulièrement inquiets : le leader départemental du PS, José Ezcanès, qui pouvait espérer la tête de liste, et le député André Bellon, qui a toute raison de redouter qu'on lui demande de céder son siège au ministre et protégé du président en 1993. Toutefois, la candidature de Bianco dans le canton clé de Forcalquier — le département est dirigé aujourd'hui par la droite avec une seule voix de majorité — pourrait amadouer les socialistes du département. Un ministre qui accepte ainsi d'aller au charbon, offrant éventuellement à son parti la possibilité de prendre la présidence de l'assemblée départementale, ne peut pas être considéré comme un dangereux arriviste.

Le cas le plus douloureux, pour Bernard Tapie et ses amis, se situe dans le Vaucluse. La fédération socialiste départementale est majoritairement tenue par les rocardiens. Or, c'est précisément dans le Vaucluse que François Mitterrand a décidé de dépêcher Élisabeth Guigou, la très séduisante et très redoutable ministre des Affaires européennes. Les partisans de Michel Rocard, avec à leur tête Guy Ravier, le député-maire d'Avignon, sont fermement opposés au parachutage de cette protégée de l'Élysée. Et Rocard ne sera pas aisément convaincu de laisser entrer une louve dans une de ses bergeries. Prenant les devants, les socialistes du Vaucluse ont d'ores et déjà voté, selon les procédures régulièrement en vigueur dans le Parti, pour désigner leurs candidats. Au grand dam de Bernard Tapie, convaincu, à juste titre, que la plus jolie des ministres du gouvernement Cresson serait une locomotive autrement médiatique et performante que les obscurs militants socialistes, démocratiquement désignés par les sections locales, si méritants soient-ils. Comme le dit Charles-Émile Loo, « le Vaucluse pose le problème le plus délicat. Les listes, qui ont été arrêtées, sont à se taper le cul par terre ». Le nouveau patron des socialistes marseillais connaît si bien sa carte électorale régionale qu'il a sans doute raison. Mais il devrait se souvenir que le Vaucluse est une zone d'atterrissage dangereuse pour les parachutés du PS. Bertrand Delanoë, alors porte-parole du Parti, en a fait la douloureuse expérience aux législatives de 1986. Et, malgré tous les efforts des tapistes et de l'Élysée, la direction nationale du PS a investi, le 17 octobre 1991, Guy Ravier, comme tête de liste dans le Vaucluse...

Liste Gaudin : le casse-tête des Alpes-Maritimes

Si la composition des listes majorité présidentielle cause de sérieux soucis à Bernard Tapie, la mise en place des listes de l'opposition UDF/RPR a de quoi procurer quelques insomnies à Jean-Claude Gaudin. Peu de problèmes dans les Bouches-du-Rhône, sinon la difficulté à gérer une perte probable de sièges (Le département aura deux élus régionaux de moins qu'en 1986 pour tenir compte des évolutions démographiques). C'est dans ce contexte que le président de la région devra contenir les ambitions affirmées par un RPR, pourtant en complète déconfiture, puisqu'il ne dispose plus que d'un seul député, Léon Vacher.

La situation des Alpes maritimes est plus préoccupante pour la droite libérale. Dans ce département, où se présente Jean-Marie Le Pen, le RPR est théoriquement dominant. Mais sa supériorité — il compte six députés sur neuf — est en réalité un héritage médeciniste. Les Alpes maritimes sont devenues RPR le jour où l'ancien maire de Nice, précédemment UDF, s'est brouillé avec cette formation, passant avec armes et bagages — bien encombrants aujourd'hui — dans le camp chiraquien. Il a créé une illusion politique. Pourtant, les responsables de la rue de Lille s'accrochent à la fiction de la primauté départementale de leur mouvement. Ils réclament, en conséquence, la tête de liste. Gaudin et les dirigeants chiraquiens sont parvenus à un accord qui désigne le sénateur et président du conseil général, Charles Ginésy, comme tête de liste. Le RPR occupant les postes impairs, le député, Christian Estrosi, se retrouve en numéro trois, tandis que la deuxième place est dévolue au maire de Cannes, l'UDF/PR Michel Mouillot.

Face à un leader national de la trempe de Jean-Marie Le Pen, ce n'est pas faire injure au sénateur Ginésy que d'observer qu'il ne court pas dans la même catégorie. Lui-même, d'ailleurs, ne souhaitait pas la tête de liste, et il a fallu toute la persuasion de Jacques Chirac pour le convaincre d'accepter cette mission qui le dépasse. Après que le président du **RPR** a passé un accord avec Jean-Claude Gaudin, il a été contraint de sermonner Charles Ginésy, à l'occasion de la journée parlementaire des sénateurs RPR, le 17 septembre 1991, à l'hôtel Lutétia. Et ce n'est qu'après trois quarts d'heure d'entretien, en tête à tête, dans la chambre 616 de ce grand hôtel parisien, que Ginésy a accepté de céder aux sollicitations de ses amis... Avant de revenir sur sa décision... Ce choix aurait peut-être préservé la paix du ménage UDF/RPR dans les Alpes maritimes, mais il affaiblissait incontestablement les chances de la droite républicaine face à Le Pen. Le dynamisme d'un Estrosi ou d'un Mouillot aurait présenté de meilleures garanties de succès. Mais le député RPR passe pour trop impulsif... Et ses propres amis s'en méfient, quand ils ne le brocardent pas, en affublant cet ancien champion motocycliste de surnoms peu flatteurs, comme « le moto-didacte ». Il n'empêche qu'Estrosi a démontré sa capacité d'entraînement et sa détermination à faire barrage, sur le terrain, au Front national. Ainsi, en août dernier, lorsqu'il a dirigé une campagne électorale dans le canton de Levens, voisin de Nice. Résultat, le candidat du Front a perdu plus de 11 % de voix dans une région, réputée toute acquise aux thèses de Jean-Marie Le Pen.

En fait, le RPR traverse une grave crise dans ce département. Plus médeciniste que chiraquien, il a explosé au lendemain de la fuite de l'ancien maire de Nice. Et la rue de Lille — siège national du mouvement — cherche une solution de rechange, un parachutage crédible. Le RPR a cru le trouver en la personne de Jacques Toubon, Niçois d'origine. Alain Juppé et Edouard Balladur, préoccupés, à juste titre, du risque pour le mouvement chiraquien de perdre un de ses derniers fiefs hors Ile-de-France, ont milité pour cette solution. Mais seul Jacques Chirac serait en mesure de convaincre le député-maire du 13e arrondissement d'abandonner la capitale. Le maire de Paris ne sent pas l'affaire niçoise. La presse se fait pourtant périodiquement l'écho de la candidature Toubon dans les Alpes maritimes. Mais l'ancien secrétaire général du RPR confirmait son refus, le 20 octobre : « Indépendamment de ma personne, tout cela ferait par trop rafistolé. Quels que puissent être le contexte, les demandes et les pressions, je ne ferai pas acte de candidature à Nice. »

Autre tête de liste possible, le maire de Cannes. Michel Mouillot est cordialement détesté par la plupart de ses partenaires. Cet ami de François Léotard, et de Michel Charasse, a conquis la mairie de Cannes contre Anne-Marie Dupuy, ancienne directrice de cabinet de Georges Pompidou, à l'issue d'une des campagnes électorales les plus répugnantes de ces dernières années. Il vise désormais le siège de député de la circonscription Cannes-Mandelieu, occupé aujourd'hui par le député UDF/CDS, Louise Moreau. Cet acharnement à prendre la place de femmes ayant dépassé les 70 ans lui a valu, chez ses propres amis du PR, le surnom de « Thierry Paulin de la politique française ». Mais, même si Michel Mouillot n'est pas toujours regardant sur les méthodes pour assouvir ses ambitions, le maire de Cannes est un animal politique de première force. Sa désignation, comme tête de liste UDF/RPR dans les Alpes maritimes, aurait incontestablement renforcé les chances de succès de Jean-Claude Gaudin.

Elle aurait également ancré Mouillot dans le camp de la droite libérale, et mis le président sortant de la région à l'abri d'une mauvaise surprise au moment du deuxième tour de l'élection régionale (c'est-à-dire lors de l'élection du nouvel exécutif régional). Car si Mouillot est un adversaire déclaré de Le Pen, il éprouve visiblement quelques sympathies à l'endroit de Tapie. Une rumeur persistante courait pendant l'été 1991, selon laquelle le maire PR de Cannes pourrait même figurer sur une liste Tapie, dans le cadre d'une grande opération type « front républicain ».

Et l'on peut imaginer un scénario qui ne serait pas de politique-fiction, à l'issue duquel les élections régionales, n'ayant dégagé aucune majorité claire, Gaudin aurait besoin des voix du Front national pour retrouver son siège de président. Le sénateur des Bouches-du-Rhône n'écarte d'ailleurs aucune hypothèse. Il affirmait ainsi le 13 septembre 1991 : « Si j'obtiens la majorité relative [si ses listes totalisent le plus grand nombre de sièges dans le futur conseil régional, devant celles de Jean-Marie Le Pen et de Bernard Tapie], je serai élu président au troisième tour de scrutin, sans autres voix que les miennes. Si je n'y parviens pas, je verrai alors ce que je ferai. » Dans ce cas de figure, on ne peut exclure *a priori* l'hypothèse selon laquelle certains élus UDF ou RPR refuseraient un accord avec les conseillers régionaux lepénistes. Et comme il n'existera probablement pas de majorité pour élire Tapie, représentant de la gauche, une candidature Mouillot, au troisième tour de scrutin, pourrait recueillir les suffrages d'une partie des élus de la droite libérale et ceux d'une fraction de la majorité présidentielle, créant ainsi la surprise. Certains amis du président de la République militent déjà pour cette solution. Ainsi, Pierre Bergé déclare, le 7 octobre 1991, au Club de la presse d'Europe 1 : « Il y a d'autres candidats qui pourraient être élus. Le maire de Cannes, par exemple, qui se présente dans le même département que Le Pen, et qui s'appelle Michel Mouillot. » Ce ne serait pas la première fois que l'Élysée aurait mis plusieurs fers au feu. En tout cas, la confirmation de cette hypothèse réconcilierait, à gauche, les partisans de Tapie et les adversaires du député de Marseille.

Si l'entrée en lice de Bernard Tapie et de Jean-Marie Le Pen a mobilisé l'attention des médias nationaux, il ne semble pas que le combat électoral en région PACA passionne autant les électeurs provençaux. La campagne a même démarré plutôt mollement.

Tout d'abord les données n'en sont pas encore fixées. Pour Tapie comme pour Gaudin, les listes définitives n'étaient pas arrêtées à la fin du mois d'octobre. Retard à l'allumage plus fâcheux pour la liste de la majorité présidentielle que pour celle de la droite libérale. Seule difficulté résiduelle pour le président sortant, la détermination de la composition de la liste des Alpes maritimes après que le sénateur Charles Ginésy ait finalement décidé de renoncer. Le soutien apporté par Jacques Médecin à Christian Estrosi (l'ex-maire de Nice démentant ainsi les affirmations du leader du Front national qui se présentait comme le continuateur de l'action de l'exilé de Punta del Este) semblait renforcer les chances du député RPR de conduire dans ce département l'union RPR-UDF, jusqu'à ce qu'en novembre 1991, UDF et RPR se mettent finalement d'accord sur le nom de Suzanne Sauvaigo député maire **RPR** de Cagnes-sur-Mer. Désignation qui calme le jeu à droite, dans ce département. Mais après une série de flottements qui fait franchement désordre.

La situation est plus embrouillée côté Tapie. Non seulement les socialistes du Vaucluse ont confirmé qu'ils rejetaient la candidature d'Élisabeth Guigou, mais le député de Marseille est encore à la peine dans le Var et les Bouches-du-Rhône. Le parachutage dans le Var d'une tête de liste non socialiste, provoque de sérieux remous au sein de la fédération P.S. départementale. Bernard Tapie a en effet désigné Marc Egloff qui présente le double inconvénient d'appartenir au **MRG** et non au PS, et de n'être pas originaire du Var, mais des Bouches-du-Rhône. Signe évident que le chouchou de l'Élysée éprouve de véritables difficultés à s'imposer dans la région, face à ceux qui sont sensés être ses amis politiques. Et, à Marseille, l'énigmatique maire mène désormais une lutte à visage découvert contre Bernard Tapie, qualifiant ce dernier de « grand migrateur », ainsi que le note Gérard Mathieu, dans le *Quotidien de Paris* du 28 octobre 1991.

Plus grave encore que cette hostilité déclarée de Robert Vigouroux à son endroit, il semble que la mayonnaise Tapie ne prend pas comme il l'aurait souhaité. D'abord parce que l'OM fait moins recette que l'année précédente (à peine 10 000 spectateurs payants pour le match aller Marseille/Sparta de Prague). Et le président de l'OM devra tout mettre en œuvre pour motiver ses joueurs afin qu'une élimination prématurée en coupe d'Europe ne vienne pas compromettre les chances politiques du candidat Tapie. Ensuite parce que l'affaiblissement continu du poids des socialistes dans la région érode le socle sur lequel il entend construire un éventuel succès. Le Tapie qui stigmatisait les sondages, lors de son passage à *7 sur 7*, le 13 octobre 1991, avait la tête des mauvais jours de l'homme qui venait de prendre connaissance d'une enquête moins favorable que ce qu'il attendait.

Si les sondages préélectoraux devaient confirmer cette évolution, à qui profiterait cet affaiblissement de la majorité présidentielle ? Une chose est certaine, le véritable débat apparaîtrait pour ce qu'il est dans cette région très fortement ancrée à droite : un combat entre le Front national, emmené par son président, et la droite parlementaire. Il ne semble pas en tout cas que la présence dans les Alpes maritimes du professeur Schwartzenberg soit de nature à inquiéter la droite. Ce département est en effet, avec le Var, un des plus imperméables aux idées de gauche. Et le célèbre cancérologue ne pourrait réaliser une percée que si Le Pen se décidait à le valoriser en le désignant comme son principal adversaire. Les déclarations du président du FN au Club de la presse d'Europe 1, le 28 octobre 1991, laissent à penser que telle est bien sa tactique. En qualifiant le docteur Schwartzenberg de « docteur Folamort », il aura peut-être aussi contribué à renforcer la position du représentant de la nébuleuse majorité présidentielle dans les Alpes maritimes.

CONCLUSION

D'objectif en objectif, Bernard Tapie vise chaque fois plus haut. Plus de notoriété, plus d'argent et, pour finir, plus de pouvoir. Ce flambeur est contraint de relancer sans arrêt des mises de plus en plus importantes. Il ne peut conserver son équilibre que s'il continue d'avancer. Pour lui, s'arrêter, ou simplement marquer une pause, serait risquer la chute. La fuite en avant est la condition de sa survie.

Il applique à la politique les méthodes qui ont fait sa célébrité et sa fortune. Il n'est pas entré dans le cercle du pouvoir par effraction. La gauche est allée le chercher. Pas le Parti socialiste mais l'Élysée. Et François Mitterrand et les siens ont multiplié les signes qui ont pu faire croire que Tapie était « oint du Seigneur » ; « Tonton » devenu « Dieu » l'a imposé à la gauche. Il est bien le dernier enfant de la « génération Mitterrand ».

Et quand certains membres de la famille — parfois les plus proches — s'insurgent contre l'image que le député de Marseille renvoie de ce qu'il croyaient être la gauche, ils oublient qu'ils ne sont pas plus légitimes que lui. Il est leur frère, et Dieu n'a pas de fils maudit. Peut-être est-il moins présentable que d'autres collatéraux, moins fréquentable. Mais son rapport au père n'est pas moins avéré que le leur. Il ne peut y avoir de désaveu de paternité. Il fait pourtant honte à beaucoup de socialistes qui aimeraient pouvoir le

cacher comme on cachait jadis, dans les familles bour-
geoises, l'enfant que de « mauvaises fréquentations » avaient
entraîné sur les chemins de la délinquance. Mais,
aujourd'hui, il n'y a plus de colonies pour éloigner ceux
qui ternissent les réputations.

Certains ont levé l'étendard de la révolte. Pierre Bergé
le premier, avec un réel courage intellectuel. Mais sans doute
pas sans avoir pris quelques précautions. Le président
d'Yves Saint-Laurent rencontre trop souvent le président
pour ne pas lui avoir fait part de ses sentiments, au cours
d'un de leurs dialogues hebdomadaires. La question qu'il
a posée un jour dans le *Monde* : « Bernard Tapie est-il
dangereux ? », il l'a nécessairement posée au chef de l'État.

Et si François Mitterrand ne l'a pas encouragé à lancer
son brûlot anti-Tapie, au moins ne l'en a-t-il pas dissuadé.
Si une mise en cause aussi brutale du député des
Bouches-du-Rhône par un homme si proche de lui, de
notoriété publique, avait contrarié sa stratégie politique, il
l'eût fait comprendre à Pierre Bergé qui n'est ni un imbécile
ni un Savonarole. A défaut de feu vert explicite, le patron
des opéras de Paris a cru apercevoir un feu clignotant. A
gauche, Bergé n'est pas le seul à redouter le populisme de
Tapie. En permettant à son ami de laisser libre cours à son
indignation — même si sa sainte colère paraît s'être apaisée
quelque peu entre la parution de l'article du *Monde* et celle
du livre *J'écris ton nom Liberté* — le monarque a envoyé
un message codé à tous ceux qui ne veulent pas oublier
qu'ils ont accédé au pouvoir pour « changer la vie ».

Pourtant, les adversaires de Bernard Tapie — ceux du
moins qui appartiennent, en théorie, au même camp
politique que lui — ne doivent pas oublier qu'ils ont encore
besoin de lui. Parce qu'il est le seul membre de la majorité
présidentielle capable d'éviter un désastre électoral aux
prochaines élections régionales. Parce qu'il est le seul à

combattre Le Pen sur son propre terrain, et que les responsables de la majorité, à commencer par le premier d'entre eux, doivent faire oublier qu'ils ont cultivé le germe Front national dans l'espoir de contaminer la droite républicaine (calcul dont la réalisation va, hélas, au-delà de leurs espérances).

Tapie inquiète et perturbe la gauche morale ; mais la gauche cynique sait qu'elle ne peut plus se passer de lui. Et François Mitterrand qui est, de manière si caricaturale, le symbole alternatif de ces deux gauches, s'interroge probablement lui-même sur le point de savoir ce qu'il conviendrait de faire de Tapie. Pour le moment, le Mitterrand réaliste saura, à n'en pas douter, faire taire les états d'âme du Mitterrand qui dénonce avec conviction le pouvoir de l'argent.

Le calcul est si compliqué qu'il pourrait se retourner contre ses auteurs. En imaginant — ce n'est pas une simple hypothèse d'école — que Tapie parvienne à s'imposer en mars 1992, ou simplement qu'il acquiert, à l'occasion de son duel truqué avec Le Pen, une dimension nationale, il aura été placé sur une rampe de lancement... vers l'Élysée. Le vendredi 25 octobre 1991, Bernard Tapie est l'invité de l'émission *Tous à la Une*, de TF1. La "règle du jeu" est que la politique ne doit pas être évoquée. Mais, comme par hasard, Patrick Sabatier donne la parole à la salle pour quelques questions. Et la première spectatrice à qui l'on tend le micro, interroge Tapie sur ses éventuelles ambitions présidentielles. « Je crois, dit-il, que j'ai toujours eu le bon goût de n'avoir que des ambitions qui me semblent à la fois accessibles et pour lesquelles je me sens capable de faire face. Or, je ne suis pas capable de faire face, pour l'instant, à une charge comme celle de président de la République. Quand j'ai dit, « Je prends l'OM, qui était en déconfiture », je me sentais capable, en devenant président, de faire une grande équipe. Je l'ai fait. Adidas pareil. Là, je suis capable d'être en-dessous. Président de la région PACA. Mais pas président de la République. Cela dit, j'aurai l'âge de Chirac en l'an 2000, et j'en connais plein qui ont des ambitions d'être président qui ont pas vraiment les compétences forcément. Mais, en tout cas, moi je n'ai pas cette ambition, car je ne m'en sens pas capable. » Le même Tapie prétendait, il y a moins d'un an, ne pas être intéressé par la présidence de la région PACA. Et son démenti (relatif) quant à son éventuelle candidature présidentielle vaut ce que valent les engagements de cet homme... Il n'a probablement pas d'autre objet que de rassurer les socialistes inquiets de sa montée en puissance, à un moment où l'établissement des listes majorité présidentielle pose quelques problèmes délicats.

Dans le cas où Tapie serait candidat, la gauche n'aurait que les yeux pour pleurer. La droite également. Et le cauchemar d'un deuxième tour qui opposerait Jean-Marie Le Pen à Bernard Tapie à la prochaine présidentielle ne peut plus être écarté. Le pire n'est pas toujours sûr, mais les responsables de gauche comme de droite seraient bien avisés de prendre conscience qu'il n'est plus improbable.

INDEX

INDEX

INDEX

TABLE DES MATIÈRES

Achevé d'imprimer
par Maury Eurolivres S.A.
45300 Manchecourt
N° d'imprimeur : 91/12/M0212
Dépôt légal : 4e trimestre 1991
2e Édition

Imprimé en France